古代歷史文化研究輯刊

三一編

王明蓀 主編

第14冊

中國醫學史導論

程佩 著

國家圖書館出版品預行編目資料

中國醫學史導論／程佩 著 -- 初版 -- 新北市：花木蘭文化事
業有限公司，2024〔民 113〕
序 2+ 目 4+270 面；19×26 公分
（古代歷史文化研究輯刊 三一編；第 14 冊）
ISBN 978-626-344-666-3（精裝）
1.CST：中國醫學史
618　　　　　　　　　　　　　　　　112022530

ISBN-978-626-344-666-3

9 786263 446663

古代歷史文化研究輯刊
三一編　第十四冊　　　　　　ISBN：978-626-344-666-3

中國醫學史導論

作　　　者	程佩
主　　　編	王明蓀
總 編 輯	杜潔祥
副總編輯	楊嘉樂
編輯主任	許郁翎
編　　　輯	潘玟靜、蔡正宣　美術編輯　陳逸婷
出　　　版	花木蘭文化事業有限公司
發 行 人	高小娟
聯絡地址	235 新北市中和區中安街七二號十三樓
	電話：02-2923-1455／傳真：02-2923-1452
網　　　址	http://www.huamulan.tw 信箱 service@huamulans.com
印　　　刷	普羅文化出版廣告事業
初　　　版	2024 年 3 月
定　　　價	三一編 37 冊（精裝）新台幣 110,000 元

版權所有・請勿翻印

中國醫學史導論

程佩　著

作者簡介

程佩，河南鄭州人，歷史學博士，中醫學副教授，碩士研究生導師。現就職於江西中醫藥大學醫史各家學說教研室，主教中國醫學史、中醫學術與文化發展史。已出版《北宋張商英護法研究》《宋代命理術研究》《干支與中醫：醫易學導論》等學術專著三部，發表學術論文 20 餘篇，參編《中國醫學史》《中國古代哲學》《中國傳統文化》等國家級教材五部。近年來研究方向主要為醫易學、周易術數、中醫史。

提　　要

該書以宏觀視角重新梳理中國醫學史的發展脈絡，深入探討了自原始社會至中華人民共和國成立以前中醫學發展歷程中的若干具體專題。全書共分七章，按照時間順序分別論述了原始醫藥史、先秦醫藥史、秦漢醫學史、晉唐醫學史、宋元醫學史、明清醫學史和近代醫學史等七個階段的中國醫學漫長發展歷程。通過結合社會文化背景，構建中醫學知識和技術體系形成與發展的主要歷史脈絡，揭示中醫學發展的歷史規律。是書根據作者多年教學實踐與反思，參考《中國醫學史》教材編寫體例撰寫而成，但在章節劃分、歷史宏觀視角及微觀視角方面又異於教材，既關注到近年來學術的熱點問題，也注重知識敘述的深度和通俗性的結合。

序

孫有智〔註1〕

對中國醫學史的一些顛覆性認識，是從認識程佩老師開始的。

在我院傳幫帶培養工程的安排下，我有幸作為程老師的教學導師幫助新入職的他提升教學能力。在為期兩年的培養中，他進步迅速，教學水平提升很快，並在稍後學校舉辦的青年教師比賽中為我院爭得榮譽。讓人印象深刻的是，他儘管非常年輕，卻博覽群書，是我接觸到的青年教師中為數不多的具有非常深厚專業素養的青年教師之一。他的閱讀量，可能遠遠超過很多從教多年的資深同道。

在作為學生和教師的很長一段時間內，我也聽過好幾位老師講授的中國醫學史課，但坦率地說，截止目前沒有聽過比他講的更好的。這倒並不是因為他的授課技巧有多麼高超，而是他的授課內容實在是比很多同道中人要高出不少。首先在廣度上，程老師講課常常中西互鑒，有時讓人覺得他不光在講中國醫學史，而是一部世界醫學史甚或是世界文明史；其次在深度上，他講課常常不拘泥於教材，很多觀點跟教材或當下流行的觀點並不一致，比如在講解張仲景並未做過長沙太守的緣由時，用他那豐厚的歷史背景知識從不同的角度，引述大量的史實來進行佐證，這時甚至感覺他不是在講課，而是在給學生傳授史學研究的基本方法以及引導學生建立批判性思維方式。比起單純的傳授知識，這種側重學生能力培養的講課方式無疑具有更大的意義。

中國醫學史導論是程老師從教中國醫學史課程八年的講稿總結，內容廣博、資料翔實、學術性強但通俗易懂。既適合初學中醫的學生和中醫愛好者，

〔註1〕孫有智，江西中醫藥大學中醫學院院長、教授、博士生導師。

對從事中國醫學史教學和研究的研究生甚至青年教師也不乏借鑒意義，即便對於其他中醫從業者，也能從本書中獲得跟以往不一樣的知識和感悟。

有鑑於此，出版之際，邀余作序，乃欣然應允，冀宏此大作，濟杏林之眾。

孫有智

2022 年 7 月 27 日

目

次

序　孫有智

緒論：中醫學的發展歷程 …………………………………… 1

第一章　原始醫藥史　（遠古～前21世紀）……… 17

　第一節　衛生保健的起源 …………………………………… 17

　第二節　藥物的起源 ………………………………………… 21

　第三節　針灸的起源 ………………………………………… 22

　第四節　巫醫的產生 ………………………………………… 25

　　一、萬物有靈論 …………………………………………… 25

　　二、靈魂是什麼 …………………………………………… 26

　　三、疾病、死亡與靈魂 …………………………………… 31

　　四、巫醫的出現 …………………………………………… 33

　第五節　多種醫學起源論 …………………………………… 35

　　一、醫源於聖人 …………………………………………… 36

　　二、醫源於巫 ……………………………………………… 38

　　三、醫源於動物本能 ……………………………………… 40

第二章　先秦醫藥史　夏—戰國（前21世紀～
　　　　前221）………………………………………………… 43

　第一節　先秦時期巫醫的盛行 ……………………………… 43

　　一、巫醫的盛行 …………………………………………… 43

　二、著名巫醫 ……………………………………… 45
第二節　陰陽學說 ………………………………… 49
　一、陰陽的起源……………………………………… 49
　二、陰陽符號 ……………………………………… 51
　三、陰陽學說 ……………………………………… 52
第三節　五行學說 ………………………………… 56
　一、五行學說在先秦時期的發展 ………………… 56
　二、近代以來對五行學說的誤解 ………………… 62
　三、先秦時期五行與五臟的首次結合 ……… 65
第四節　八卦學說 ………………………………… 69
　一、八卦的形成 …………………………………… 69
　二、先天八卦與後天八卦 ………………………… 72
　三、八卦學說在中醫中的應用 ………………… 75
第三章　秦漢醫學史　秦—三國（前 221～265）…… 85
第一節　漢代醫學的建立…………………………… 85
　一、中醫為何在此時形成 ………………………… 85
　二、漢代醫學起源之迷 …………………………… 87
第二節　諸漢墓出土醫書…………………………… 89
　一、馬王堆漢墓醫書 ……………………………… 89
　二、江陵張家山漢墓醫書、武威漢墓醫書…… 98
第三節　《黃帝內經》成書的歷史背景…………… 99
　一、解剖學的發展………………………………… 99
　二、儒學、讖緯之學的滲入 …………………… 106
第四節　《黃帝內經》的版本來源和流傳沿革…… 110
　一、《黃帝內經》最初版本成書於西漢
　　　後期說 ……………………………………… 110
　二、《黃帝內經》最初版本成書於新朝及
　　　東漢時期說 ………………………………… 114
　三、《黃帝內經》的流傳沿革 ………………… 116
第五節　張仲景與《傷寒雜病論》……………… 119
　一、張仲景的生平辨偽 ………………………… 119
　二、醫聖的由來 ………………………………… 125
　三、醫聖祠的興建………………………………… 127

四、《傷寒論》的來源 ……………………… 130

五、《傷寒論》的版本 ……………………… 133

第四章　晉唐醫學史　西晉─五代（265～960）…… 141

第一節　晉唐醫學理論與臨床的大發展 ……… 141

一、晉唐醫學「重方藥，輕理論」說新解 …… 142

二、晉唐醫學成就舉隅 …………………… 146

第二節　中醫蠱毒病的形成與興盛 …………… 149

一、中醫蠱毒病的起源、發展與定型 ……… 150

二、從蓄蠱之地的變遷來看中醫蠱毒病的
實質 ……………………………… 156

第三節　道醫的興起 ………………………… 167

一、道醫的概念 …………………………… 167

二、道醫出現的原因 ……………………… 170

三、外丹術與醫學 ………………………… 175

四、內丹術與服氣之法 …………………… 182

第五章　宋元醫學史　宋─元（960～1368）……… 187

第一節　唐宋變革說與宋元醫學的新氣象 …… 187

第二節　宋元時期醫生地位的提升與儒醫的形成 · 192

一、「不為良相，則為良醫」說的由來 ……… 192

二、宋代儒醫背後的歷史湧動下的社會需求 ·· 194

第三節　宋廷對醫學的大力扶持 ……………… 198

一、改進醫事管理 ………………………… 198

二、發展醫學教育 ………………………… 201

三、頒布國家藥典和權威醫方 …………… 204

四、成立校正醫書局 ……………………… 207

第四節　理學與金代醫學崛起之關聯 ………… 208

一、理學與金代醫學關聯的表象與實質 …… 209

二、金代理學發展遲緩影響難及醫學 ……… 211

第六章　明清醫學史　明─清·鴉片戰爭前（1368
～1840）……… 215

第一節　明清社會的變化與醫學的進展 ……… 215

第二節　溫病學 ……………………………… 217

一、溫病學概念及早期發展 ……………… 217

二、明清時期溫病學興起的原因 ············· 220

三、溫病四大家 ···························· 222

第三節 人痘接種法 ···························· 226

一、天花的肆虐 ·························· 226

二、人痘接種法的發明與推廣 ············· 228

三、人痘接種法的傳播及牛痘接種法的發明 ·· 230

第七章 近代醫學史 鴉片戰爭──中華人民共和國
成立（1840～1949） ·············· 235

第一節 西醫的進入 ···························· 235

第二節 中醫廢止呼聲的漸高 ·················· 238

一、俞樾 ································ 239

二、章太炎 ······························ 241

三、魯迅 ································ 242

四、余雲岫 ······························ 245

第三節 近代以來對中醫的廢止政策及其內在
原因 ···························· 249

一、近代以來廢止中醫的政策 ············· 249

二、廢止中醫的深層次原因 ··············· 251

第四節 中西醫匯通與中醫科學化 ············· 254

參考文獻 ······························ 259

後 記 ································ 269

緒論：中醫學的發展歷程

一、醫藥的起源（遠古～前 21 世紀）

（一）社會背景

　　現代大多數人類學家認為，人類起源於動物哺乳綱、靈長目中的猿。人類的起始應從 200 至 300 萬年前的南方古猿算起。從那時算起，人類經歷了直立人、早期智人、晚期智人三個階段，最終形成了現代人類。原始社會是人類最早的社會組織形式。當時人類生產能力極低，過著群居的生活。人們以採集植物的根、莖、果實和捕捉動物為食，實行生產資料公有，沒有階級，沒有剝削，社會中人與人平等。中國是世界文明古國，也是人類的發源地之一。中國原始社會大約從 170 萬年以前開始，至公元前 21 世紀結束。

　　人類最初使用的工具是石，使用石的時代被稱之為石器時代。考古學者根據生產技術水平的發展，又將石器時代分為舊石器時代和新石器時代。在舊石器時代，人類會用礫石打製砍砸器。在舊石器時代早期，人類已能主動使用火。火的控制和使用把人類從本身能量供應極有限的束縛中解放出來，大大增加了食物來源，使人類祖先得以經歷冰川時代而幸存下來。舊石器時代的人類以採集現成天然產物為食，後來也學會用圍獵的方法獵獲大型動物。當時人們已有了性別的分工，男子從事狩獵，婦女從事採集。

　　距今約 15000 年前，人類社會進入新石器時代。這一時期，石器制作上更為精細。人們已會磨製和鑽孔技術，同時受打製石器時摩擦生熱的啟發，發明了人工取火的方法。恩格斯指出，人工取火「第一次使人支配了一種自然力，從而最終把人同動物界分開」。新石器時代農業革命的發生更是對於後來人類

的發展產生了深遠的影響。中國的北部與西亞、中美洲是人類最早的三個農業中心。農業的產生，使人類從食物的採集者變為生產者。人類開始從依賴、適應自然到利用、改造自然的轉折。農業的出現，還使人們對日月星辰、氣候、水土等自然現象產生濃厚的興趣，並在此基礎上逐漸形成民族獨有的天文、曆法、地理、數學、醫學等自然科學的初步知識。農業革命使中國境內大河流域的原始人能夠獲得比較豐富和穩定的食物來源，這大大促進了人口增長，提高了社會生產力的發展，產生新的社會分工和私有財富的積累。隨著貧富分化的加劇，逐步產生了階級，並最終導致原始社會消亡。

（二）醫藥成就

原始社會是我國醫藥的起源時期。這一時期醫藥的特點主要表現在，一是人類在尋覓和選擇最基本的生存環境和措施時，積累了初步的衛生保健知識。二是人們在同疾病的抗爭中，發現了植物、動物、礦物的治療作用，發明了簡單的醫療工具，初步摸索出一些應對病痛的方法。

1. 衛生保健的起源

人類自出現後，就逐漸產生了衛生保健知識，在用火、衣著、居處等諸方面不斷努力需求改善，形成了最基本的衛生保健活動。

2. 藥物的起源

早期人類首先從食物中發現具有治療作用的植物藥和動物藥，經過長期的探索、總結、積累，形成最初的植物藥和動物藥知識。原始社會末期，人們從事採礦冶煉等生產活動，礦物藥也逐漸被認識。

3. 醫療方法的起源

根據考古發掘的研究成果，原始社會時期針灸、創傷外治、按摩術甚至開顱術等諸多醫療方法逐漸發展起來。

二、早期的醫藥衛生知識和實踐　夏—戰國（前 21 世紀～前 221）

（一）社會背景

公元前 21 世紀至公元前 221 年，是我國夏、商、周三代時期。同原始社會相比，三代社會打破了狹隘的氏族範圍，容納了更多勞動力，擴大了生產規模和社會分工，提高了生產效率，為農業、手工業的發展及醫藥文化的創造，開闢了廣闊空間。

隨著科學文化日益豐富，天文、曆法都有了明顯的進步。夏朝已有天干紀日法，商朝在夏朝天干紀日的基礎上，進一步使用十天干、十二地支相配合的干支紀日法。周代則發明了歲星紀年法和太歲紀年法。周代還發明了圭表測影，以確定冬至和夏至等節氣。曆法知識的積累，對於指導人們的農業生產實踐和引發人們認識氣候變化與人體疾病的關係，都有積極意義。商代中期，兼具「象形」、「會意」、「形聲」等製字規則的甲骨文的出現，標誌著中國文字進入成熟階段。文字的發明和使用，使醫藥文化的交流與發展有了基礎。

在思想文化方面，隨著社會生產力的提升，殷商時期盛行一時的神本文化開始逐漸向周代的人本文化過渡。武王伐紂後，周人確立的兼備政治權力統治和血親道德制約雙重功能的宗法制盛行天下，其影響深入中國社會機體，並深切滲透於後世中華民族的民族意識、民族性格、民族習慣之中。雖然周人的宗法制度在漢代以後不再直接表現為國家政治制度，但其強調倫常秩序、注重血緣身份的基本精神原則卻維繫至今。商周之際神本文化向人本文化的轉化，也為春秋以後醫藥學的獨立發展奠定了文化基礎。

商周時期，出現了體力勞動與腦力勞動之間的分工，形成了專門從事腦力勞動的知識分子。商代出現了以宗教、科學、文化事業為職業的「卜」、「占」、「巫」、「史」等。東周以後，從事腦力勞動的人數日益增多，逐漸形成了「士」階層。春秋時期禮崩樂壞的社會大裂變，將原本屬於貴族最底層的士階層從宗法制中解放出來，並服務於汲汲於爭霸事業的各方諸侯。由於彼時的列國，尚未建立一統的觀念形態，故而學術環境寬鬆活潑，士人們可以進行獨立的、富於創造性的精神勞動，從而為之後的道術將為天下裂提供了前提條件。士的崛起，意味著一個以勞心為務，從事精神性創造的專業文化階層形成。腦力勞動與體力勞動的分工也為專職醫生的出現提供了社會條件。

春秋戰國時期，恰合德國哲學家卡爾·雅斯貝斯所指謂的人類文明的「軸心時代」。這一時期創立諸子學派的孔墨老莊等人，均為中國歷史文化長河中旗幟性的人物。他們以巨大的熱情、雄渾的氣魄，開創學派，編纂中國文化元典著作，並對宇宙、社會、人生等無比廣闊的領域發表縱橫八極的宏論。正是經由諸子百家奠基，中國文化精神才得以充分的展開和昇華，中華民族的文化走向（包括中醫的走向）才有了清晰的方向。

（二）醫學成就

隨著社會生產力和科學文化的進步，早期的醫藥衛生知識逐步積累和提

高，為此後中醫藥學理論體系的建立創造了條件。這一時期的醫藥成就主要表現在對疾病的認識、藥物知識的積累、早期預防思想建立、相關哲學思想出現、醫事制度形成等方面。

1. 對疾病的認識

隨著人們對疾病認識的進一步提高，對不少疾病的病因、診斷、治療已經有了新的認識，特別是醫和「六氣致病學說」的出現，預示著早期醫學已經開始擺脫鬼神致病學說。

2. 藥物知識的積累

藥物知識逐步積累，藥物品種增多，出現了酒劑、湯液等醫藥學發展史上的重要發明。

3. 相關哲學思想出現

春秋時期，在氣、精、神、陰陽、五行、八卦、天人相應等哲學思想影響下，早期醫藥學理論開始萌芽。

4. 早期預防思想出現

隨著社會物質、文化生活的改善，人們開始講究衛生，積極預防疾病，早期的預防思想出現。

5. 醫事制度初步建立

隨著醫藥衛生的進步和社會分工逐步擴大，宮廷醫學出現了早期的分科，醫事管理制度初步建立。

三、中醫學術體系的建立　秦—三國（前 221～265）

（一）社會背景

秦朝到三國時期，是我國封建社會形成、鞏固和發展的時期。經過 250 餘年的兼併戰爭，公元前 221 年，秦王嬴政終於完成「吞二周而亡諸侯，履至尊而制六合」的統一大業。中國歷史上第一個專制主義君主集權的統一帝國——秦王朝建立。秦王朝建立後，實行了書同文、車同軌、度同制、行同倫、地同域等統一文化的措施，有力增進了帝國版圖內各區域人民在經濟生活、文化生活和文化心理上的共同性，從而為中華文化共同體的最終形成奠定了堅實的基礎。但由於施行暴政，秦王朝很快被農民起義推翻。起而代之的是劉邦建立的漢朝，史稱西漢。西漢初年實行「與民休息」的政策，其後進一步推行「輕繇薄賦」、「約法省禁」等政策，使生產逐漸得到恢復和發展。農業、手工業、

絲織業和水利事業在這一時期均有較大發展。公元前 2 世紀，張騫鑿空西域，促進了各民族及東西方文化的交流。公元 25 年，劉秀建立東漢，定都洛陽。東漢前期，推行「輕繇薄賦」、「賦民和假民公田」、「選用循吏教民耕植」等措施，加之水利、農耕、紡織、製瓷、冶煉、造紙等技術的進步，社會經濟迅速恢復和發展。班超出使西域又促進了西域地區的經濟發展以及內地與西域之間的經濟文化交流。兩漢四百餘年的和平發展，為包括中醫在內的中國傳統文化的確立和繁榮奠定了堅實的物質基礎。

　　秦始皇時期，法家學說是官方唯一合法學說。漢武帝時期「罷黜百家，獨尊儒術」，以董仲舒的儒學思想鞏固王朝的統治。東漢時期讖緯之學泛濫。其說雖不乏迷信成分，但是該學以陰陽五行為骨架、以天人感應為根基，飽含著古代術數文化、宇宙發展模式和萬物生成規律等自然科學知識，亦「助長了科學的萌芽」。總之，這一時期的思想，不僅推動了中國哲學、科學的發展，而且對中醫學術的確立具有深遠的影響。

（二）醫學成就

　　秦朝至三國時期是中醫藥學發展極其重要的階段，此時期，中醫藥領域最輝煌的業績是完成了中醫藥學理論體系的初步構建。隨著《黃帝內經》、《黃帝八十一難經》、《神農本草經》和《傷寒雜病論》的相繼誕生，中醫學的理（中醫理論）、法（診法和治法）、方（方劑）、藥（中藥）理論體系初步構建。

　　1.《黃帝內經》

　　《黃帝內經》是中國醫學發展史上影響最大的理論經典。它的出現，標誌著中醫學由經驗積累上升至理論總結階段，完成了中醫學理論體系的初步構建。在經歷了兩千年歷史的反覆驗證後，該書直到今天仍然有效地指導著中醫的理論發展和臨床實踐。

　　2.《黃帝八十一難經》

　　《黃帝八十一難經》是繼《黃帝內經》之後的又一部中醫理論性著作。該書補《內經》之所未發，對後世中醫學理論的發展產生了深遠影響。尤其是「獨取寸口」的診脈法、三焦命門理論等，為歷代醫家所尊崇。

　　3.《神農本草經》

　　《神農本草經》全面總結了東漢以前的藥物學成就，堪稱漢以前本草學大成之作。該書基本構建起中藥學的理論框架，標誌著我國中藥學理論體系的初步構建形成。

4.《傷寒雜病論》

《傷寒雜病論》是我國第一部理、法、方、藥皆備的醫學經典著作。東漢末年張仲景對漢末以前的中醫臨床經驗進行了高度總結，在《傷寒雜病論》一書中，首次提出辨證論治的範例，確立了中醫臨床辨證論治的原則。此外，該書被譽為「方書之祖」，基本概括了今日臨床各科常用方劑。其所載方劑大多療效可靠，切合臨床實際，至今仍廣為應用。

四、醫學各科的初步發展　西晉—五代（265～960）

（一）社會背景

從公元 265 年司馬炎代魏自立，建立西晉，到公元 960 年趙匡胤陳橋兵變，取代後周，建立北宋，兩晉南北朝隋唐五代時期的近 700 年，是中國古代封建社會的大發展時期，亦是中國古典文明走向輝煌的時期。

命祚短暫的西晉王朝未能阻擋北方游牧民族如洪水一般的衝擊，一場長達 300 年的戰亂由此拉開帷幕。常年的戰亂與割據，打破了中華帝國的一元化政治與集權地主經濟體制，也嚴重動搖了西漢以來以儒學為文化內核的模式，取而代之的則是二學（儒學、玄學）、二教（道教、佛教）相互頡頏、相互融合的多元激蕩的局面。

東晉及其後的南朝時期，由於北方戰亂頻繁，江南地區相對穩定，因此許多北方漢人南遷，先進的生產工具和生產技術隨之被帶到南方，促進了江南經濟的發展。醫學重心在這一時期也首次出現南移。東晉的葛洪和南朝的陶弘景、雷斅、龔慶宣等著名醫藥學家代表了當時中國中醫藥學的最高水平。

公元 589 年，楊堅建立的隋朝政權滅南陳，正式結束了華夏 300 餘年的分裂局面，中國復趨統一。公元七世紀，唐朝揚國威於八荒，持續開疆，建立起東臨日本海，西至中亞的唐帝國。在空前遼闊的歷史舞臺上，中國文化也進入了氣度恢弘壯麗的盛唐時代。以強盛的國力為依託，唐文化體現出一種無所顧忌、兼容並包的宏大氣魄。歷代帝王基本上奉行儒釋道三教並行的政策，少有推行文化偏激主義。唐朝還以博大的胸襟廣為吸收外域文化。南亞的佛學、曆法、醫學、語言、音樂、美術；中亞的舞蹈、音樂；西方世界的景教、摩尼教、伊斯蘭教以及醫學、建築藝術等，紛至沓來。這是一個具有盛大氣象的王朝，也是中國古典文明的巔峰時代。

這一時期的思想領域，玄學興起，佛教融入，道教勃興。玄學興起於魏

晉，是由老莊哲學發展而來，宗「貴無」，其思維特點是超脫現世實物而直接訴諸本體。在魏晉士人的推動下，玄學輕人事、任自然的價值觀迅速佔領中國知識分子的心靈世界，並鑄造了古代士人玄、遠、清、虛的生活情趣。佛教於兩漢之交傳入中國，兩晉時期借助玄佛合流的社會思潮，佛教很快流播天下，並實現了中國的本土化。玄學與佛教的出現，極大地推進了中國人的思維水平，使得中國人的理性化、規範化的程度都大為提高，在思維路徑、思維結論上達到了空前的高度。道教作為中國本土宗教，起於東漢，發展於魏晉，至南北朝終成一統。道教具有鮮明的民族性格，在宗教思想上從道、儒、墨以及術數家、醫家等各門派中汲取營養。在教旨上，以長生成仙為終極目標，講求養氣修身，鑽研煉金服丹，甚至民間治邪驅鬼、祝由畫符等迷信手段，也一併網羅無遺。道教的勃興，也為中醫的發展提供了又一種路徑。這一時期醫學的代表性人物，無論是葛洪、陶弘景，還是孫思邈，皆是遊走於道、醫之間的集大成者。他們為道教建立的種種修煉成仙的方法，為晉唐時期道醫的出現奠定了堅實的基礎。

（二）醫學成就

兩晉—五代時期，醫藥學在理論體系指導下全面發展。這一時期，臨床醫學是醫學發展的主流，脈學、病因證候學、方藥學等實用經驗得以豐富發展。

1. 古籍整理

《內經》的整理和研究迎來第一次高峰，有已知最早的注本《素問訓解》、現存最早的注本《黃帝內經太素》、影響較大的注本《次注黃帝素問》。王叔和整理編次的世傳本《傷寒論》，開啟了《傷寒雜病論》整理和研究的先河。

2. 醫學理論

現存最早的脈學專著《脈經》，集魏晉以前脈學之大成。現存最早的病因證候學專著《諸病源候論》，對疾病病源和證候的探究取得了巨大成就，代表了我國 7 世紀時醫學理論與臨證醫學的發展水平。

3. 方藥學

南朝陶弘景的《本草經集注》，對南北朝之前藥物學成就進行了一次全面總結。《新修本草》是唐代具有國家藥典性質的官修本草著作，亦是世界上第一部國家藥典，自問世後流傳長達 300 餘年，影響甚大。《雷公炮炙論》首次總結了中藥炮製技術，初步奠定了中藥炮製學的基礎。道教煉丹術的興起，客

觀上不僅促進了中醫外科學的發展，而且對世界製藥化學的發展也有推動作用。應用價值極高的綜合性方書紛紛問世：《肘後救卒方》以治療急症為主，該書用藥突出了簡、便、廉、驗的特點。《備急千金要方》、《千金翼方》內容博大精深，集唐以前醫學之大成，被譽為唐代醫學百科全書。《外臺秘要》具有重要的文獻學價值，整理和保存了大量的古代醫學文獻。

4. 臨床醫學

臨床醫學的發展越來越專科化。現存最早或較早的針灸科、外科、傷科、婦產科、兒科專著一一問世。其中，《針灸甲乙經》總結了晉以前的針灸理論和臨床治療經驗，為後世針灸學的發展建立規範。《仙授理傷續斷秘方》集中體現了這一時期骨傷科發展水平，標誌著骨傷科的專科化。

5. 醫學教育

隋唐太醫署的醫學分科教育，表明臨床醫學專科化日趨成熟。唐代的太醫署是世界上最早的醫科專科學校。太醫署的藥園可以稱之為我國歷史上最早的藥用植物園。

6. 中外交流

我國與日本、朝鮮、東南亞諸國、歐洲的醫學交流，豐富了我國的中醫藥學體系。

五、學派爭鳴與理論昇華　宋—元（960～1368）

（一）社會背景

宋代，是中國歷史上文明極為昌盛的時代，「華夏民族之文化，歷數千載之演進，造極於趙宋之世」。英國著名學者李約瑟認為，這一時期中國的「文化和科學卻都達到了前所未有的高峰」。「每當人們在中國的文獻中查考任何一項具體的科技史料時，往往會發現它的主要焦點就在宋代。不管在應用科學方面或在純粹科學方面都是如此。」宋元時期，中國的天文學、地理學、地質學、醫藥學、冶金術、造船術、紡織術、製瓷工藝等諸方面都取得令世人矚目的成就。也是在這一時期，中國的文化，通過陸海兩路，向西、向東、向南傳播，對世界文明的影響極為巨大。中國古代四大發明其中之三，就是在這一時期定型並普及開來，並被傳播至世界各地，大大推動了世界文明的進展。

宋元時期，中國的社會經濟結構發生巨大的變遷，而與之相對應的，是中國文化從唐型文化轉向宋型文化。由中唐社會政治危局揭示了潛藏已久的種

種危機，進而引發出晚唐直至兩宋的巨大社會變革──唐宋變革。大體而言，唐宋社會變革包含以下幾個方面內容：第一，人民地位的變化。唐以前，人民（奴婢或部曲）實質上是貴族的奴隸。宋以後，人民的奴隸身份得到解放，不再隸屬於貴族，而成為國家的佃客。這就是佃戶制。從部曲到佃戶的變化，反映出唐宋間新的勞動形態出現。在生產力得到進一步解放的基礎上，醫學等各個領域都迎來了發展的新機遇。第二，官吏任用法的變化。魏晉南北朝時期，用九品中正制選官，選舉權和被選舉權把持在貴族手中。隋唐時期，雖然實行科舉考試，但是參與者基本上還是貴族，且錄取人數極少，很難改變整個官僚集團的成分構成。至宋代，科舉考試面向普通大眾，大家機會均等，以成績取人。應試者與錄取者人數都大大增加，以至於因科舉制度而新興出一批知識分子官僚層。這種新型的官吏任用法，刺激大量的平民讀書應舉。因而宋代讀書人數激增，這也為宋代儒醫群體的興起奠定了人材基礎。第三，經濟上的變化。實物經濟終結，貨幣經濟開始。商品經濟的發展，促使人們的職業選擇更加市場化。「不為良相，便為良醫」，醫生的社會地位大為提高。越來越多的人開始將經濟收入較高的醫生作為人生職業目標。第四，文學性質的變化。宋人一改漢唐學者疏不破注，偏重考據的治學方法，突破傳統，疑經改經，紛立新說，學派爭鳴。經學由重師法、疏不破注變為疑古、以己意解經。其餘如哲學、藝術、自然科學等的發展，亦具有類似的性質。「儒之門戶分於宋，醫之門戶分於金元。」流風所及，人們對中醫文獻的解讀開始大量出現新的立意。中醫各家學說紛紛出現。總之，正是因為宋代以來中國社會發生了較為深刻的變革，因而宋代以後的醫學開始呈現出與之前迥然不同的特點。

　　宋元時期，思想文化方面最顯著的標誌是宋學的興起。宋學是宋元時期的新儒學，包括王安石的新學，三蘇的蜀學，二程的洛學，張載的關學等。其中作為理學重要來源的洛學和關學，在南宋後期逐漸確立為國家統治思想。至元代，在統治者的大力倡導下，程朱理學一躍成為「式於有司」的官學，並對後來明清文化格局產生重要影響。宋學重視研究儒家經典著作，並從中搜尋符合其思維的條文、篇章進行闡述與發揮。其所爭論的主要內容是理、氣、性、命、陰陽、心、情、道、物等的探討。在解釋世界的本源、運動本質、陰陽的互根互化、心性與養生等關係方面上，宋學對金元以後中醫學理論影響極大。許多醫家借用宋學理論闡釋醫學理論及人體的生理、病理知識，奠定了宋元醫學理論創新的思想基礎。

（二）醫學成就

宋金元時期，國家十分重視醫藥學的發展，完善醫政設施，多次頒布國家藥典及權威醫方。社會的變革，促進了儒醫群體的出現和醫生整體素質的提高。激烈的醫學爭鳴，促成了中醫各家學派的紛紛建立。

1. 醫政設施

宋代設立了較為完善的醫藥衛生行政管理機構，其中翰林醫官院專司醫藥行政；太醫局賣藥所專司藥品製造、貿易和供應，為世界上最早的國家藥局機構；校正醫書局，是世界上最早的國家醫藥出版機構，為古代醫書的傳世做出了不可磨滅的貢獻。

2. 醫學理論

宋代儒醫群體出現，大大地提高了醫學界的整體文化水平，對醫藥理論的發展和臨床經驗的總結提高都起到了積極推動作用。宋代陳言撰《三因極一病證方論》概括三因學說。病機學說方面，宋元時期醫家們對《至真要大論》中的病機十九條各有闡發。南宋施發的《察病指南》首創 33 種脈象圖，以圖示脈，形象生動。元代的《敖氏傷寒金鏡錄》為我國現存第一部圖文並茂的驗舌專書，對後世溫病學說的辨舌診治思想有很大影響。

3. 臨床醫學

臨床醫學成就顯著，婦產科、兒科獨立成科。《婦人大全良方》是我國現存最早一部系統論述婦產科學的專著。《小兒藥證直訣》首創兒科五臟辨證綱領，形成了較系統的中醫兒科理論體系。傷科出現縫合曲針、懸弔復位法等許多創造性發明。針灸學上，王惟一的天聖針灸銅人的鑄造，開創了利用人體模型進行針灸教學的先河。法醫學的發展尤以宋慈的《洗冤集錄》成就最為顯著，該書集宋代以前法醫學成就之大成，並在世界法醫學史上佔有重要地位。

4. 方藥學

宋金元時期是我國方藥學發展史上的繁盛時期。本草學上，官修本草著作發展到鼎盛階段，個人本草著作以北宋唐慎微的《經史證類備急本草》為代表。方劑學方面，宋代頒布了世界最早的國家成藥標準，也是世界上最早的國家藥局方——《太平惠民和劑局方》，對方劑的標準化、規範化和普及推廣起到積極作用。隨著醫學爭鳴盛況的出現，醫家開始深入研究方劑理論，呈現出研究經方的熱潮。

5. 學派爭鳴

金元時期，各家紛起，學術爭鳴，其中尤以提出火熱論的劉完素、攻邪論的張從正、脾胃論的李杲、相火論的朱震亨最為著名，被後世稱為「金元四大家」。其革新思想和學術創新影響深遠。

6. 醫學教育

宋代太醫局實施的三舍法，表明了古代醫學教育達到新的高度。

7. 中外交流

宋元時期，對外貿易與海陸交通均較前代發達。中外醫藥交流空前發展。

六、中醫學的成熟與陳暮　明—清・鴉片戰爭前（1368～1840）

（一）社會背景

明清兩代是中國古典文化的總結時期。在圖書典籍方面，明清統治者調動大量人力物力，對幾千年來浩如煙海的圖書典籍進行收集整理和考據，編纂出大型類書《永樂大典》、《古今圖書集成》，大型叢書《四庫全書》以及大型字典《康熙字典》。在古典科技方面，明清之際出現了一大批科技巨著。如李時珍的《本草綱目》、潘季馴的《河防一覽》、宋應星的《天工開物》、方以智的《物理小識》以及徐弘祖的《徐霞客遊記》。這些作品都達到了當時世界的先進水平，代表了封建社會晚期科學成就的高峰。大型圖書的編纂，是古典文化成熟的徵象，也包含著文化大總結的意蘊。流風所及，明清中醫學總結性著作亦空前湧現。

在學術方面，清代乾嘉時期學者埋頭於中國古代文獻的整理與研究。與著重於理氣心性抽象議論的宋明理學有所不同，乾嘉學派的學者學術研究採用了漢代儒生訓詁、考訂的治學方法，其文風樸實簡潔，重證據羅列而少理論發揮，不以主觀想像輕下判斷，因而被譽為樸學。樸學對於明清中醫學術方向的傳承推進及限制，都產生深刻影響。

明清之際還出現了與同時期社會形態變化相適應的早期啟蒙思潮。16～17 世紀的中國，在一些發達城市已經稀疏出現了資本主義生產的最初萌芽。明代中葉的王陽明，感應到當時社會氛圍和心理狀態的變遷，提出「致良知」之說，高揚人的主體性，打破程朱理學一統天下的局面，成為晚明人文思潮的哲學基礎。他的門人王艮、泰州學派李贄以及明清之際三大思想家黃宗羲、顧炎武、王夫之等人，皆是從不同側面與封建社會晚期的正統文化展開論戰，批

判宋明理學中的僧侶主義和禁慾主義，甚至鋒芒直指君主專制。然而，由於16～17世紀中國的新興經濟形態十分脆弱，明清時期的早期啟蒙思想家們也生就種種先天不足。與同時期西方的孟德斯鳩、盧梭等人思想相比，中國的早期啟蒙思想仍具有一種時代性的缺陷。正是由於啟蒙思想的時代性缺陷，在早期啟蒙思潮的影響下，明清醫學雖然在藥物學、傳染病學以及解剖生理學方面開始出現革新趨勢，然而這種革新趨勢遠未像西方醫學一般徹底。

這一時期的中外文化交流也呈現出新的特徵。明初，鄭和率領龐大的船隊，七次下西洋，中國文化科技對外交流達到了空前的盛況。美洲大陸的發現與全球海洋航路的開通，也曾經一度將中國納入世界經濟秩序之內。但是明清政權面向海洋，更多的是採取閉關鎖國的國策。在世界格局發生劇變的這一時期，中華帝國卻封閉國門，陶醉於天朝上國的美夢，逐步與世隔絕，乃至於至19世紀最終落後於世界。明清之際的西學東漸，亦是這一時期中外文化交流的表現。從明代萬曆年間開始，利瑪竇、湯若望等耶穌會士漸次來華，開啟了明清之際西學東漸的大門。他們在給中國人帶來歐洲宗教神學的同時，也將近代的世界觀念和西方文藝復興以來的科技成就傳播至中國。徐光啟、李之藻、方以智、黃宗羲、顧炎武、王夫之和康熙皇帝，都在不同程度上接受了外來的科技知識。中國的數學和天文學，也在這一時期面目為之一新。然而，由於宗法專制社會政治結構的強固和倫理型文化傳統的沉重，以及封建生產方式日趨沒落，到了18世紀，隨著耶穌會士被逐出國門，西學東漸幾近中斷，中國與外部世界聯繫的通道基本關閉。伴隨著社會的萬馬齊喑，傳統中國醫學也日趨陳暮。

（二）醫學成就

明清醫學承襲宋金元醫學餘緒，在基礎理論、中藥、方劑和臨床各科方面進入全面、系統的總結階段，產生了一批集古代中醫學大成的成果。這些著作對前人論述進行了全面總結和系統整理，內容豐富完備，標誌著我國古代醫學發展到了新的高峰。而本草學、溫病學以及解剖生理學取得了重要的創新和突破。

1. 醫學著述

明清時期，產生了一批集古代中醫學大成的成果，如本草學中的《本草綱目》，古代最大的方書《普濟方》，全書中的《景岳全書》，叢書中的《醫宗金鑒》，類書中《古今圖書集成·醫部全錄》，醫案中《名醫類案》《續名醫類

案》等。這些著作對前人論述進行了全面總結和系統整理，內容豐富完備，成為各類著作中影響最大的成果，標誌著我國古代醫學發展到了高峰。同時，普及類、入門類著作呈現由博返約的傾向。中醫普及類著作、入門類著作紛紛出現。實用性強的入門書籍廣泛流行。醫藥書籍的數量和質量呈現歷史少見的盛況。

2. 醫學理論

受當時尊經復古風氣的影響，明清關於《傷寒論》的研究十分活躍，不同流派醫家各有主張。以明代方有執為代表的醫家主「錯簡重訂」說，以張遂辰為代表的醫家反對「錯簡」說，柯琴等醫家則強調「以方類證」。各家從不同角度去認識理解《傷寒論》，並將傷寒的治則引入雜病的治療，推動了《傷寒論》的研究和臨床應用。此外，清代溫病學發展至鼎盛階段。著名醫家葉桂、薛雪、吳鞠通、王士雄等，建立了較為系統的溫病學理論。人痘接種術的運用，是明清醫學理論與實踐的又一突出成就。它是歐洲發明牛痘接種術的基礎和先驅，開創了人類免疫療法的新紀元。

3. 醫學創新趨勢

藥物學、溫病學以及解剖學出現革新趨向。李時珍的《本草綱目》在生物分類學、生物進化論、植物學方面都提出了異於傳統的、具有世界科學意義的認識結論，透露出近代自然科學的傾向；傳染病學出現了近代科學思想的新方向，並取得重要成果。吳有性在致病微生物被人類發現之前約 200 年，提出了「戾氣學說」，對疫病的主要特點作了細緻的分析和描述；解剖生理學表現了新的醫學方向。清代醫家王清任對醫學基礎學科——人體解剖學開展探索，糾正《內經》解剖記載的錯誤，奮力開拓醫學實驗研究的新局面。

4. 臨床醫學

明清時期，中醫學各科辨證論治體系已經相當成熟。外科中《外科正宗》，婦科中《傅青主女科》，針灸學中《針灸大成》，眼科中《審視瑤函》等，均是這一時期各科的代表性成果。

5. 醫學雜誌和醫學團隊

我國最早具有醫學雜誌性質的刊物——《吳醫匯講》，由唐大烈編輯先後出版 11 卷，共登載 41 位作者的 94 篇文章。我國最早的民間醫學團體——「一體堂宅仁醫會」，由徐春甫建立，提出 22 項會款，先後參加者有 46 人。

七、中西醫學的交匯與衝突 鴉片戰爭——中華人民共和國成立（1840～1949）

（一）社會背景

1840 年爆發的鴉片戰爭，以血與火的形式把中華文明推入了一個蛻變與新生並存的新的歷史階段。此後的一百多年間，中國逐步淪為半殖民地半封建社會，小農業和家庭手工業相結合的封建經濟逐步遭到破壞，建立在此基礎之上的封建專制制度也隨之發生動搖，中國社會及其文化系統迅速發生解體。新興的階級——資產階級和無產階級逐步發展壯大，中國文化也由傳統封建文化逐漸過渡到資產階級和無產階級的新文化。

19 世紀中葉以後，歐洲近代文明與中華文明的交匯，在規模與速度上都大大超過明清時期的西學東漸。西方醫學也開始全面、系統、深入地在中國傳播。19 世紀 60～90 年代的洋務運動，大量引入西方科學技術知識，形成中國近代第一次譯介西學的高潮。同時，洋務派還仿照西方的學制和分科教學體系，興辦了一批新式學堂，將西方自然科學引入課堂。西方科學技術包括西醫的引入和傳播，動搖了儒家文化的傳統價值取向和思維習慣。在進化論和社會達爾文主義的衝擊和破壞之下，儒家學說及建立在其基礎之上的封建君主政體，開始逐步解體。在此期間，西醫學逐漸成為中國醫學之主流，中醫處境日益艱辛。作為回應，中醫一方面與西醫展開激烈的論爭，一方面其內部分化出中西醫匯通學派。

第一次世界大戰期間，產生於中國大地的新文化運動，是我國歷史上一次空前的思想解放運動。它的鬥爭目標直指統治中國兩千年之久、享有絕對權威的封建思想文化，啟發了人們的民主主義覺悟，推動了現代科學思想在中國的傳播。在民主和科學的大旗下，新文化運動倡導者們大力宣傳民主思想和科學思想，反對封建專制和封建迷信。在科學救國思想的影響下，20 世紀 30 年代初期，「中醫科學化」運動興起。此後直至解放初期，這股運動一直成為流行的風尚。

（二）醫學成就

近代中國醫學的主要特徵是中西醫學的交匯與撞擊。近代以來，隨著列強的入侵，西方醫學得以全面、系統、深入地在中國傳播，並與中國傳統醫學產生激烈的碰撞與衝擊。在生死存亡的考驗下，中醫學頑強挺立，並先後產生出中西醫匯通思想與中醫科學化思潮。

1. 中國出現中西醫兩大醫學體系並存的局面

鴉片戰爭前後，西方醫學以前所未有的勢頭湧入中國，並逐漸佔據了中國醫學界。晚清民國時期中西醫並存的局面正式形成。

2. 傳統中醫學仍取得一定成就

近代中醫學雖然受到嚴峻的挑戰，但在經典醫學文獻的整理，以及叢書、醫案、醫話、工具書的刊行，方藥學、臨證各科的發展方面，依然取得很多成就。

3. 出現中西醫匯通學派

近代以來，以唐宗海、朱沛文、惲鐵樵、張錫純為代表的中西醫匯通學派借鑒西醫，吸收新知，中體西用，以求找到中醫藥發展的新途徑、新方法。雖然由於歷史條件的限制，他們的努力尚未成功，但是其經驗教訓值得後人認真總結和思考。

4. 中醫界開展救亡圖存運動

在新文化運動和科學救國思想的影響下，西方醫學在中國迅速傳播，而中醫學日漸瀕於被消滅的境地。民國時期，余雲岫的「廢止中醫論」激起了廣大中醫人士及其擁護者的激烈辯駁。而北洋政府的「漏列中醫案」和南京國民政府的「廢止中醫案」，更是激起全國中醫藥界人士的憤慨，他們多次開展維護中醫權益的抗爭運動。

5. 出現「中醫科學化」思潮

20 世紀 30 年代初，「中醫科學化」運動興起，在醫學界引起強烈反響。此後一直到解放初，中醫科學化成為流行的風尚。這一思潮主要代表醫家有丁福保、陸淵雷、施今墨、葉橘泉等。「中醫科學化」是中醫界對當時「中國科學化」思潮的借鑒，是「中國科學化」思潮在中醫學領域的滲透和體現。「中醫科學化」思潮和以此為指導思想的探索和實踐一直影響著近現代中醫行業和中醫學術體系發展方向。

第一章　原始醫藥史

（遠古～前 21 世紀）

　　從原始社會人類誕生，一直到公元前 21 世紀，是中國的原始醫藥起源時期。考古發掘研究證明，早在 170 萬年前，我們的祖先就已勞動、生息、繁衍在這片廣闊的土地上。170 萬年以前，在雲南的元謀有一些原始人，已能製造和使用石器，可能已會用火。在漫長的歲月中，我們的祖先在認識自然、改造自然的實踐中，創造了遠古文化，創造了人類的文明。在這麼遙遠的年代，連文字都沒有，只有流傳下來的神話傳說、考古成果以及人類學的一些研究成果。因此本章將從神話傳說、考古成果以及人類學的研究成果等方面來分析中國原始醫藥是怎麼起源的。

　　醫藥是怎麼起源的？用恩格斯的唯物史觀來說，醫藥應該是源自人類的生產生活實踐。恩格斯有句名言：「勞動創造了人類。」而「自從有了人類，就有了醫療活動」，所以醫學史的誕生是和人類的誕生同步的。人們在生產生活實踐中得了病，只有通過反覆的生產生活實踐才能認識它，也只有通過生產生活實踐才能找到解決辦法。就本質和規律而論，醫藥實踐不過是從生產生活實踐中分化出來的。歷史事實證明，只有馬克思主義的歷史唯物論能給醫學起源問題作出完整和本質的說明，那就是醫學只能產生於廣大人民群眾的生產生活實踐。下面我們就從三個方面——衛生保健、藥物、針灸的起源來證明。

第一節　衛生保健的起源

　　衛生保健屬預防醫學範疇，這一概念是近代以後才提出來的。什麼是衛生保健？「衛生保健」就是從預防角度出發，以達到維護和增進健康、保護生

命、預防疾病、提高身體素質和提高生活質量的目的所採取的綜合防護措施。原始社會時期的衛生保健目的，在於不斷改善生活環境，保障人類在較安定的生活環境中生存，具有原始樸素性質。衛生保健的建立源自原始人的生產生活實踐。有了人類，就有了衛生保健活動，人類為了求得生存，必須首先解決對衣、食、住的尋求和選擇，因為在衣、食、住裏面，最能體現出基本的衛生保健的內涵。

先說衣，也就是穿什麼。按照達爾文的物種起源學說來講，人是由古猿進化而來的，那麼當人類的祖先剛從古猿變成人的時候，什麼都不穿，赤身裸體。隨著進化的演進，人類逐漸開始穿衣服。此時穿的衣服可能是樹皮，可能是獸皮，也可能是羽毛。總之，他能找到的現成的東西，經過簡單加工後，能夠穿身上就是了。《禮記‧禮運》云：「未有麻絲，衣其羽皮。」山頂洞人遺址發現有紡輪和一端帶孔的骨針，就是縫製獸皮為衣的工具。《白虎通義》載：「太古之時……衣皮韋，能覆前而不能覆後。」也就是說，在那個年代，大家還只是以皮蓋體，前面身子蓋著，後面屁股還露著。這是因為當時的原始人還缺乏縫紉裁剪技巧。

後來考古發掘發現竹針、木針、石針相繼出現，說明當時人們已經開始縫製獸皮，於是出現了簡單的編織縫紉技術，上身的衣和下身的裙和褲相繼出現。除了獸皮之外，原始人開始縫製麻布衣服。考古發掘發現，鄭州大河村遺址有大麻種子，當時人們已有意識種麻製衣。在我國許多新石器時代遺址中，都曾發現有紡輪，這是當時已能用植物纖維紡線縫製衣服的確鑿證據。如在仰韶遺址發現有石紡車、骨針，在西安半坡村遺址發現有陶紡輪。甘肅大地灣一期文化遺址有陶紡輪出土。河姆渡遺址已見木紡輪、骨質梭形器。一些出土的陶器上有布紋飾，是當時已可編織結網的有力證據。不過當時麻布布料質地粗糙，而且織的水平還不怎麼樣。《淮南子‧氾論訓》載黃帝時代衣裳「緂麻索縷，手經指掛，其成猶網羅」。〔註1〕早期的衣服經緯線疏朗，織出來這個布可能像漁網一樣。大家就這麼穿著，也非常性感。但不管怎樣，原始紡織業的出現，紡織技術的改進，提高了人們適應自然環境和禦寒的能力。

再往後中國人的祖先就開始穿更高級布料的絲綢衣服。中國是絲綢古國，有 5000 年的絲綢歷史。傳說黃帝的正妻嫘祖就是絲綢的發明人。「嫘祖首

〔註 1〕劉文典撰：《淮南鴻烈集解》卷 13《氾論訓》，北京：中華書局，1989 年，第 507 頁。

創種桑養蠶之法，抽絲編絹之術，諫諍黃帝，旨定農桑，法制衣裳……是以尊為先蠶。」《詩經‧七月》中亦有這樣的詩句：「蠶月條桑，取彼斧斨，以伐遠揚，猗彼女桑。」〔註2〕新石器時代，蠶絲產地遍布南北。山西芮城仰韶文化遺址發現陶蠶蛹，良渚文化遺址研究表明養蠶和絲織已相當進步。中國科學家在 1958 年的考古中發現距今 5300 年大汶口文化時期的絲綢織品。1957 年在浙江吳興錢山漾出土的絲片絹帶，距今約 5000 年。所有上述考古成果表明，古時神話傳說並非空穴來風。至少說明早在 5000 年前，在黃帝那個時期，中國境內的統治階級已經開始穿比較華麗的絲綢衣服了。有服章之美，謂之華。有禮儀之大，故稱夏。中國古稱華夏，正是中華文明源遠流長，華美燦爛的指代。

　　原始人從赤裸露體無有衣服的生活，發展到獸皮、樹皮為衣，乃至後來創造發明了紡線、編織、縫紉，後又有夏衣冬服，這是人類衛生保健的又一次飛躍進步。穿衣不僅改善了人們的生活條件，減少了疾病，而且大大增加了人們適應自然界寒暑風雨變化的抵抗能力。

　　再說食，也就是吃什麼。當人類的祖先剛從古猿變成人的時候，他們吃水果蔬菜，也吃昆蟲、動物。原始人作為雜食動物，幾乎什麼都吃。但是有一些生食如果貿然去吃是很危險的。《韓非子‧五蠹》說：「（上古之時）民食果蓏蚌蛤，腥臊惡臭而傷害腹胃，民多疾病。」〔註3〕為了減少消化道疾病和寄生蟲病的發生，也為了更好地吸收食物的營養，人們逐漸學會了人工取火的方法。人類對於火的最初認知，與自然界雷電或炎熱導致的山火有關。起初，當山火蔓延時，人們驚恐地逃竄。後來人們發現，只要站在火的上風頭，就沒有危險。當山火熄滅後，他們小心地靠近餘燼，感受火的溫暖，咀嚼烤焦的獸肉，欣喜地發現火的妙用，並有意識地保存收藏火種。考古學家發現，在含元謀人牙齒化石的地層中，發現了很多炭屑，表明在 170 萬年前，元謀人可能已經知道用火。這也是人類使用火的最早證據。〔註4〕而北京人故居周口店山洞

〔註2〕　王秀梅譯注：《詩經》，北京：中華書局，2006 年，第 217、218 頁。

〔註3〕　陳奇猷校注：《韓非子集釋》卷 19《五蠹》，上海：上海人民出版社，1974 年，第 1040 頁。

〔註4〕　關於元謀人是否已經使用火，尚無定論。如果是，則元謀人就是迄今為止發現的最早使用火的原始人。依據考古發掘，在舊石器時代早期，人類已能主動地使用火。最早的用火遺跡發現於非洲肯尼亞的切薩瓦尼亞，其時約為 142 萬年前。參見馬世力主編：《世界史綱》（上冊），上海：上海人民出版社，1999年，第 21 頁。

中，有厚達六米的灰燼，表明北京人有持續用火的歷史。不過無論是元謀人還是北京人，他們雖然已經學會了用火和保存火種，但是他們還不會自己造火，直到大約3萬年前的山頂洞人時期，中國人的祖先才學會了鑽木取火。「有聖人作，鑽燧取火以化腥臊，而民說之，使王天下，號之曰燧人氏。」〔註5〕我國歷史文獻中關於燧人氏「鑽木取火」的傳說，正是這一歷史時期史實的反映。中國的普羅米修斯——燧人氏，把火帶到了人間，從此以後我們的祖先開始吃熟食了。食物經過火的加工，可以消毒殺菌，減少消化道疾病、寄生蟲病的發生機率。熟食較之生食可以縮短人體消化食物的過程，吸收更多營養，提高人體素質。使用火之前，原始人只能茹毛飲血，食肉有很大風險。在原始時期，生食肉類近乎於等於自殺。直到火的出現和使用，肉食才開始為人類放心食用。肉食中含有的優質動物蛋白對原始人的體質特別是腦髓的發育產生了積極的作用，加速了人類進化。

最後說住。早期人類剛從動物中分化出來，只能依山川地勢而野居。野居的劣勢當然也是非常明顯，各種自然災害危險不勝枚舉。為躲避風雨和野獸之害，人類在進化過程中逐漸開始定居下來。這個定居主要分為巢居和穴居兩種方式。當時的人或者鑽入洞穴，或者築巢於樹上。張華《博物志》載：「南越巢居，北朔穴居，避寒暑也。」〔註6〕《太平御覽》引項峻《始學篇》稱：「上古皆穴居，有聖人教之巢居，號大巢氏。今南方人巢居，北方人穴處，古之遺俗也。」〔註7〕《隋書·南蠻傳》記載：「隨山洞而居，古先所謂百越是也。」〔註8〕今日考古發現，北京人居於天然岩洞之中。而民族學研究發現，近現代南方獨龍族仍是築屋於樹，或以石洞為屋。看來地不分南北，原始人都有穴居和巢居的情況。在此基礎上，才發展出人類最早的房屋。於是《周易·繫辭下》講「上古穴居而野處，後世聖人易之以宮室，上棟下宇，以待風雨」〔註9〕。

進入新石器時代，原始人開始逐漸建造房屋。由於地理環境、氣候的不

〔註5〕陳奇猷校注：《韓非子集釋》卷19《五蠹》，第1040頁。

〔註6〕（晉）張華撰：《博物志》卷3，北京：中國書店，2019年，第38頁。

〔註7〕（宋）李昉等撰：《太平御覽》（第一冊）卷78《皇王部三·有巢氏》，上海：上海古籍出版社，2008年，第745頁。

〔註8〕（唐）魏徵等撰：《隋書》卷82《南蠻傳》，北京：中華書局，1973年，第1831頁。

〔註9〕黃壽祺、張善文譯注：《周易譯注》卷9《繫辭下傳》，上海：上海古籍出版社，2007年，第403頁。

同，北方房屋多為半地穴式建築，南方多為高腳木屋。北方以西安半坡遺址為
代表，其室內地面土質乾燥，有灶坑和天窗。南方以河姆渡遺址為代表，將木
屋建於木樁之上。至今雲南、廣西、越南等地還有這類房屋。從野居到巢居、
穴居再到屋居，原始人逐漸有了可以遮風避雨、防禦野獸蚊蟲的居住環境。這
對於其身體的健康大有裨益。

第二節　藥物的起源

其次，藥物的起源也和生產生活實踐密不可分。

關於植物藥的起源，歷史上流傳著各種神話傳說。如伏羲氏「乃嘗味百藥
而製九針，以拯夭枉焉」；黃帝「又使岐伯嘗味草木，典醫療疾，今經方、本
草之書咸出焉」。〔註10〕神農「嘗百草之滋味，水泉之甘苦，令民知所避就。
當此之時，一日而遇七十毒」。〔註11〕在這些神話傳說中，流傳最廣泛的是神
農氏嘗百草的傳說。據說神農白天嘗百草，晚上就著篝火把白天嘗過的草藥記
載下來。一天記一味藥，總共記載了一年。這就是《神農本草經》365味藥的
來源。但這些都是神話傳說，肯定不是歷史事實。神農那個時代中國連文字都
沒有，嘗過百草後，他只能口耳相傳，最多也就是結繩記事。

上述神話傳說雖帶有神話色彩，但是它們真實反映了在原始社會時期，先
民通過不斷嘗試認識藥物這一實踐過程。「我國醫史界一致認為：人類積累植
物藥知識是與人類的採集生產活動分不開的。」〔註12〕大約在公元前五六千年
前，黃河、長江流域已開始了農耕作業。此後數千年，農業一直是中國的立國
之本。神農氏作為原始農業的發明人，其在創制農耕文明的過程中，一定經歷
了大量的植物鑒別。神農這個部落的主要任務就是要辨析哪些植物可以吃，哪
些不可以吃。然後才能種植五穀雜糧。而在辨析過程中，他們還會發現哪些植
物可能治病，哪些植物可能致死。藥物起源與原始農業是緊密相關的，這也是
後世最終將嘗百草的任務更多地安插到神農身上的緣故。

伴隨著火的應用，原始人越來越多地開始食用動物。在食用動物的過程

〔註10〕（晉）皇甫謐撰、（清）宋翔鳳、錢寶塘輯：《帝王世紀》，瀋陽：遼寧教育出
版社，1997年，第2、5頁。

〔註11〕劉文典撰：《淮南鴻烈集解》卷19《脩務訓》，第767頁。

〔註12〕閆建民著：《中國醫學起源新論》，北京：北京科學技術出版社，1999年，第
25頁。

中，也逐漸發現了一些動物的肌肉、脂肪、血液、骨髓及內臟的治療作用。《山海經》中便有大量關於動物藥的記載。如《北山經》載：「又北四百里，曰譙明之山。譙水出焉，西流注於河。其中多何羅之魚，一首而十身，其音如吠犬，食之已癰。」〔註13〕又如《東山經》中有一座枸狀山，「其中多箴魚，其狀如鯈，其喙如箴，食之無疫疾」。又有一座葛山，「其中多珠蟞魚，其狀如肺而四目，六足有珠，其味酸甘，食之無癘」。〔註14〕《中山經》中有一座堇理山，「有鳥焉，其狀如鵲，青身白喙，白目白尾，名曰青耕，可以御疫，其鳴自叫」。〔註15〕

到了原始社會晚期，人類還發現了礦物藥，在原始社會後期，也就是我們所謂的五帝時期，雖然我們的國家還沒有建立，但是大的部落政權已經有比較大的社會動員能力了。諸如黃帝這樣大的部落，已經開始組織人力物力採礦了，所以那個時候的部落首領，家裏是有礦的。在採礦的過程中，原始人就發現某些礦物對疾病是有治療作用的，如鹽水明目、芒硝瀉下及硫磺壯陽、水銀殺蟲。

由此可見，植物藥、動物藥和礦物藥的知識，均是我們的祖先在長期生產生活實踐中逐漸認識和積累起來的。

第三節　針灸的起源

關於針法的起源，流傳最廣泛的傳說當屬伏羲製九針。皇甫謐《帝王世紀》載：「伏羲氏仰觀象於天，俯觀法於地，觀鳥獸之文與地之宜，近取諸身，遠取諸物，於是造書契以代結繩之政，畫八卦以通神明之德，以類萬物之情。所以六氣、六府、五藏、五行、陰陽、四時、水火升降，得以有象。百病之理，得以有類。乃嘗味百藥而製九針，以拯夭枉焉。」〔註16〕這個傳說雖帶有濃厚的神話色彩，但是也蘊含著歷史的真相。伏羲氏是早期畜牧業的創始者，其活動時代約相當於原始社會的山頂洞人時期。伏羲氏作為游牧部落，更容易在針刺療法、外治法方面取得進展。我們後面講到元代醫學史的時候，會講到蒙醫的特色便在於外科、骨傷科。這與其游牧民族的生活特點息息相關。所以，把

〔註13〕《山海經》第三《北山經》，長沙：嶽麓書社，2006年，第91頁。
〔註14〕《山海經》第四《東山經》，第138、145頁。
〔註15〕《山海經》第五《中山經》，第237頁。
〔註16〕（晉）皇甫謐撰、（清）宋翔鳳、錢寶塘輯：《帝王世紀》，第2頁。

針刺療法的發明人放到伏羲身上，雖然未必真實，但是也是對針刺療法歷史發展軌跡的一種反映。

　　針刺工具的發展，大致是從砭石開始的。砭石之後才逐漸出現石針、木刺、竹針、骨針、金屬針等。砭石是最早的醫療工具，《說文解字》解曰：「砭，以石刺病也。」〔註17〕砭石與針石適用範圍不同，砭石更多的是用於外科化膿性感染的切開放膿。針石，就是尖狀的石器，用以刺激身體的某些部位以消除病痛。

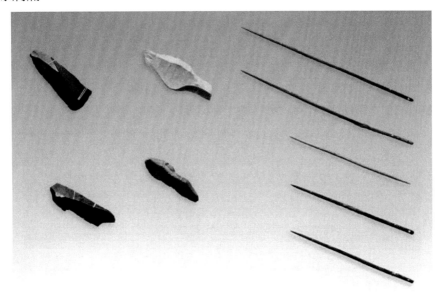

上海中醫藥博物館館藏新石器時代骨針與砭石〔註18〕

　　上圖是上海中醫藥博物館館藏的新石器時代的砭石和針石。左邊打磨的像刀片的石頭是砭石，可以認為是最早的手術刀。右邊的這些則是針石，而且這些針石還有針眼，還可以縫紉用。為什麼針刺療法起源於新石器時代？原始社會時期分成新舊石器時代，兩者都是以打造石器為主，兩者的區別在於，舊石器時代更早，原始人還沒怎麼開化，打造出的石器傻大黑粗。新石器時代較晚，原始人已能打造出較精美的石器。在新石器時代，人們掌握了兩頭打製、挖製和磨製的技術，能夠磨製出更精細的石器，這才有可能出現適於醫療專用

〔註17〕　（漢）許慎撰、（宋）徐鉉等校定：《說文解字》，北京：中華書局，2013 年，第 193 頁。

〔註18〕　圖片採自上海中醫藥博物館編：《上海中醫藥博物館館藏珍品》，上海：上海科學技術出版社，2013 年，第 12 頁。

的針石。所以一般認為針刺法起始於新石器時代。

　　針刺療法是如何被發現的呢？現在的一種推測是，原始人經常要打獵勞作，和大自然接觸的機會很多，他們經常會被一些樹枝或者銳利的東西給劃破身子。本來受傷是很疼的，但是對於某些身體抱恙的原始人來說，他們反而會覺得經過這次刺傷之後，原先身體的病痛減輕了。原始人慢慢地有了一定的經驗後就有意識地打磨一些尖銳的針石，刺激某部位或使之出血，從而收到減輕病痛的效果。在長期的生產生活實踐中，他們逐漸形成針刺的經驗。中醫的針刺療法以及最早期的腧穴知識，也就逐漸產生。

　　灸法的起源與針法的起源類似。原始時期，人們在寒冷中發明了熱熨火療方法，並在此基礎上逐漸演變為今日的艾灸療法。原始人在烤火取暖、煮食或點燃篝火防獸時，有時可能會被迸出的火星燒灼燙傷皮膚。在被燙傷的人之中，有些人會發現有時局部的燒灼會減輕某些疾病的症狀。然後這些人就開始有意識地從火堆裏面取一些未冷卻的草木灰、石塊放到身上，熱熨法就這麼誕生了。在艾灸誕生之前，原始人很早就使用熱熨火療方法，且此療法至今仍在運用。如今日鄂倫春族、藏族野外露宿，睡前生火烘烤腹背，然後方才入睡。這是用熱熨火療預防風濕。

　　熱熨火療經驗的不斷積累，導致了灸療法的誕生。《素問・異法方宜論》認為灸法起自北方寒冷之地：「北方者，天地所閉藏之域也。其地高陵居，風寒冰冽，其民樂野處而乳食，藏寒生滿病，其治宜灸焫。故灸焫者，亦從北方來。」〔註19〕這裡的灸焫，指用艾葉進行的灸療。其是否屬實，尚有爭議。不過在春秋戰國之時，艾灸的療法已經較為普及。《孟子・離婁上》有「今之欲王者，猶七年之病求三年之艾也。苟為不畜，終身不得」之說。〔註20〕《莊子・盜跖篇》載：「丘所謂無病而自灸也。」〔註21〕孔子無病而自灸，大概反映了當時人以灸法養生的習俗。而《左傳・成公十年》載：「晉侯有疾……疾不可為也。在肓之上，膏之下，攻（灸）之不可，達（針）之不及，藥不至焉。」〔註22〕此中的「攻」即為灸法，「達」即為針法，如此看來，春秋時期，針灸療法在醫學中已經是普遍運用。

〔註19〕《黃帝內經素問》卷4《異法方宜論》，北京：人民衛生出版社，1963年，第81頁。

〔註20〕金良年譯注：《孟子譯注》，上海：上海古籍出版社，2016年，第153頁。

〔註21〕（戰國）莊周撰：《莊子》，汕頭：汕頭大學出版社，2018年，第475頁。

〔註22〕（戰國）左丘明撰：《左傳》，上海：上海古籍出版社，2015年，第431頁。

第四節　巫醫的產生

一、萬物有靈論

在原始人腦海中，萬物神秘，都具有靈性。再普通的自然現象，原始人都會有超自然的解釋。在此基礎上，原始人逐漸形成了靈魂的概念。不僅動物有靈魂，就是植物、非生物物質都有靈魂。這就是萬物有靈論。萬物有靈論的行成時間，大概是在舊石器時代晚期。它的形成，說明原始人不能真正認識自己的生命、動植物的生命以及無生命物質。

禹和啟誕生的故事就是萬物有靈論的一個絕佳詮釋：

> 洪水滔天。鯀竊帝之息壤以堙洪水，不待帝命。帝令祝融殺鯀於羽郊。鯀復生禹。帝乃命禹卒布土以定九州。〔註23〕

> 禹娶塗山氏女，不以私害公，自辛至甲四日，復往治水。〔註24〕

> 禹治洪水，通軒轅山，化為熊。謂塗山氏曰：「欲餉，聞鼓聲乃來。」禹跳石，誤中鼓，塗山氏往，見禹方坐熊，慚而去。至嵩高山下，化為石，方生啟。禹曰：「歸我子！」石破北方而啟生。〔註25〕

傳說在唐堯的時候，洪水滔天，到處一片汪洋，不知淹死了多少人畜。唐堯授命禹的父親鯀治理洪水。鯀只知水來土掩，連治九年不見成效。堯處死了鯀，鯀屍體三年不化，三年後禹從鯀屍身裏出來。虞舜即位後，又命禹繼承父業，治理洪水，並封禹為夏伯。大禹採用了和父親不同的治水方式，即不再以填堵為主，轉而以疏濬為主。一次，禹帶領身懷有孕的妻子塗山氏，來到陽城（今登封告成）一帶治水。他根據水的流向和山川地勢，打算在嵩山西側的「轘關」鑿石開渠，排泄洪水。可是那裏山高石厚，要鑿通得用很長時間。禹就施展法術，在開山鑿渠時變成一隻黑熊。這大大加快了治水進度。但是他始終沒有把自己變熊的事兒告訴妻子塗山氏。為了既不影響施工，又能按時吃飯，夏禹就在「轘關」山下放了一面鼓，跟妻子商定：只要聽見敲鼓的聲音，就來給他送飯。這就是「擊鼓餉夫」的故事。

有一天禹正忙著開山治水，不小心飛起的石塊從山坡上滾了下來，恰巧

〔註23〕《山海經》第十八《海內經》，第387頁。

〔註24〕（北魏）酈道元著、陳橋驛校證：《水經注校證》卷30《淮水》，北京：中華書局，2013年，第680頁。

〔註25〕（漢）班固著、（唐）顏師古注：《漢書》卷6《武帝紀》，北京：中華書局，1962年，第190頁。

掉在那面鼓上，鼓便發出咚咚響聲。塗山氏在家裏聽見鼓聲，於是她馬上把飯菜做好，急急忙忙送來。她來到轘山前，看見一隻大黑熊正低著頭鑿石運土。塗山氏目瞪口呆，一眼認出那就是自己的丈夫。她越想越羞慚，提起飯菜便往回走。禹看見後就去追她。塗山氏無路可逃時，竟然化作一塊巨石。禹跑到大石頭跟前，拍著石頭大聲喊：「把兒子交出來！」「轟隆」一聲巨響，大石頭裂開了一條大縫，從石縫裏跳出了一個小孩。這就是禹的兒子、夏王朝的建立者啟。後人便把這塊巨大的石頭叫做「啟母石」。今天在嵩山南麓的「萬歲峰」下，有一座漢代石闕，叫「啟母闕」。闕的東北面，矗立著一塊幾丈高的大石頭，這塊石頭就叫「啟母石」。

登封太室山腳下啟母石

在這個家喻戶曉的故事裏，活人、死人、野獸、巨石都是有靈的，彼此之間的轉換可以天衣無縫。這是在夏朝建立之前的原始社會後期，萬物有靈論盛行中國的例證。

二、靈魂是什麼

（一）靈魂的特徵

依照馬伯英的總結，靈魂大體具有以下特徵：1. 它稀薄沒有實體，本質上是一種氣息、薄膜、影子；2. 是生命、思想的本源；3. 偶而能夠遠離身體；

4. 不可觸摸或不可目見，但能夠以與某人外貌相像的幻象形式出現於睡著或醒著的人們面前；5. 能夠在人死後繼續存在；6. 能夠鑽入他人、動物甚至物品內部，並且控制他們。〔註26〕

原始人對靈魂的認知，與影子、呼吸、夢境、幻覺有關。

原始人認為靈魂即是影子。中國古代有含沙射影的典故。晉代干寶《搜神記》記載：「漢中平中，有物處於江水，其名曰『蜮』，一曰『短狐』，能含沙射人。所中者則身體筋急、頭痛、發熱，劇者至死。」〔註27〕而同時期的葛洪則將這種怪物延展為可以「含沙射影」：「又有短狐，一名蜮，一名射工，一名射影，其實水蟲也，狀如鳴蜩，狀似三合盃，有翼能飛，無目而利耳，口中有橫物角弩，如聞人聲，緣口中物如角弩，以氣為矢，則因水而射人，中人身者即發瘡，中影者亦病，而不即發瘡，不曉治之者煞人。其病似大傷寒，不十日皆死。」〔註28〕故事中的蜮，可以含沙射人影，蹊蹺的是，所中者居然會病危而亡。這是因為，人影即是靈魂，靈魂被射中，肉體就會筋急、頭痛、發熱，乃至死。如果認為這還只是神怪故事，不足為憑，那麼現代人類學家發現，非洲原始部落人在太陽下走路，總怕踩到自己的影子。因為他們認為影子就是靈魂的形象。

鏡中的影像也是一個人的靈魂。自古以來我們有照妖鏡的傳說。其實照妖鏡並非神奇的鏡子，凡是鏡子都具有照妖的功效。葛洪《抱朴子》云：「又萬物之老者，其精悉能假託人形，以眩惑人目而常試人，唯不能於鏡中易其真形耳。是以古之入山道士，皆以明鏡徑九寸已上，懸於背後，則老魅不敢近人。或有來試人者，則當顧視鏡中，其是仙人及山中好神者，顧鏡中故如人形。若是鳥獸邪魅，則其形貌皆見鏡中矣。」〔註29〕在古人看來，鏡子外的物形可以改變，但是靈魂不會改變。鏡子可以照影，而影即靈魂，所以鏡子可以照出一切妖魔的真身。《本草綱目‧金石之一》曰：「鏡乃金水之精，內明外暗。古鏡如古劍，若有神明，故能辟邪忤惡。凡人家宜懸大鏡，可辟邪魅。」〔註30〕中

〔註26〕馬伯英著：《中國醫學文化史》，上海：上海人民出版社，2010 年，第 40 頁。
〔註27〕（晉）干寶著、盧丹注釋：《搜神記》卷 12《含沙射人》，瀋陽：萬卷出版公司，2011 年，第 216、217 頁。
〔註28〕（晉）葛洪撰、王明校釋：《抱朴子內篇校釋》卷 17《登涉》，北京：中華書局，2021 年，第 312 頁。
〔註29〕（晉）葛洪撰、王明校釋：《抱朴子內篇校釋》卷 17《登涉》，第 301 頁。
〔註30〕（明）李時珍：《本草綱目》卷 8《金石》，北京：人民衛生出版社，1982 年，第 841 頁。

國人喜歡在自己門楣上方放一面鏡子，原因就在於此。古人在治療小兒夜啼不止時，以鏡治病：「小兒夜啼：明鑒掛床腳上。」〔註31〕其中可能亦有令古鏡照妖除邪的意味在內。

原始人認為靈魂與呼吸密切相關。中國字「魂」，從雲從鬼，說明靈魂如雲氣一般飄蕩不定。《西遊記》中常見妖怪化作雲氣飄蕩在山間。眾人不識，唯有孫悟空火眼金睛，能識得哪些雲氣是妖氣。如此，氣就是靈魂的載體。因此靈魂稀薄而無實體。中國古人判斷人死亡的臨床標準之一就是看此人是否停止呼吸。這當然與今天並無不同，但是古人是通過呼吸與否來判定靈魂是否已經遠離肉體。若無呼吸，便是靈魂已離開肉身，可判定人已死亡。但即使如此，也不能立即下葬或火化，因為古人要時刻準備著靈魂回到人體內，人死而復生這樣的事情發生。所以古人死後七天是不落棺的，親人是要守靈的。死後七七才算孝期終結。〔註32〕

靈魂也與夢和幻覺聯繫，這與這兩種狀態的神秘性息息相關。夢，是每個人晚上會進行的大腦神秘活動，無論是美夢還是噩夢，其實都是正常生理現象。古希臘和古羅馬時代，人們相信夢可以預言未來，我國也有《周公解夢》流傳至今。十九世紀末，人們開始認為夢境是潛意識的反應。隨著神經科學的發展，人們知道了睡眠可以分為 2 個階段——快速眼動階段（Rapid Eye Movement）和非快速眼動階段（Non-Rapid Eye Movement）。夢主要發生在快速眼動階段。在快速眼動階段，大腦中的激素血清素、多巴胺、皮質醇等全部重新分布，負責情緒處理的大腦區域開始活躍。此時便是人做夢的時段。夢（尤其是噩夢）是一種生動真實的不安，很多人醒來後甚至能清晰記得夢中的每個細節。由於夢境很多情況下是受到現實中壓力和抑鬱的影響，並與現實相呼應，因此古今中外的很多人都會認為夢境具有神秘性，具有溝通未來或未知世界的屬性，進而也就聯想到其與靈魂之間的關聯。在很多文學作品、宗教作

〔註31〕（明）李時珍：《本草綱目》卷8《金石》，第841頁。

〔註32〕按照民俗，人死了之後的紀念儀式是很有講究的。剛死的時候是做七——就是從剛死的那天算起，每隔七天做一次祭奠，頭七、二七、三七、四七、五七、六七、斷七。「頭七」是指人死後，人們會將死者停屍七天，為死者守靈。七日之後才能落棺。這是因為古人認為人死之後還有魂魄存在，而魂魄不會在人死後立刻飄散，有些魂魄可能會停留在人的身體內不願意離去，或者去而復返；「五七」即人死後第三十五日，傳說死者直到那天才知道自己已經死了。此夜亡靈要回到陽間的家「省親」；滿七個『七』即四十九天時叫『斷七』，人們常請和尚道士來念經超度亡魂。斷七過後就出了孝期。

品甚至人類早期歷史作品中，我們時常會看到人在夢境中所作所為影響現實世界的記載。如《西遊記》中載有魏徵夢斬涇河龍王之事，《左傳》載有晉景公夢二豎子言及膏肓的對話，《史記·扁鵲倉公列傳》載趙簡子昏迷時夢與百神遊於鈞天。上述種種記載，有一個共同特性，即夢中或昏迷中靈魂出竅，神遊他方，並如正常人般行住坐臥甚至田獵射殺。

（二）道醫中的魂與魄

中醫理論認為，肝藏魂，肺藏魄。傳統道醫則認為，人體有三魂七魄之謂。三魂曰胎光、爽靈、幽魂；七魄曰屍狗、伏矢、雀陰、吞賊、非毒、除穢、臭肺。白天的時候，魂魄皆藏於心（囟）中；到了夜間，魂入血，藏於肝休眠。魄司職，藏於肺。故在肺俞旁有魄戶，肝俞旁有魂門。

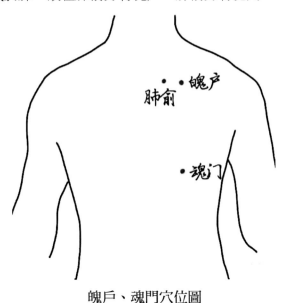

魄戶、魂門穴位圖

人有三魂。人若丟一個魂、兩個魂還能活著，若丟三個魂，人就成了行尸走肉了。道醫包括中醫認為，當一個人失魂以後，儘管他的肉身還在走，還在動，還在吃，還在喝，但是他已經死了。

三魂中最重要的是胎光，這是生命之光，如果它沒了，這個人也就沒了。古代的中醫判斷一個人的生死，先看人的胎光還在不在。第二個魂叫爽靈。爽，就是快的意思。爽靈決定人的稟賦，包括人的智力、慧力，以及反應的快慢。有些孩子天生呆、傻、癡，也有些孩子患上自閉症，這些孩子就是丟失了爽靈。第三個魂叫幽精。它決定了人的性取向和性能力，決定人將來會愛什麼

人。因為幽精決定了人的性取向，所以異性戀、同性戀的性取向皆由它決定，而終身難以更改。幽精與性愛、情愛緊密相關。我們常說的「某某又被那狐狸精給勾走魂了」，以及說人失戀以後痛不欲生，再也沒有愛的欲望，「失魂落魄」，這裡的魂指的都是幽精。

陽神曰魂，陰神曰魄。三魂主要在人醒著的時候運轉。當人睡覺以後，這些魂，特別是胎光，會處於一種休眠狀態。此時負責人體運轉的，則是七魄。魂晚藏於肝，本當靜養休息，如果魂魄不得交替，就會失眠、早醒、多夢淺睡。我們經常說「這人真有魄力」，有沒有魄力要看睡著之後的樣子。有些人睡著了之後像個嬰兒一樣，呼吸均勻，不翻身，不扭動，一覺到天亮，就叫有魄力。

第一個魄臭肺主宰人的呼吸。那些睡著了以後打呼嚕，呼吸有問題，不是被憋醒就是被痰堵地悶醒，或者是在睡覺的時候老是咳嗽、喘，不能平臥的人，都是因為臭肺魄有問題。要修補臭肺魄，主要是調整肺和大腸的系統。

第二個魄吞賊主人的免疫系統。吞賊會在晚上人睡下後消滅白天留下的虛邪賊風，消除身體內的有害物質。它類似於免疫系統裏面的「巨噬細胞」。若吞賊魄受損，人體的免疫系統就受損，人的身體就會長出各種腫瘤，如脂肪瘤、乳腺增生、子宮肌瘤、卵巢囊腫……。若該魄的功能持續被削弱，上述腫瘤，還會由良性變成惡性。

第三個魄除穢主宰消化。除穢魄沒問題，人在晚上吃完飯後睡一覺，第二天早晨又會餓。除穢魄有問題的人，早晨起來一刷牙就噁心、滿嘴口臭、不想吃飯、昨天吃的東西都頂在嗓子眼，或者擱在心口窩。除穢魄還控制水液代謝。假如某人除穢魄力很強，其人控制水液的魄力就會很強，不僅能把水消化掉，而且能憋得住。晚上喝了水，中間不起夜，第二天早晨起來撒一大泡尿，挺痛快。除穢魄力不強的人就得起夜了，晚上喝點水就得起好幾趟夜。起夜還算好，有的人乾脆做夢找了個廁所，「嘩嘩嘩」尿一床。這是控制水液代謝的除穢魄出問題了。

第四個魄雀陰主修復生殖功能。假如某人晚上有性生活，累了，睡了一夜，第二天早晨又「性致」勃勃。這說明主宰生殖功能修復的雀陰魄很好。但假如某人晚上有了性生活，第二天累得腰酸腿疼起不來，這說明雀陰魄受損，恢復生殖能力太差。

第五個魄伏矢生成人的精氣。丹田是化生精氣之處，人入睡後，伏矢魄就

在這裡發揮去粗取精的作用，把腸內糟粕化腐朽為精氣。伏矢魄強，人一覺醒來會神清氣爽。伏矢魄弱，人一覺醒來仍感疲憊不堪。有人出現五更泄，大早上起來沖到廁所裏面大便，水一樣一瀉千里，這是伏矢魄力不足的表現。

第六個魄非毒主分解體內毒素。人入睡後，白天聚在一起的各種毒素，就由此魄給散開。在身體裏面，不管是熱毒還是寒毒，非毒魄會將它們給一一分解。集聚的毒素分解了以後，再由吞賊魄來吞噬，除穢魄來排除。

第七個魄屍狗具有警覺功能。有些人過於警覺，有個風吹草動就睡不著覺，一滴水的滴答聲音都能把他吵醒。也有些人睡覺過死，睡著了會跟昏過去一樣，小偷把家搬空了都不知道。無論太過於警覺還是太過於不警覺，都說明屍狗魄受了損傷。

魂魄的完好與否，與人身的健康與否有著正相關。葛洪在《抱朴子》中說：「人無賢愚，皆知己身有魂魄，魂魄分去則人病，盡去則人死。」〔註33〕李時珍《本草綱目・人部・人魄》曰：「蓋人受之陰陽二氣，合成形體，魂魄聚則生，散則死。死則魂陞於天，魄降於地。」〔註34〕養魂魄，重在養血與調息。因為血捨魂，故養血即養魂。中醫認為，若肝血不足，需要養血安神，可服酸棗仁湯（酸棗仁 12 克、甘草 6 克、知母 6 克、茯苓 15 克、川芎 6 克）。此方亦養魂良方。養魄，重在調息。因為魄藏肺中。有意識地掌握呼吸方法，調節呼吸的節奏，有利於安撫養魄。另，魄門又稱肛門，有意識地做提肛動作也是存魄的好方法。〔註35〕藥物之中，人參、茯神、琥珀、龍骨、龍齒、龍眼肉、朱砂、女貞子、磁石、生鐵落等，都有定魂魄或養魂魄的作用。

三、疾病、死亡與靈魂

在萬物有靈論的基礎上，原始人認為人的生死與靈魂的離合有關，人的疾病也與靈的附體有關。比如殷人重鬼，他們的病因學說就是鬼神致病說。在今天發掘的甲骨文中，有大量關於鬼神致病的記載。有意思的是，這其中還包括不少關於祖先致病和上帝致病的記錄。不知為何，殷人對祖先的靈魂特別厭惡。無論戰爭還是疾病，他們都懷疑祖先在與他們作對。甲骨卜辭中指責祖先

〔註33〕（晉）葛洪撰、王明校釋：《抱朴子內篇校釋》卷 2《論仙》，第 36 頁。
〔註34〕（明）李時珍著：《本草綱目》卷 52《人部》，第 2959 頁。
〔註35〕中醫認為人體有一個門，叫魄門，它是魄離開人體的門，而這個魄門就是肛門。很多人死的表現就是：屎滾尿流，大小便失禁。所以古代人搶救快死的人，第一件事是塞住肛門。

鬼魂作祟致後人病的頗多。同時，殷人信仰上帝，他們也懷疑自己得病是上帝在搞鬼。總之，鬼神致病論在原始社會、奴隸社會甚至封建社會都甚為盛行。這也直接影響到了醫學的發展。

　　疾病產生於靈。這有助於我們理解原始人許多治療的初衷。最顯著的例證就是穿顱術。這種穿顱術使用打磨好的銳利石器實施。今人做過實驗，用銳利石器穿顱僅半小時就能完成。施術時可能使用麻醉藥物使病人昏迷。1685 年法國最先發現實施了穿顱術的頭蓋骨。而後在地中海以西、南北美洲、南太平洋群島等幾乎世界各地都有發現。新石器時代的穿顱術是可以被證明的最古老的手術。在今天人看來這種匪夷所思的原始人的外科手術，其實就是起源於疾病產生於靈的觀念。在那樣一個蠻荒時代，原始人為何實施這樣一種在今天看來都危險性極高的手術？這很可能是出於巫術的理由來實施。根據考古發現，有些穿顱的骨緣有新生骨，可見術後病人仍有存活者。民族學研究發現，在近代的俾斯麥群島、玻利維亞、秘魯有些部族仍用原始方法實施穿顱術；另外如北非的拜爾族、達吉斯坦山地部族、歐洲的黑山人也有這種手術。這些手術均來源於惡靈侵入人體的觀念。手術的目的是為了驅靈外出以使頑固頭痛、昏睡、神經痛、癲癇、癲狂、驚風等疾病痊癒。

　　死亡意味著什麼？意味著肉體與靈魂的分離。原始人認為靈魂不滅，但是靈魂易於離開肉體。在那個時期，人們會認為靈魂四處飄蕩，附著在某物，某物就活了起來，就有了生命。靈魂離開了某物，某物就沒了生命，就死了。所以在《紅樓夢》裏，賈寶玉的靈魂就棲身於通靈寶玉上，丟了這塊玉，賈寶玉就會立即昏死過去。當身邊的一個人死後，他們滿懷希望這個人的靈魂還會回來。大約正因為如此，在身邊人屍體沒有腐爛之前，原始人不願承認該人已死。他們認為那只是靈魂暫時離開了肉體，就像做夢、昏迷一樣，說不定什麼時候又回來了。在古代中國，人死後七天是不落棺的，親人是要守靈的。這都是原始時期祖先留下的意識在作祟。所以中國自古以來就有屍體防腐的埋葬，古埃及也有木乃伊。他們都希望保護死者肉身，以便生命復活。如果生者不注重保存死者的屍身，那麼死者靈魂萬一回來，將無處可歸。清褚人獲便轉引了這樣一個極端的例子。他在《堅瓠秘集》卷二引《仙縱》曰：「鐵拐姓李，質本魁梧，早歲聞道，修真岩穴。時李老君與宛丘先生嘗降山齋，誨以道教。一日，李將赴老君之約於華山，囑其徒曰：『吾魄在此，倘遊魂七日而不返，若方可化吾魄也。』徒以母病迅歸，六日化之。李至七日果歸，失魄無依，乃

附一餓殍之屍而起，故其形跛惡耳。」〔註36〕一般來說，修仙之人往往仙風道骨，氣質脫俗，但是八仙中的鐵拐李相貌醜陋，身有殘疾。這是因為他在某次靈魂離開肉體後，其徒兒焚化了他的肉身，失魄無依的他，只好以路旁餓殍之屍為寄主。故而其相貌醜陋，一瘸一拐，後人呼為「鐵拐李」。

四、巫醫的出現

巫術醫學脫胎於經驗醫學，並伴隨經驗醫學很長一段時間。其明顯的特點是它開始將人類生命和疾病作為一個對象來認識了。巫術醫學試圖用其神靈觀念來解釋病因，並用巫術治療疾病。這裡需要說明的是，原始時代的巫術不僅僅是迷信糟粕，它的很多內容還是帶有科學的成分的。比如，祝由這種治療方法，就帶有一定的心理治療的作用。而且，巫術和科學在認識世界的概念上是相近的，它們都認為世界的發展變化是有一定規律的，而且這些規律可以被人們預見到或推算出來。從這個角度而言，巫術可以稱之為原始時期的科學了。由此衍生出的後世的周易術數系統與中醫也都帶有或多或少的巫術色彩。但是，巫術畢竟不是科學。它雖然認識到事物的發展有一定的規律，但是它對這種規律的認識與今日相比有很大偏差，其對規律的控制操作方法更是錯誤的。

巫出現在萬物有靈論的後期，即舊石器時代後期。最早的醫生皆是巫。《山海經・海內西經》列舉了六位大巫：「開明東有巫彭、巫抵、巫陽、巫履、巫凡、巫相，夾窫窳之屍，皆操不死之藥以距之。」〔註37〕這裡，巫師兼神醫的巫彭、巫抵、巫陽、巫履、巫凡、巫相，他們圍在窫窳的屍體周圍，都手捧不死藥來抵抗死氣而要使他復活。這位窫窳，是蛇的身子人的面孔，被貳負和他的臣子危合夥殺死。後來在六位巫醫不死藥的藥效幫助下居然復活了。但是復活後，窫窳變成了食人的怪獸。後來堯帝命令羿把他射死了。《山海經・大荒西經》列舉了十名大巫：「有靈山，巫咸、巫即、巫盼、巫彭、巫姑、巫真、巫禮、巫抵、巫謝、巫羅十巫，從此升降，百藥爰在。」〔註38〕這些巫師都有採藥的工作。兩篇文獻除去巫彭、巫抵共有外，共計有十四名大巫。巫者皆醫。

黃帝時名醫不少，很多人名來自於《黃帝內經》。這些名醫，其實也都是巫

〔註36〕　（清）褚人獲撰：《堅瓠集》，杭州：浙江人民出版社，1986年，第257頁。
〔註37〕　《山海經》第十一《海內西經》，第306頁。
〔註38〕　《山海經》第十六《大荒西經》，第353頁。

醫。比如岐伯，就是居住在陝西岐山的一位大巫。又比如俞跗，《韓詩外傳》、《史記·扁鵲倉公列傳》都提到這位上古時期神奇的醫生：「臣聞上古之時，醫有俞跗，治病不以湯液醴灑，鑱石撟引，案扤毒熨，一拔見病之應，因五臟之輸，乃割皮解肌，訣脈結筋，搦髓腦，揲荒爪幕，湔浣腸胃，漱滌五臟，練精易形。」〔註39〕過去有種說法，是說俞跗在病人身上進行手術，但是在今天看來，這種手術是有一定難度的大手術。黃帝那個時代，完全不具備實施這種手術的條件。俞跗作為一名巫醫，他應該是在一個人偶上進行的這一系列操作。他是將人偶的五臟、六腑、筋脈、髓骨等全部清理一遍，然後期待與人偶對應的病人的病也會好起來。因此，俞跗的高明之處，不在於醫術，而在於巫術。

《黃帝內經》經常提到一種祝由術，也是上古時期巫醫治病時常用的手法。這也說明中醫的奠基之作《黃帝內經》的醫學，一定程度上是脫胎於巫術醫學的。

　　　　《靈樞·賊風》：「黃帝曰：『其祝而已者，其故何也？』岐伯曰：
　　　　『先巫者，因知百病之勝，先知其病之所從生者，可祝而已也。』」
　　　〔註40〕

　　　　《素問·移精變氣論》：「黃帝問曰：『余聞古之治病，惟其移精
　　　變氣，可祝由而已。今世治病，毒藥治其內，針石治其外，或愈或
　　　不愈，何也？』岐伯對曰：『往古人居禽獸之間，動作以避寒，陰居
　　　以避暑，內無眷慕之累，外無伸官之形，此恬淡之世，邪不能深入
　　　也。故毒藥不能治其內，針石不能治其外，故可移精祝由而已。當
　　　今之世不然，憂患緣其內，苦形傷其外，又失四時之從，逆寒暑之
　　　宜。賊風數至，虛邪朝夕，內至五臟骨髓，外傷空竅肌膚，所以小
　　　病必甚，大病必死。故祝由不能已也。』」〔註41〕

這兩段引文表明上古之時巫師給人治病時採用的基本治療方法，是祝由治病法。當時的人相信病因是由鬼神所致。巫師通過祝說病由可以達到移精變氣的目的，從而將病邪驅趕出人的身體。祝由這種治療方法，帶有強烈的心理治療作用，故其療效未必不佳。

〔註39〕（漢）司馬遷撰：《史記》卷105《扁鵲倉公列傳》，北京：中華書局，1982年，第2788頁。

〔註40〕《靈樞經》卷9《賊風》，北京：人民衛生出版社，2005年，第115頁。

〔註41〕《黃帝內經素問》卷4《移精變氣論》，第82、83頁。

第五節　多種醫學起源論

建國以後中醫院校的歷版《中國醫學史》教材在談到醫學起源問題時，除了堅持恩格斯的唯物史觀，認為勞動創造了醫學的同時，也都明確提到了醫源於巫說、醫源於聖人說和醫源於動物本能說這三種學說的錯誤。早在1978年北京中醫學院主編的試用教材《中國醫學史》便認為：

> 恩格斯在《自然辨證法》中論述勞動的偉大意義時深刻地指出：「勞動創造了人本身。」這個科學論斷不僅闡明了人類起源的根本規律，同時也揭示了「勞動創造世界」包括勞動創造醫藥的偉大真理。

> 但是，自從進入階級社會以來，剝削階級為了維護他們的階級利益，在醫藥起源問題上編造出種種唯心主義的謊言，用以欺騙和麻痺勞動人民。例如：「醫源於動物本能」、「醫源於巫」、「醫源於聖人」等等，就是他們宣揚的唯心主義謬論。……

> 資產階級學者認為人類「尋找醫治是最原始的本能」，而且胡說這種本能的「原始醫療是以動物醫學為基礎的」，認為人患病時尋找草藥，正像傷狗舐其傷口一樣，完全出於動物本能的反映……恩格斯在《自然辨證法》中指出：「動物也進行生產，但是它們的生產對周圍自然界的作用在自然界面前只等於零」。由此可見，動物僅僅能利用外部自然界，人類則能支配自然界，能動地改造世界，並創造了醫學。……

> 資產階級學者據此提出「醫源於巫」的謬論，胡說什麼「各民族之醫，多出於巫，吾族亦如此」。事實上，自從有了原始人類，就有了原始的衛生保健和醫藥活動，巫和宗教的產生卻是較晚的事情。同時，人們對醫藥和衛生保健的實際需要，比對巫術、宗教這些虛幻的精神需要更為迫切。醫源於巫論不僅歪曲了歷史事實，抹煞了醫學的實踐性和科學性，而且公然否認馬克思主義關於勞動創造世界的真理。……

> 資產階級學者認為醫學是由「天才」、「聖人」創造的，他們把醫藥學的發明、醫學理論的形成歸功於傳說中的伏羲、神農、黃帝，把他們稱為「醫學始祖」、「醫藥之父」，這是對歷史的極大歪曲。〔註42〕

〔註42〕北京中醫學院主編：《中國醫學史》，上海：上海科學技術出版社，1978年，第3～5頁。

　　張效霞認為這三種學說之所以遭受批判,「其根本原因在於它們與歷史唯物主義與辨證唯物主義所宣揚的『勞動創造世界』的至上觀點不相符合的緣故。這也是新中國成立後整個大陸學界一切以唯物與唯心作為批判中國傳統文化是否具有研究價值、現實意義的又一典型樣板」〔註43〕。

　　從改革開放之初的這版教材至今之「十四五」規劃教材,歷版《中國醫學史》教材對於「醫源於巫」、「醫源於聖人」和「醫源於動物本能」三種觀點的批判只有語言描述的改變,學術立場並未發生絲毫動搖。從社會意識形態的角度考量,上述三種觀點無疑今後還將長期為教材所拋棄。但是作為學術觀點,上述三種說法皆有其可取的一面,甚至在古今中外的某些特定時段還會是佔據統治地位的學術觀點。下面,我們分別從正反兩方面來論述上述三種學術觀點的正確性與不足性。

一、醫源於聖人

　　醫源於聖人說,其說由來已久。聖人是什麼?葛洪認為,「世人以人所尤長,眾所不及者便謂之聖」;「聖者,人事之極號也」。〔註44〕古代史書筆記上記載的有關先聖製九針、嘗百藥的神話傳說不勝枚舉。由此醫源於聖人之說廣為流傳:

　　　　宓羲氏,仰觀象於天,俯觀法於地,觀鳥獸之文與地之宜,近取諸身,遠取諸物,於是造書契以代結繩之政,畫八卦以通神明之德,以類萬物之情。所以六氣、六府、六藏、五行、陰陽、四時、水火升降,得以有象。百病之理,得以有類。乃嘗味百藥而製九針,以拯夭枉焉。(《帝王世紀》)

　　　　古者民茹草飲水,採樹木之實,食蠃蛖之肉,時多疾病毒傷之害。於是神農始教民播種五穀,相土地宜燥濕肥饒高下,嘗百草之滋味,水泉之甘苦,令民知所避就。當此之時,一日而遇七十毒。(《淮南子·脩務訓》)

　　　　(黃)帝以人之生也,負陰而抱陽,食味而被色,寒暑蕩之於外,喜怒攻之於內,天昏凶札,君民代有,乃上窮下際,察五色,

────────────

〔註43〕張效霞著:《關於醫學起源問題的思考》,見氏著:《醫海探驪——中國醫學史研究新視野》,北京:中醫古籍出版社,2012年,第45、46頁。

〔註44〕(晉)葛洪撰、王明校釋:《抱朴子內篇校釋》卷12《辨問》,第227、228頁。

立五運，洞性命，紀陰陽，諮於岐伯而作《內經》，復命俞跗、岐伯、雷公察明堂，究息脈；巫彭、桐君處方餌，而人得以盡年。(《通鑒外紀》)

（黃帝）又使岐伯嘗味百草，典醫療疾，今經方本草之書咸出焉。(《帝王世紀》)

中國所謂醫源於聖人說，大概如此。後世往往將醫經、本草、針藥等發明歸功於這幾位聖人。其說顯然誇大了伏羲、神農、黃帝、岐伯諸聖賢的作用。如果我們吸取人類學研究的成果來分析這些神話傳說，會發現伏羲相當於中石器時代與新石器時代之初；神農相當於新石器時代早中期；黃帝相當於新石器時代中期。伏羲氏、神農氏、軒轅氏均非實指個人，而是指其所代表的氏族部落群體。這些神話折射出我們的醫學起源發展於這個時期，而且它來源於古人的勞動、生產、生活中的實踐經驗的史實。

但是，像醫學體系形成這種工作，必須需要個別人來完成。任何一門學科，尤其是自然科學學科的發展都需要傑出的知識分子，沒有他們，這門學科只有量的積累，不會有質的改變。廖育群指出：「但任何一種劃時代的創見、從實踐經驗向理論的飛躍，終究要通過個人來完成，這種工作並不是一般人所能辦到的。如果說經驗醫學的發展有賴於人的智慧，那麼體系化的形成就非需要『英雄人物』不可了。」[註45]以物理學為例，今天無論是中學物理課本還是大學物理課本，我們所學無非是少數傑出物理學家的成果。從古希臘時期的阿基米德，到文藝復興時期的伽利略，再到後來的牛頓、愛因斯坦等，這些物理學偉人的科研成果構成了今日物理學。中醫學亦不例外，在東漢末年中醫學形成之前，我們的醫學經歷了漫長的民間的起源和積累。但是到了東漢末年，隨著四大經典的陸續出現以及張仲景融理法方藥為一體的實現，中醫學術體系才正式構建起來。而後的中醫史很大程度上就是著名中醫譜寫的歷史，人民群眾出現的頻率大為降低。這種「聖人」書寫學科歷史的特徵，越是在學科高度發達的時代，越為明顯。

偉人在歷史上的作用是不容抹煞的，連列寧也承認：「歷史必然性的思想也絲毫不損害個人在歷史上的作用，因為全部歷史正是由那些無疑是活動家的個人的行動構成的。在評價個人的社會活動時會發生的真正問題是：在什麼條件下可以保證這種活動得到成功呢？有什麼東西能擔保這種活動不致成為

[註45]廖育群著：《岐黃醫道》，海口：海南出版社，2008年，第11頁。

孤立的行動而沉沒於相反行動的汪洋大海中呢？」〔註46〕所以，我們大可不必糾結於選擇「聖人」而不選擇人民群眾為醫學發展主角，而「犯下」的思想上的嚴重錯誤。二者皆是醫學史的書寫者，只是在不同的時代，他們被賦予的歷史使命不一樣。

二、醫源於巫

醫源於巫的說法，長期以來被中國醫學史的歷版教材所批駁。醫學萌芽時期，由於人們的認識有限，就把不能理解和無法解釋的事，都歸之於神。特別是在遇到疾病災難時，一般都會乞求於神的護佑。這樣，時間長了，就逐漸產生了以禱祝為職業的巫人。這些巫人雖然是借助鬼神給人治病，但也掌握了一些民間的經驗藥方。因此在原始社會後期和夏商西周春秋時期，當時巫醫並存甚至巫盛於醫。在這個時期，處於萌芽狀態的原始樸素的醫學護理活動，與宗教、迷信、神學、魔術結合。

雖然說歷史上確實存在巫醫並存的時期，人們也常說「巫醫同源」，況且古代中醫學中也確實有不少巫術內容，「但醫學畢竟需要建立在理性基礎上，而巫從本質上則是信仰主義的，巫雖或懂醫，但這醫的知識決不是從其巫的意識和活動中產生的」〔註47〕。相較醫而言，巫是愚昧、落後、反科學的，因此說醫源於巫，是混淆了醫巫二者本質內涵的。

然而上述這個觀點放在原始社會時期是不適用的。我們看一下巫這個字就明白了。這個字從古至今基本上沒變過。巫字很簡單：上面一橫代表天，下面一橫代表地，中間一豎是溝通天地。誰來溝通？當然是左右這兩個人，左右這兩個人就叫巫。

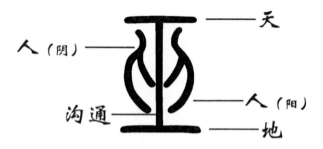

〔註46〕列寧：《什麼是「人民之友」以及他們如何攻擊社會民主主義者？》，《列寧選集》第2版第1卷，第26頁。

〔註47〕郭宏偉、徐江雁主編：《中國醫學史》，北京：中國中醫藥出版社，2021年，第16頁。

那麼在這個字裏面我們能看出什麼貶義嗎？能看出什麼愚昧落後嗎？不能。我們的祖先在造這個字的時候，一定是滿懷某種敬畏的。因為在上古時期，溝通天地的人一定是當時社會的精英。巫產生於原始社會末期，盛行於奴隸社會，他們觀天文、測吉凶、參朝政、造文字，是當時的高級知識分子。所以巫在中國原始社會時期，乃至到夏商西周春秋時期，一直都是當時中國社會最先進生產力的代表。不光是醫源於巫，我們今天所有的自然科學、人文科學幾乎都是源於巫的。說「醫源於巫」或「史源於巫」、「天文源於巫」都是再正常不過的說法。我們用 21 世紀的對巫的觀點去揣摩公元前 21 世紀之前的巫的史實，這本身就是科技史研究的大忌。

但是教材又從巫、醫產生的時間先後順序上來說明，醫的產生時間是早於巫的，因此醫不可能源於巫。「人類的疾病現象是與人類一併俱來的，有了人，便有了人的醫療活動。原始社會的醫學又被稱為『經驗醫學』。何為『經驗醫學』？『神農嘗百草』便是典型的例證。這一時期的醫學知識是靠原始人的長期經驗積累起來的，而『巫』則是一定歷史時期的產物。」〔註48〕人類自誕生之時，便有了最初的醫療活動。而「巫」的誕生則要晚的多。嚴健民指出：「醫學知識的起源，早在人類進入新人階段後不久就起步了，已有數萬年的歷史。而巫的萌芽與起源，在人類產生了圖騰思想之後，巫之起源較醫之起源晚 2～3 萬年。」〔註49〕如此說來，先到者如何源於後來者？

醫藥知識的誕生早於巫術，但是醫學的誕生則是源於巫醫。早期的醫藥經驗積累，到了原始社會後期就逐漸與巫術密不可分。醫學史上曾有過醫巫混淆的階段。我們把醫學發展史中的這個階段稱為巫醫史。中華文明史長達 4000 多年，但是狹義之中醫史只有到 2000 年的歷史，而這之前追溯至原始社會後期的醫學史則應全部劃分為巫醫史。所以從中國醫學史的承續來講，兩漢時期形成的中醫學術體系，是直接建立在之前巫醫的基礎之上的。中醫學源於巫術或巫醫，是歷史事實。巫術也一直是傳統中醫的一個重要組成部分。因而唐代孫思邈在解釋醫學的構成時說：「固有湯救焉，有針灸焉，有禁咒焉，有符印焉，有導引焉。斯之五法，皆救急之術也。」〔註50〕又比如我們古代宮廷醫學的分科中，巫醫始終是其中重要的組成部分。隋代太醫署設有「祝禁博

〔註48〕郭宏偉、徐江雁主編：《中國醫學史》，第 16 頁。
〔註49〕嚴健民著：《遠古中國醫學史》，北京：中醫古籍出版社，2006 年，第 32 頁。
〔註50〕（唐）孫思邈撰：《千金翼方》卷 29《禁經上》，北京：人民衛生出版社，1955 年，第 341 頁。

士」，唐代有「咒禁師」，宋代太醫局醫學九科有「金鏃兼書禁科」，元明兩代太醫院都有「祝由科」。所以說醫學起源於巫術，是有歷史根據的。醫源於巫的說法，也得到國外學術界的廣泛認可。英國劍橋大學的李約瑟博士認為，「科學與方術在早期是分不開的」〔註51〕。另一位英國學者丹皮爾也認為，「無論這三者（巫術、宗教、科學）的實在關係如何，巫術好像終歸是宗教和科學的搖籃」〔註52〕。

三、醫源於動物本能

古猿作為動物，是有動物的自我救護本能的。其進化為人類後所產生的經驗醫學，是否就起源於古猿時期的動物本能？這就是醫源於動物本能說。不過這一學說的提出是有一個前提的，那就是承認達爾文的物種起源說，承認人類是由古猿一步步進化而來的。不承認這個學說的話，那醫源於動物本能學說的正確性也就沒有討論的必要了。

在動物界，動物進行自救的現象是普遍存在的：蝮蛇被其他腹蛇咬傷頭部後大量喝水；野兔患腸炎後尋找馬蓮草吃，受傷後尋蜘蛛網黏附；野豬受傷後到泥坑裏打滾，用爛泥來敷傷口；貓患腸炎後大吃嫩草，而後大吐；熱帶猿猴患瘧疾後嚼食金雞納樹皮；熊食菖蒲葉治胃病，吃野果治消化不良；龜食薄荷以解蛇毒；鼠中蛇毒飲泥汁；海參誤食毒物後將受毒部分腸胃從肛門排出，再生出一副新的腸胃出來。由此類推，人類在步入人類階段之前，應該也和這些動物一樣，有自救的本能。那麼，這些本能是否就是醫學的起源？

常存庫主編的《中國醫學史》教材大體是這樣認為的：動物本能是動物為了適應環境、求得生存而作出的某種自然反應。這種反應只是簡單利用自然界，是一種被動的條件反射；而早期醫學是經驗醫學，經驗醫學形成的過程具有主動性和意識性，屬於無條件的反射行為。動物的本能不能導致經驗醫學的產生，人類的大腦通過思維創造則將原始的本能逐漸提升為經驗醫學。這就是人與動物的區別，也是醫學與本能的區別。醫源於動物本能說忽視了人與動物的區別，也混淆了動物本能救助行為與人類醫學行為的界限。所以，這種說法是站不住腳的。〔註53〕

〔註51〕（英）李約瑟著：《中國科學技術史》（第二卷），北京：科學出版社，上海：上海古籍出版社聯合出版，1990年，第36頁。

〔註52〕（英）丹皮爾・W・C著：《科學史》，北京：商務印書館，1975年，第479頁。

〔註53〕常存庫主編：《中國醫學史》，北京：中國中醫藥出版社，2012年，第40頁。

　　但是，自民國時期，中國的醫學界就有這樣一種觀點，認為醫學是起源於動物本能的。如王吉民、伍連德英文版《中國醫史》（1934年）、李濤《醫學史綱》（中華醫學會1940年版）都持此觀點。他們認為，人和動物一樣，都有本能的醫療自救行為。所以，醫應該源於動物本能。

　　更有一種觀點認為，既然人是由古猿進化而來的，那麼古猿所具有的動物救護本能理所當然的就是人類醫療自救行為的淵源，醫源於動物本能之說自然是成立的。但是這種觀點不僅模糊了動物與人、本能與醫學的本質區分，而且據此深推，古猿又是陸上爬行動物演變而來，陸上爬行動物又是從海底脊椎動物演變而來……那麼，據此無限上溯，人類的經驗醫學是否可以起源於單細胞動物？甚或更早？

人類進化示意圖

　　依據上圖所示，人類由古猿逐步進化而來。古猿與人，本能與醫學之間確實存在不可逾越的壁壘。然而在人類漫長的進化過程中，我們能確定具體在哪個時間節點上人類不再是古猿而為人，繼而確定在這個時間節點之前的救護行為屬於動物本能，在此之後的救護行為屬於經驗醫學嗎？遺憾的是，我們至今仍無法確定這一時間節點，因為在由猿到人的進化過程中存在著一個漫長的模糊地帶。在這個模糊的時間段內，我們既然無法確定我們的祖先是猿還是人，也就無法確定這一時期的自我救護行為是動物本能還是人類的經驗醫學。我們也不必糾結於擔心承認「醫源於動物本能」便是對醫學與本能、人與

動物等概念在科學認知的無知。連恩格斯也說過：「人來源於動物界這一事實已經決定人永遠不能完全擺脫獸性。」〔註54〕今日之學者也認為，「在動物救護本能和人類的醫療活動之間並不存在一道無法逾越的鴻溝。相反，前者是後者理所當然的淵源。人類的醫療活動正是源於動物的本能性救護行為，是前者進行演變的產物」。「動物的自救本能是醫療操作行為起源的動力學機制。在這個意義上說『醫學源於動物本能』無疑是確切的」。〔註55〕

　　總之，以上三種說法都有一定道理，也都有一定的不足。或許，關於醫學起源的討論，還將長久持續下去。雖然自改革開放以來，我們的《中國醫學史》教材對上述三種觀點都予以嚴厲批判，但是這種批判更多的是出於社會意識形態的考量，而非單純的學術視角。可喜的是，近些年來，越來越多的中國學者不再盲從教材的權威，而是從自身的認知角度對這個問題進行不斷深入的學術探討。而且人們發現，上述觀點彼此之間具有互補性，或許共同構成醫學的誕生。「人類的醫療活動是動物自救本能的直接延續，醫生的獨立來自於巫的行業分化，醫學知識的總結依賴於優秀專門人才的理性思考」〔註56〕。也即是說，醫學的起源，不是單一因素能解釋的，而應是多種因素綜合的結果。

〔註54〕恩格斯著：《反杜林論》，北京：人民出版社，1970年，第98頁。

〔註55〕何裕民、張曄著：《走出巫術叢林的中醫》，上海：文匯出版社，1994年，第405～407頁。

〔註56〕王振瑞著：《中國中西醫結合史論》，石家莊：河北教育出版社，2002年，第4頁。

第二章　先秦醫藥史

夏—戰國（前 21 世紀～前 221）

　　中國是世界上最古老的文明發源地之一。她地處亞洲東部，太平洋西岸，北面是寒冷的西伯利亞荒原，西面是延綿不絕的高山和一望無際的戈壁荒漠，南面和東面則是浩瀚的大海。由於地理位置上的相對隔絕，政治上的相對獨立穩定，先秦以來，古代中國人創造了獨特而連綿的華夏文明，逐步形成了有特色的中國古代哲學及技術型、經驗型、適用型為主的科技體系。先秦時期的中國人，作為樸實的農業民族，與其他幾大古老文明形成鮮明對照的是，其宗教意識極為淡泊，勤勞務實，重視現實世界，遵從生活經驗，不喜玄思。正是這種民族特性決定了未來中國醫學的實用性、經驗性走向。

第一節　先秦時期巫醫的盛行

　　法國哲學家孔德（A. Comte）總結人類認識的三個階段，即神學階段、形而上學階段、實證科學階段。中國傳統醫學的發展恰恰印證了孔德的認識。上古三代時期，巫醫不分，是為中醫神學階段；秦漢以降，中醫理論逐漸構架而成，中醫進入形而上學階段；近代以來，西方科學傳入中國，中西醫交匯撞擊，中醫開啟科學化進程直至今日，是為中醫實證科學階段。

一、巫醫的盛行

　　三代之時，雖然自然哲學觀逐步佔據統治地位，但是巫術觀念仍然在社會上盛行。彼時的巫術和醫術沒有明顯的區別，它們都掌握在「巫」的手中。在「巫」看來，藥物治療也好，物理治療也罷，都與巫術治療沒有本質區別，只是不同手段而已。殷商時期，從出土甲骨文來看，上層社會醫療活動中充斥著

濃厚的鬼神觀念。巫師負責著卜問疾病及治療的全過程。〔註1〕這種巫醫一體的特徵一直延續到春秋戰國時期。戰國後期，巫與醫的分離初露端倪。這從《史記‧扁鵲倉公列傳》中扁鵲的演化過程，以及《呂氏春秋‧季春紀》所載「今世上卜筮禱祠，故疾病愈來」，可大體知之。雖然巫、醫已有逐漸分離的趨勢，但是在相當長的時間內，巫術醫學仍然壓倒自然醫學。當時人們對病因的認識仍然不能完全擺脫巫術的影響，這或許說明巫醫分離的思想更多存在於社會精英群中，而非普羅大眾。日本學者山田慶兒通過對馬王堆漢墓出土的《五十二病方》中咒術療法的研究，向我們展現了漢代民間巫術療法的盛行。〔註2〕臺灣學者林富士在《中國六朝時期的巫覡研究》中也向我們揭示出至六朝時期巫師仍是醫療活動的主要參與者的事實。〔註3〕以上研究旨在說明，先秦時期中國醫學界基本一直保持著巫醫盛行、巫醫不分的狀況。

于賡哲指出，判斷一個時代是否巫醫不分，需要遵從兩個衡量標準：第一，從知識層面上來說，醫術與巫術不分；第二，從執業人群角度來講，沒有截然分開的醫人階層與巫覡階層，醫療和巫術都掌握在巫的手中。只有當主流醫家從理論和治療手段上否定巫術療法，社會上不再存在專門以醫療為目的的巫覡團體時，我們才可以認定實現了所謂的巫醫分離。〔註4〕從下文我們對醫和、醫緩、扁鵲的事蹟分析中，將可以得見彼時的名醫莫不是遵從以上兩點標準。因此，先秦時期一直是巫醫盛行的時期。即便是戰國以降，巫醫的整合體雖然出現鬆動，但是也遠未實現巫醫的分離。

此時期專職醫生逐漸出現，他們最初由巫師中分化出來，仍為巫醫。而後又經過相當長的一段時間，他們中的一部分又從巫醫中分化出來，是為真正的醫生。春秋戰國時期，第一批真正青史留名的醫生如醫和、醫緩、扁鵲等都已有與巫醫分離的趨勢。尤其是在扁鵲身上，可以看到他與巫醫分離的絕決

〔註1〕 相關研究，參見胡厚宣：《殷人疾病考》（《甲骨學商史論叢‧初集》下冊，成都：齊魯大學國學研究所專刊，1944年）、李宗焜：《從甲骨文看商代的疾病與醫療》（《歷史語言研究所集刊》第72本第1分，2001年）、宋鎮豪：《商代的疾患醫療與衛生保健》（《歷史研究》，2004年第2期）。

〔註2〕 （日）山田慶兒：《夜鳴之鳥》，載劉文俊主編《日本學者研究中國史論著選譯》第10卷，北京：中華書局，1992年。

〔註3〕 林富士：《中國六朝時期的巫覡研究》，《歷史語言研究所集刊》第70本第1分，1999年。

〔註4〕 于賡哲著：《唐代疾病、醫療史初探》，北京：中國社會科學出版社，2011年，第109頁。

之心。但是，當細細分析史料時，會發現這些醫生又都與巫醫有著千絲萬縷的聯繫。這是因為當時巫、醫之間並非完全決裂，而是出現並行發展的形態。孔子曰：「南人有言曰：『人而無恒，不可以作巫醫。』」他從恒德的角度，將人們寄託生死的醫，與籍以交通鬼神的巫，同樣推許。彼時儒家的聖人，也不敢否定巫師的地位，至多「敬鬼神而遠之」，略存懷疑而已。這也是當時巫醫不分的時代風尚的折射。〔註5〕于賡哲認為，「戰國以降，中國歷史長期處於『醫巫不分』與『醫巫分離』的中間狀態，這種過渡形態，似可稱為『醫巫並行』」。〔註6〕

二、著名巫醫

先秦時期的著名巫醫主要有醫緩、醫和、扁鵲三人。先說醫緩。《左傳·成公十年》記載：

> 晉侯（景公）夢大厲，被髮及地，搏膺而踊，曰：「殺余孫，不義。余得請於帝矣！」壞大門及寢門而入。公懼，入於室。又壞戶。公覺，召桑田巫。巫言如夢。公曰：「何如？」曰：「不食新矣。」公疾病，求醫於秦。秦伯使醫緩為之。未至，公夢疾為二豎子，曰：「彼，良醫也。懼傷我，焉逃之？」其一曰：「居肓之上，膏之下，若我何？」醫至，曰：「疾不可為也。在肓之上，膏之下，攻之不可，達之不及，藥不至焉，不可為也。」公曰：「良醫也。」厚為之禮而歸之。六月丙午，晉侯欲麥，使甸人獻麥，饋人為之。召桑田巫，示而殺之。將食，張，如廁，陷而卒。小臣有晨夢負公以登天，及日中，負晉侯出諸廁，遂以為殉。〔註7〕

晉景公噩夢之後，是先請教巫師的，但是他對巫師的話不滿意，於是才請來秦國名醫醫緩。結果醫緩的話和晉景公夢中的話相合，於是晉景公信服了醫緩。後人於是常常將桑田巫和醫緩對比而言，認為這是醫學對巫術的一次勝利。但是我們需要回到《左傳》的語境中去分析這一歷史事件。在先秦時期，甚至在秦漢以後相當長的歷史時期內，中國歷史文獻慣以占星、占夢等形式預

〔註5〕　朱維錚：《歷史觀念史：國病與身病——司馬遷與扁鵲傳奇》，《復旦學報》（社會科學版），2005年第2期。

〔註6〕　朱維錚：《歷史觀念史：國病與身病——司馬遷與扁鵲傳奇》，《復旦學報》（社會科學版），2005年第2期。

〔註7〕　（戰國）左丘明撰：《左傳》，第431、432頁。

言國家大事。雖有名醫出現，但是故事的本質是要講君王的死生及國家政治大事，名醫的診視往往只是在增添神秘效果。這裡醫緩對晉景公的診視與下文中扁鵲對趙簡子、齊桓公的診視都是這個含義。我們切不可將之視作醫生診視技術的高超。事實上，這篇文獻通篇都未言及醫緩是採用何種技術診視的。醫緩在這裡的作用與桑田巫並無二異。醫緩離開後，晉景公果然掉到茅坑裏窒息而亡。桑田巫的預言完全正確。桑田巫也好，醫緩也好，他們的出現都是為驗證晉景公的死期將至。所以，作者本人的態度仍然是對巫、醫區分模糊不清，搖擺不定。

再說醫和。《左傳·昭公元年》記載：

> 晉侯（平公）求醫於秦。秦伯使醫和視之，曰：「疾不可為也。是謂：『近女室，疾如蠱。非鬼非食，惑以喪志。良臣將死，天命不佑。』」公曰：「女不可近乎？」對曰：「節之。先王之樂，所以節百事也。故有五節，遲速本末以相及，中聲以降，五降之後，不容彈矣。於是有煩手淫聲，慆堙心耳，乃忘平和，君子弗德也。物亦如之，至於煩，乃捨也已，無以生疾。君子之近琴瑟，以儀節也，非以慆心也。天有六氣，降生五味，發為五色，微為五聲，淫生六疾。六氣曰陰、陽、風、雨、晦、明也。分為四時，序為五節，過則為災。陰淫寒疾，陽淫熱疾，風淫末疾，雨淫腹疾，晦淫惑疾，明淫心疾。女，陽物而晦時，淫則生內熱惑蠱之疾。今君不節不時，能無及此乎？」出，告趙孟。趙孟曰：「誰當良臣？」對曰：「主是謂矣！主相晉國，於今八年，晉國無亂，諸侯無闕，可謂良矣。和聞之，國之大臣，榮其寵祿，任其寵節，有災禍興而無改焉，必受其咎。今君至於淫以生疾，將不能圖恤社稷，禍孰大焉！主不能御，吾是以云也。」〔註8〕

醫和對晉平公病因的詮釋是頗令人信服的，指出國君之病「非鬼非食」，乃是好女色而導致的陽淫熱疾，晦淫惑疾。但是他又說「良臣將死，天命不佑」，顯然又有巫術預言的內容在裏面。這也說明醫和身上仍有濃厚的巫醫色彩。

最後談一下扁鵲。據李伯聰先生考證，史書上所說的扁鵲故事，大致上是兩個名醫的故事。一個是春秋晚期，一個是戰國早期。上下跨度近四百年。〔註9〕

〔註8〕 （戰國）左丘明撰：《左傳》，第 704、705 頁。

〔註9〕 李伯聰著：《扁鵲和扁鵲學派研究》，西安：陝西科技出版社，1990 年，第 85 頁。

大約正是因為所論非一時一人，所以在扁鵲身上，我們既能看到他與巫醫涇渭分明的對立，又能看到他身上濃厚的巫醫色彩。〔註10〕

扁鵲學醫於長桑君。長桑君即為巫醫，因此扁鵲乃是從巫醫脫胎而來。《史記‧扁鵲倉公列傳》載：

> 扁鵲者，勃海郡鄭（鄚）人也，姓秦氏，名越人。少時為人舍長。舍客長桑君過，扁鵲獨奇之，常謹遇之。長桑君亦知扁鵲非常人也。出入十餘年，乃呼扁鵲私坐，閒與語曰：「我有禁方，年老，欲傳與公，公毋泄。」扁鵲曰：「敬諾。」乃出其懷中藥予扁鵲：「飲是以上池之水，三十日當知物矣。」乃悉取其禁方書盡與扁鵲。忽然不見，殆非人也。扁鵲以其言飲藥三十日，視見垣一方人。以此視病，盡見五臟癥結，特以診脈為名耳。〔註11〕

我們注意到最後一句，扁鵲後給人診治，是全憑他的特異功能——透視。至於脈診，只是一個幌子。

在扁鵲為趙簡子診病的故事中，扁鵲的巫醫身份暴露的更為明顯：

> 當晉昭公時，諸大夫強而公族弱，趙簡子為大夫，專國事。簡子疾，五日不知人，大夫皆懼，於是召扁鵲。扁鵲入視病，出，董安于問扁鵲，扁鵲曰：「血脈治也，而何怪！昔秦穆公嘗如此，七日而寤。寤之日，告公孫支與子輿曰：『我之帝所甚樂。吾所以久者，適有所學也。帝告我：「晉國且大亂，五世不安。其後將霸，未老而死。霸者之子且令而國男女無別」。』公孫支書而藏之，秦策於是出。夫獻公之亂，文公之霸，而襄公敗秦師於殽而歸縱淫，此子之所聞。

〔註10〕 今本《史記》的《扁鵲倉公列傳》，在歷舉扁鵲數則醫案後，有這樣一段議論：「使聖人預知微，能使良醫得蚤從事，則疾可已，身可活也。人之所病，病疾多；而醫之所病，病道少。故病有六不治：驕恣不論於理，一不治也；輕身重財，二不治也；衣食不能適，三不治也；陰陽並，藏氣不定，四不治也；形羸不能服藥，五不治也；信巫不信醫，六不治也。有此一者，則重難治也。」部分學者及官方教材，多認為這是扁鵲的見解，以此來證實扁鵲具有與巫祝迷信不兩立的唯物主義態度。不過復旦大學朱維錚教授曾撰文論證，這段話應出自司馬遷之口，太史公在這裡實則規諷漢武帝。見朱維錚：《歷史觀念史：國病與身病——司馬遷與扁鵲傳奇》，《復旦學報》（社會科學版），2005年第2期。筆者遵從朱先生意見，認為扁鵲生前未有嫉巫如仇的言行，但是從他四百年來身份的遞變來看，他確實是從巫醫逐漸向醫生轉換的。戰國時期的扁鵲，與巫醫交涉不大。

〔註11〕 （漢）司馬遷撰：《史記》卷105《扁鵲倉公列傳》，第2785頁。

今主君之病與之同，不出三日必閒，閒必有言也。」居二日半，簡
子寤，語諸大夫曰：「我之帝所甚樂，與百神遊於鈞天，廣樂九奏萬
舞，不類三代之樂，其聲動心。有一熊欲援我，帝命我射之，中熊，
熊死。有羆來，我又射之，中羆，羆死。帝甚喜，賜我二笥，皆有
副。吾見兒在帝側，帝屬我一翟犬，曰：『及而子之壯也以賜之。』
帝告我：『晉國且世衰，七世而亡。嬴姓將大敗周人於范魁之西，而
亦不能有也。』」董安于受言，書而藏之。以扁鵲言告簡子，簡子賜
扁鵲田四萬畝。〔註12〕

這個故事的主人公顯然是趙簡子而非扁鵲。扁鵲用脈診就說出一系列政治預
言。這讓人懷疑脈診在此的真實效果。而且扁鵲僅僅進行了診視，未進行治療，
這與之前的秦醫緩和無異。扁鵲診斷趙簡子昏睡不醒的原因，並非患病，而是
神遊鈞天。理由居然是「昔秦穆公嘗如此」。這不是以巫術濟醫術之窮嗎？而
後趙簡子醒來證實了扁鵲預言的正確，於是他厚賜扁鵲。這裡的扁鵲，似乎是
一位擅於讖緯預言的巫師而非醫生。在後世的醫書中，比如《黃帝內經》中，
我們也可以見到一些有關夢的解釋，這些解釋大都是立足於生理、病理的，而
扁鵲的解釋則完全與之無關。

以上種種，說明巫術醫學在先秦時期醫學中的地位是不容小覷的。於是，
在當時人們對疾病病因的認識上，就會有非常顯著的巫文化痕跡。

西漢時期陸賈《新語·資質》裏講到扁鵲被巫師排擠不能為人醫治的故
事：

昔扁鵲居宋，得罪於宋君，出亡之衛。衛人有病將死者，扁鵲
至其家，欲為治之。病者之父謂扁鵲曰：「吾子病甚篤，將為迎良醫
治，非子所能治也。」退而不用。乃使靈巫求福請命，對扁鵲而呪。
病者卒死，靈巫不能治也。夫扁鵲，天下之良醫，而不能與靈巫爭
用者，知與不知也。〔註13〕

雖然故事的真實性值得商榷，但是故事本身說明當時普通百姓對巫醫的信任
要甚於扁鵲這樣真正的醫生，他們將疾病產生的原因更多歸於鬼神而非生理
病理因素。不過，作者指出，那位信巫的人家最終耽誤了自己孩子的病情，事
實證明，巫不能治病，能治病的只能是扁鵲這樣的良醫。

〔註12〕（漢）司馬遷撰：《史記》卷105《扁鵲倉公列傳》，第2786、2787頁。
〔註13〕（漢）陸賈著：《新語》，瀋陽：遼寧教育出版社，1998年，第11頁。

第二節　陰陽學說

中醫裏面有一個基本概念，陰陽五行，Yin Yang and Five Elements。從《黃帝內經》開始，陰陽五行就是一個學說了。中醫一直把它作為自己的方法論和哲學基礎，用以說明人體的組織結構、功能活動和疾病的發生、發展規律，指導臨床診斷和治療。事實上不僅僅是中醫，中國古代幾乎各門學科，尤其是自然科學——不管是天文、地理，還是農學，它們的理論都是建構在陰陽五行學說之上的。陰陽五行學說是我國古代哲學思想的重要組成部分，具有樸素的唯物論和自發的辨證法思想。今人龐樸說：「五四以前的中國固有文化，是以陰陽五行作為骨架的，陰陽消長，五行生剋的思想，彌漫於意識的各個領域，深嵌到生活的一切方面，如果不明白陰陽五行圖式，幾乎就無法理解中國的文化體系。」〔註14〕

但是在先秦時期，尤其是春秋以前，陰陽學說和五行學說是兩個學說，他們彼此之間沒有什麼交涉。戰國以來，一些陰陽家們開始致力於陰陽學說和五行學說的結合，至遲到漢武帝時期，陰陽和五行就變成一個學說了，並且在中醫中開始廣泛應用。這兩個學說產生時間大致相同，基本上都產生於商周之際。哪個更早一些呢？陰陽要更早一些。五行相對來說晚一些。

一、陰陽的起源

「原始陰陽觀念起源於古代人們對自然的觀察。最初陰陽是一個日常觀念，其基本意義是陽光能否照射到，與哲學及人的生命沒有多大的關係。」〔註15〕陰陽學說的形成，是建立在陰陽觀念基礎之上。陰陽觀念的產生，最早應是出於對太陽升落的觀察而建立起來的，是從明與暗的對立概念中提煉出來的哲學概念。《說文》：「陰，暗也。」「陽，明也。」〔註16〕即向著日光，太陽照射的地方叫做陽；而太陽照不到的地方叫做陰。「陽」原指向日、日光，引申為光明、明亮等義；「陰」原指背日或日所不及，引申為暗淡等義。因為中國處於北半球，故山之北、水之南為陰，山之南、水之北為陽。《山海經·南山經》說：「又東三百七十里，曰杻陽之山，其陽多赤金，其陰多白金。」〔註17〕《詩

〔註14〕龐樸：《陰陽五行探源》，《中國社會科學》，1984年第3期。

〔註15〕崔瑞蘭主編：《中國古代哲學》，北京：人民衛生出版社，2018年，第19頁。

〔註16〕（漢）許慎撰、（清）段玉裁注：《說文解字注》，上海：上海古籍出版社，1981年，第731頁。

〔註17〕《山海經》第一《南山經》，長沙：嶽麓書社，2006年，第4頁。

經・大雅・公劉》有「既景迺岡,相其陰陽,觀其流泉」〔註18〕;《呂氏春秋・重己篇》云:「室大則多陰,臺高則多陽。」〔註19〕這裡所談的「陰陽」都是就太陽的照射而言。向著太陽,得到陽光照射的就稱為「陽」;背著太陽,陽光照射不到的地方即稱為「陰」。

　　陰陽觀念產生於何時,不可詳考。梁啟超認為陰陽五行說創始於燕齊方士,後經鄒衍、董仲舒、劉向的發揮方才建立起來。但是陰陽觀念的出現,不應以古籍記載為據。嚴健民從考古學的角度分析後認為,我國陰陽觀念的萌芽應在1.8萬年前的山頂洞人至裴李崗文化時期,形成於龍山文化前後。〔註20〕

　　陰陽既然和光照有關,因此也和百姓的生活息息相關。比如我們在建造自己的房子,營造我們的城市的時候,就一定要關注光照問題,一定要看陰陽了──也就是今天我們常說的看風水。西周初年周公旦在洛陽地區選址,營建了西周王朝的東都洛邑,也就是洛陽。「煙愁雨嘯奈華生,宮闕簪裾舊帝京。若問古今興廢事,請君只看洛陽城。」洛陽城是中華文明的發祥地和薈萃之地。洛陽位於天下之中,山河拱衛,是中國的十三朝古都,也是中國城市風水的典範。後人認為周公選的這個位置不僅是天下之中,而且是一個風水寶地,為什麼呢?因為洛陽依山傍水,光照充分,非常符合古人對陰陽宅的定義。

　　在洛陽地圖裏,所有山河,基本都是橫著東西走向的。最北邊是黃河,我們的母親河,然後稍微靠南一點是邙山,再往南就是伊水和洛水。所謂的河出圖洛出書,曹植寫的洛神賦,都是有關這幾條河的故事。

　　自古以來的洛陽城都是建立在邙山和伊洛之間這個區域範圍內的。雖然古今洛陽城也是有移動的,但是它都是東西移動,不會南北移動──也就是說不會移到邙山以北黃河邊上。也不會移到伊水洛水以南。為什麼不能?這是因為我們古人的陰陽概念決定了山以南、水以北這個區域是為陽宅,可以建都建城。而山以北水以南這個區域是為陰宅,只能埋葬死人。古今洛陽城之所以會選址在邙山和伊洛之間,就是因為這是古人認定的標準的陽宅範圍。

　　通過周公營洛邑圖,可以發現古人早已經用陰陽概念來指導我們的生活了。我們中國有很多城市都叫「陽」,什麼襄陽、瀋陽、舞陽、簡陽、揭陽等

〔註18〕王秀梅譯注:《詩經》,第343頁。

〔註19〕陳奇猷校釋:《呂氏春秋校釋》卷1《重己篇》,上海:學林出版社,1984年,第34頁。

〔註20〕嚴健民著:《中國醫學起源新論》,北京:北京科學技術出版社,1999年,第84～90頁。

等。光聽這些名字就知道，這些城市選址應該都是在山以南水以北。古人營建城市為什麼要這麼選址？這和我們的國家尤其是中原地區處於北半球的北溫帶有關。在這個區域，太陽光直射到山以南，但是照不到山以北。古人在選擇居住點的時候，首要選擇陽光能直射到的地方，因此城市廣泛選址在山南水北之地，也就是陽宅。千百年來，中國人的房屋也都是追求坐北朝南。因為門窗只有朝南，東南西的太陽光才都能照進來。日照時間長，採光好，通風好。故古人曰：東臨紫氣西來福，南進祥光北進財。而山北水南那些陽光照不到的地方，不適宜人們生活和生產，只能做埋死人的地方，慢慢地也就成了風水中的陰宅。再以洛陽城為例，古代洛陽城可以在邙山以南東西來回移動，比如漢魏洛陽城在東邊，隋唐洛陽城在西邊。而洛陽北面的邙山以北，陽光照不到的陰暗地，則是古今王侯將相首選的下葬之地。數百座高大巍峨的覆斗形古墓冢，在邙山土嶺上星羅棋布。劉秀等數十位君臨天下的帝王，張儀、班超等數千位將相名流，乃至劉禪、李煜等亡國之君，都安息在洛陽城北這幾十里的土嶺上。「北邙山頭少閒土，盡是洛陽人舊墓。」直到今天，我們還說「生在蘇杭，葬在北邙」。可見「陰陽」的最初涵義，僅是指對太陽的向背而言。「陰陽」的涵義是具體的，明確的，不是哲學上的抽象概念。

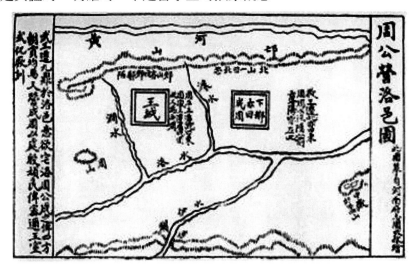

周公營洛邑圖

二、陰陽符號

　　陰陽符號在周易的陰陽爻裏最先產生。易象通過陰爻和陽爻兩種基本符號組成四象（太陰、少陰、少陽、太陽）與八卦（坤、艮、坎、巽、震、離、

兌、乾），繼而重疊而為六十四卦。伏羲當初畫卦的基本符號陰爻、陽爻，無論其稱謂為何，其象上的根本含義，無疑為陰陽。陰陽爻就是陰陽的符號。

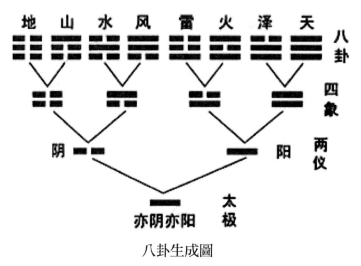

八卦生成圖

上圖是一個八卦的生成圖，《易傳·繫辭上》裏面有這樣一段名言：「是故易有太極，是生兩儀，兩儀生四象，四象生八卦，八卦定吉凶，吉凶生大業。」〔註21〕而從圖中我們可以看到，不管是兩儀還是四象、八卦，它們的基本組成單位都是陰陽爻，也就是陰陽符號。《莊子·天下篇》云「易以道陰陽」，極扼要把握住易思想本質。故陰陽爻產生之初，陰陽思想即已產生。

《周易》分成《易經》和《易傳》兩部分，其中《易經》是在周初的時候就建立了，也就是說陰陽符號在周初就誕生了。但是在周易誕生之前，我們一直認為夏朝有《連山》，商朝有《歸藏》，然後才有周代的《周易》。也就是說在《周易》誕生之前，它是有前身的。雖然《連山》《歸藏》整體的學說系統沒有流傳下來，但是我們基本可以肯定兩者的組成單位也是陰爻和陽爻，也就是陰陽符號。那麼我們進而大膽推測，陰陽符號至少在夏朝就已經出現了。這也是陰陽學說要比五行學說更早一些的證據。五行思想的萌芽只能是在文字之後，而陰陽思想的萌芽則是在文字之前。

三、陰陽學說

至西周末年，陰陽學說已初見端倪。《國語·周語上》載：

幽王三年，西周三川皆震。伯陽父曰：「周將亡矣！夫天地之

〔註21〕黃壽祺、張善文譯注：《周易譯注》卷9《繫辭上傳》，第392頁。

氣，不失其序；若過其序，民之亂也。陽伏而不能出，陰迫而不能
烝，於是有地震。今三川實震，是陽失其所而鎮陰也。陽失而在陰，
川源必塞。夫水土演而民用也。水土無演，民乏財用，不亡何待？
昔伊、洛竭而夏亡，河竭而商亡。今周德若二代之季矣，其川源又
塞，塞必竭。夫國必依山川，山崩川竭，亡之徵也。川竭，山必崩。
若國亡不過十年，數之紀也。夫天之所棄，不過其紀。」是歲也，
三川竭，岐山崩。十一年，幽王乃滅，周乃東遷。〔註22〕

　　這是陰陽學說建立的一個標誌性的事件。《國語》這篇文章大概是在春秋
時期出現的。那麼至遲在春秋時期，陰陽學說已經正式建立起來。因為在這個
篇章裏面，大臣伯陽父就用陰陽的學說來解釋了地震。周幽王是西周的末代
君主，也是古代有名的荒淫之君，西周的滅亡和他脫不了干係。民間傳言周幽
王做的最荒淫的事，就是烽火戲諸侯。史學家用這個故事來解釋西周的滅亡。
但其實這個故事是假的，歷史上根本沒有烽火戲諸侯這種現實版的狼來的故
事。那麼西周滅亡的原因是什麼？可能天災人禍各方面原因都有。其中一個重
要原因，就是當時西周京畿地區陝西那一片發生了一場大地震。「幽王三年，
西周三川皆震。」這個三川指的就是涇水、渭水，還有洛水。主震區就是在陝
西，也就是西周統治的京畿地區。這次地震震感非常強，史書記載周王室的宮
殿都被震塌了一部分。當時有一個大臣伯陽父就站出來了，用陰陽的學說解釋
了地震及亡國的原因。

　　伯陽父指出，天地間的陰陽之氣，不應該沒有秩序；如果打亂了秩序，那
也是有人（暗指周幽王）使它亂的。陽氣沉伏在下，不能出來，陰氣壓迫著它
使它不能上升，所以就會有地震發生。地震，則會形成堰塞湖，如此水源就必
定受阻塞，造成大河斷流。土地得不到河水滋潤，民眾就會沒有水吃和灌溉，
財用匱乏，這樣的話不亡國還等什麼呢？伯陽父舉例，當初伊水、洛水斷流而
夏桀亡國，黃河斷流而殷商亡國。現在涇、渭、洛源頭因阻塞一定會斷流。山
崩川竭正是亡國的徵兆。因為凡是古代國家，必是依山傍水而建。水源斷了，
大河兩岸的人民只有逃亡。古代的國家，強盛與否主要是看人頭的，現在沒人
頭了，那這個國家拿什麼去搞生產，拿什麼去打仗？沒有人民，國家也就慢慢
凋敝衰亡。事實證明這個伯陽父都說對了：「是歲也，三川竭，岐山崩。十一

〔註22〕（戰國）左丘明著、（三國吳）韋昭注：《國語》，上海：上海古籍出版社，2015
　　　年，第18、19頁。

年，幽王乃滅，周乃東遷。」後面犬戎攻進來，西周很快就滅亡了。

《國語》中伯陽父用陰陽二氣來解釋地震。周幽王二年，涇水、渭水、洛水流域都發生了地震，伯陽父認為這是國家將亡的徵兆。馮友蘭先生認為：「他以『天地之氣』陰陽的『失序』解釋地震，企圖向自然界的物質現象中尋找自然界變化的原因，這是他的這一段話的『合理的內核』，是唯物主義的思想。」〔註23〕後人也往往認為伯陽父是一位樸素的唯物主義者，但是卻往往忽略掉伯陽父話語的上下文背景。首先，伯陽父認為地震是國家將亡的徵兆，這是上古時期至上天神通過自然現象顯示意志的傳統觀念；其次，伯陽父認為這是上天因為人作惡而降下的災害，也是上古時期天道福善禍淫的傳統觀念。也就是說，陰陽二氣都是天意的顯現。陰陽協調，是上天降福。陰陽失序，是上天降禍。而福禍的根由，皆由人所作。

事實上我們古人用陰陽解釋很多自然現象，不僅僅是地震，東漢時期的緯書解釋雷電亦是用陰陽概念。《河圖・開始圖》說：「陰陽相薄為雷。」《春秋・元命包》說：「陰陽激為電。」天上的雷電怎麼產生的，是雲彩陰陽相搏、陰陽相激而產生的。從中我們也可以看出，古人在沒有發明現代的那些科學術語之前，陰陽和五行是經常作為科學術語出現的。

從《左傳》開始，陰陽逐漸被抽象化為兩種彼此對立的物質性的氣，並用於解釋人事。也就是說在春秋時期，陰陽消長已經作為一種極具解釋力的思想模型被廣泛應用。〔註24〕戰國時期，陰陽對立統一的觀念成為《易傳》的基本思想。《繫辭傳》指出：「一陰一陽之謂道。」〔註25〕《繫辭傳》最早引入陰陽來解釋卦象，即乾卦象陽，坤卦象陰。「乾，陽物也；坤，陰物也。陰陽合德而剛柔有體，以體天地之撰，以通神明之德。」〔註26〕《易傳》把陰陽對立統一規律視作宇宙間所有客觀萬物存在及其變化發展的基本規律，也是自然界的最高法則。到了漢代，在道家方士人物的領導下，易經開始與陰陽思想合流。西漢孟喜的卦氣說，不僅標誌著象數易學的問世，也標誌著陰陽思想被正式納入易學體系，成為易家之物。與此同時，董仲舒大力宣揚陰陽之說，其名著《春秋繁露》中有《陰陽位》、《陰陽義》、《陰陽終始》、《陰陽出入》等篇，專以陰陽言天人感應。西漢陰陽思想至此舉舉大端。

〔註23〕馮友蘭著：《中國哲學史新編》，北京：人民出版社，1998年，第87頁。
〔註24〕李震：《先秦陰陽五行觀念的政治展開》，《管子學刊》，2017年第3期。
〔註25〕黃壽祺、張善文譯注：《周易譯注》卷9《繫辭上傳》，第381頁。
〔註26〕黃壽祺、張善文譯注：《周易譯注》卷9《繫辭下傳》，第412頁。

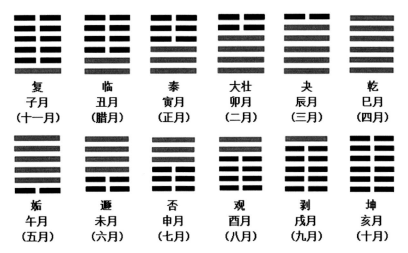

孟喜十二消息卦演示圖〔註27〕

　　陰陽學說出現之後，也很快進入醫學領域。早在春秋戰國時期，醫和、扁鵲在論述醫理時就運用到了陰陽學說概念。如《左傳‧昭公元年》載，醫和的六氣致病說裏就有陰氣和陽氣、陰淫和陽淫：「天有六氣，降生五味，發為五色，徵為五聲。淫生六疾。六氣曰陰、陽、風、雨、晦、明也。分為四時，序為五節，過則為災：陰淫寒疾，陽淫熱疾，風淫末疾，雨淫腹疾，晦淫惑疾，明淫心疾。」〔註28〕在這段話裏，陰陽學說已經開始應用於醫學。其中的「陰淫寒疾，陽淫熱疾」類似於後世中醫所講的陰盛則寒、陽盛則熱的概念。

〔註27〕孟喜的卦氣說，是以六十四卦三百八十四爻象配合一年中四時、十二月、二十四節氣、七十二候、三百六十五日的一套龐大的組織系統。其中的十二消息卦，為從六十四卦中選取十二卦配合十二月。此十二卦以陰陽相對進退為用。十一月為冬至月，微陽生於地下，故為復卦。依次陽漸進而陰漸退，至四月為純陽乾卦，陽氣至盛。五月微陰生於地下，故為姤卦。依次陰漸進而陽漸退，至十月為純陰坤卦，陰氣至盛。如此周而復始，與一年四季寒暑相應。恰如張介賓總結：「故十一月建在子，一陽卦復；十二月建在丑，二陽卦臨；正月建在寅，三陽卦泰；二月建在卯，四陽卦大壯；三月建在辰，五陽卦夬；四月建在巳，六陽卦乾；五月建在午，一陰卦姤；六月建在未，二陰卦遯；七月建在申，三陰卦否；八月建在酉，四陰卦觀；九月建在戌，五陰卦剝；十月建在亥，六陰卦坤，是為一歲之氣而統言其月日也。」參見（明）張介賓著：《類經圖翼》卷1《運氣上‧氣數統論》，北京：人民衛生出版社，1965年，第27頁。孟喜的十二消息卦，以陰陽爻位的進退表明一年十二個月的寒暑周流，甚為允當，故此卦氣說在漢以後極為流行。今日民間所書「一元復始」、「三陽開泰」即從此卦氣說中來。

〔註28〕（戰國）左丘明撰、（西晉）杜預集解：《左傳》，上海：上海古籍出版社，2015年，第704頁。

另，《史記·扁鵲倉公列傳》記述扁鵲與中庶子之對話，扁鵲提到「陽緩而陰急」、「病之陽」、「陽入陰中」、「陽脈下遂，陰脈上爭」、「陰上而陽內行」等等。〔註29〕雖然上述中醫病因學和診斷學等概念後人已難以準確詮釋，但是這些都無疑是早期陰陽思想在中醫裏的應用。至西漢《黃帝內經》成書時代，完整的陰陽理論方運用中醫中，並在此基礎上建立起應用至今的中醫學理論。

第三節　五行學說

一、五行學說在先秦時期的發展

五行學說作為一種龐大複雜的思想體系，且歷經數千年的發展演變，很難確定某種具體的觀念或現象就是其肇始。有關五行學說的起源的觀點主要有以下幾種：一是五材說，認為五行起源於古人對日常生活中 5 種物質的認識；二是四時說，認為五行說源於古人對四時氣候的認識；三是五方說，認為五行起源於商代的「五方」觀念；四是五數說，認為五行的產生與先民用手指計數的方式有關；五是五官說，認為五行是古代的五官制度的反映；六是五星說，認為五行的最初含義是指天上的五大行星。〔註30〕目前，學界較為公認的起源線索有「五數說」「五方說」「五材說」。相較於陰陽學說的形成，五行學說的形成略晚一些，不過先秦時期中國的貴五現象已經非常明顯，五類結構比比皆是。如《尚書》中有五典、五禮、五玉、五器、五行、五品、五教、五服、五流、五宅、五用等概念。《山海經》中有五歲、五色、五味、五殘、五穀、五采等記載。〔註31〕《易·繫辭上》亦有：「天數五，地數五，五位相得而各有合。」〔註32〕五類結構之所以在先秦時期廣泛流行，可能與先民早期的五指計數方式有關。五指計數導致五進制，這從春秋時期的「什五制」、「行伍制」可見一斑。

五行的最早記載是在《尚書·周書·洪範》。該文記述了周武王克商後問箕

〔註29〕（漢）司馬遷撰：《史記》卷 105《扁鵲倉公列傳》，第 2788～2792 頁。

〔註30〕顏隆、賀娟：《論五行學說起源、發展和演變》，《北京中醫藥大學學報》，2016 年第 9 期。

〔註31〕《山海經·崍山》：「丹木五歲，五色乃清，五味乃馨。」《山海經·玉山》：「是司天之厲及五殘。」《山海經·共工之臣曰相柳氏》：「禹殺相柳，其血腥，不可以樹五穀種。」《山海經·五采鳥三名》：「有五采鳥三名：一曰皇鳥，一曰鸞鳥，一曰鳳鳥。」

〔註32〕黃壽祺、張善文譯注：《周易譯注》卷 9《繫辭上傳》，第 387 頁。

子以天道。箕子講到天地大法共九項，也就是洪範九疇，其中第一項就是五行：

> 惟十有三祀，王訪於箕子。王乃言曰：「嗚呼！箕子。惟天陰騭
> 下民，相協厥居，我不知其彝倫攸敘。」箕子乃言曰：「我聞在昔，
> 鯀陻洪水，汩陳其五行。帝乃震怒，不畀洪範九疇，彝倫攸斁。鯀則
> 殛死，禹乃嗣興，天乃錫禹洪範九疇，彝倫攸敘。初一曰五行，次二
> 曰敬用五事，次三曰農用八政，次四曰協用五紀，次五曰建用皇極，
> 次六曰乂用三德，次七曰明用稽疑，次八曰念用庶徵，次九曰嚮用五
> 福，威用六極。一，五行：一曰水，二曰火，三曰木，四曰金，五曰
> 土。水曰潤下，火曰炎上，木曰曲直，金曰從革，土爰稼穡。潤下
> 作鹹，炎上作苦，曲直作酸，從革作辛，稼穡作甘。」〔註33〕

　　值得關注的是，《尚書·洪範》沒有涉及五行彼此之間的結構和關係，只是表明五種自然材質的某些屬性。這在《尚書·大傳》中亦有相同記載：「水火者，百姓之所飲食也；金木者，百姓之所興生也；土者，萬物之所滋生，是為人用。」〔註34〕所以，最早期的五行，純粹指人民生活中最普遍又最主要的五種生活要素，非有一絲玄虛氣息在內。

　　隨著人類歷史的演進，五行物質材料逐漸轉換成五種基本的物質屬性。在此基礎上五行說開始對大千世界進行分析和歸類。雖然從現實中考量，事物分類個數並不全部統一於五，例如四季、七政、八律、十天干、十二地支、二十四節氣、二十八宿等。然而貴五思想一旦出現，先民就會把越來越多的系統納入到五類結構之中。恰如《左傳·昭公二十五年》所論：「天地之經，而民實則之。則天之明，因地之性，生其六氣，用其五行。氣為五味，發為五色，章為五生。淫則昏亂，民失其性。是故為禮以奉之。為六畜、五牲以奉五味；為九文、六材以奉五色；為九歌、八風、七音、六律以奉五聲。」〔註35〕可見，凡是與五類結構不合的事物都可以合併同類項，數量亦可折算，以便與五相配。由於先民的這種貴五習慣形成巨大的慣性和凝聚效應，世間萬物都被逐漸納入這一系統，從而加速五行學說的形成。這也是五行說試圖擴充其解釋力的內在邏輯延伸的結果。

〔註33〕 李民、王健譯注：《尚書譯注》，上海：上海古籍出版社，2016年，第232～234頁。

〔註34〕 （漢）伏生撰、（漢）鄭玄注：《尚書大傳》卷2《洪範》，北京：中華書局，1985年，第60頁。

〔註35〕 （戰國）左丘明撰、（西晉）杜預集解：《左傳》，第876、877頁。

　　五行概念在發展演化過程中經歷思孟時代補充，於鄒衍時代得以完善，共同導源了五行配位系統、生克制化關係的形成，最終從簡單的符號上升成為一種兼具方法論和認識論的哲學理論體系。

　　春秋末年，已經偶有對五行之間關係的探討，如《左傳・昭公三十一年》及《左傳・哀公九年》中用「火勝金」「水勝火」的論斷來解釋夢境卦象、預測戰局勝敗。

> 十二月辛亥朔，日有食之。是夜也，趙簡子夢童子贏而轉以歌。旦占諸史墨，曰：「吾夢如是，今而日食，何也？」對曰：「六年及此月也，吳其入郢乎！終亦弗克。入郢，必以庚辰，日月在辰尾。庚午之日，日始有謫。火勝金，故弗克。」〔註36〕

> 晉趙鞅卜救鄭，遇水適火，占諸史趙、史墨、史龜。史龜曰：「是謂沈陽，可以興兵。利以伐姜，不利子商。伐齊則可，敵宋不吉。」史墨曰：「盈，水名也。子，水位也。名位敵，不可幹也。炎帝為火師，姜姓其後也。水勝火，伐姜則可。」史趙曰：「是謂如川之滿，不可遊也。鄭方有罪，不可救也。救鄭則不吉，不知其他。」〔註37〕

　　戰國時期，五行的相剋相生關係漸次顯現。《墨子・經下》有「五行毋常勝」之語。戰國後期，鄒衍以摻雜著五行相剋的五德終始說來解釋王朝興替，天命所歸。這些相剋的思維是在為朝代更迭、天地現象從人情天道方面作出相對合理的解釋。此一思想方大行於世，並為秦皇漢武等帝王所承，成為後世覬覦天子寶座者煽動人心的理論根基。

> 秦始皇帝既即位，或曰：「黃帝得土德，黃龍地螾見。夏得木德，青龍止於郊，草木暢茂。殷得金德，銀自山溢。周得火德，有赤烏之符。今秦變周，水德之時。昔文公出獵，獲黑龍，此其水德之瑞。」於是秦更名河曰「德水」，以冬十月為年首，色尚黑，度以六為名，音上大呂，事統上法。〔註38〕

> 自齊威、宣時，騶子之徒論著終始五德之運，及秦帝而齊人奏之，故始皇採用之。〔註39〕

〔註36〕（戰國）左丘明撰、（西晉）杜預集解：《左傳》，第919頁。

〔註37〕（戰國）左丘明撰、（西晉）杜預集解：《左傳》，第1014、1015頁。

〔註38〕（漢）班固撰、（唐）顏師古注：《漢書》卷25上《郊祀志》，第1200、1201頁。

〔註39〕（漢）班固撰、（唐）顏師古注：《漢書》卷25上《郊祀志》，第1203頁。

夏　→　商　→　周　→　秦　→　西漢

木　←　金　←　火　←　水　←　土

鄒衍五德終始說示意圖

　　上圖中，夏、商、周、秦、西漢的在天之德分別為木、金、火、水、土。仔細觀察會發現，後面王朝對應的五行恰好剋著前面王朝對應的五行。之所以有這種對應，這是與戰國時期盛行的革命說相呼應。商湯伐夏，武王克商，商周二王朝皆以革命方式取得天下政權。成書於戰國時期的《周易·革卦·象傳》曰：「天地革而四時成；湯武革命，順乎天而應乎人：革之時大矣哉！」〔註40〕考慮到東周王朝的衰微，被革命方式取代已是大勢所趨，故而革命說得到戰國時人的認可。鄒衍以五行相剋來詮釋其五德終始說，也就是在情理之中了。

　　相較於五行相剋學說的誕生，傳統觀點認為，五行相生的學說遲至西漢方才建立。顧頡剛先生提出：「五行相生說，始見於董仲舒書。」〔註41〕這是指董子在《春秋繁露》中第一次總結五行相生相剋的規律，五行相生說正式體系化。董仲舒注意到四時之變導致五行相剋，明確提出五行生剋有序，並將其規律總結為「比相生而間相勝也」。而後來者發現，董子的五行生剋學說應抄自《淮南子》。但無論如何，前賢認為五行相生說最早於漢武帝時期方見明確記載。

　　其實五行的相生與相剋，在邏輯上並非相距甚遠。先秦時期人們能夠創建五行相剋，自然對相生之理也能及見。戰國至漢初文獻，雖無五行相生之名，但當時亦有五行相生之實。扒梳史料，五行相生的思想早在戰國中葉成書的《說卦傳》中已有清晰的體現。〔註42〕《說卦傳》第五章言：

　　　　帝出乎震，齊乎巽，相見乎離，致役乎坤，說言乎兌，戰乎乾，

　　　　勞乎坎，成言乎艮。萬物出乎震，震東方也。齊乎巽，巽東南也，

　　　　齊也者，言萬物之潔齊也。離也者，明也，萬物皆相見，南方之卦

〔註40〕黃壽祺、張善文譯注：《周易譯注》卷7《革卦第四十九》，第286頁。

〔註41〕顧頡剛著：《古史辨》（第五冊），上海：上海古籍出版社，1982年，第486頁。

〔註42〕清末民初諸易家多以五行相生說見於漢而推斷《說卦傳》為漢代人偽作。但是高懷民先生考證，《說卦傳》文字必為先秦之作，其產生於戰國中葉五行思想最盛行之時，當時儒門學者受了時代思想的衝擊，乃合八卦於五行而言易。參見高懷民著：《先秦易學史》，桂林：廣西師範大學出版社，2007年，第173～175頁。本文據高氏觀點而闡述。

也，聖人南面而聽天下，嚮明而治，蓋取諸此也。坤也者地也，萬
物皆致養焉，故曰致役乎坤。兌正秋也，萬物之所說也，故曰說；
言乎兌。戰乎乾，乾西北之卦也，言陰陽相薄也。坎者水也，正北
方之卦也，勞卦也，萬物之所歸也，故曰勞乎坎。艮東北之卦也，
萬物之所成，終而所成始也，故曰成言乎艮。〔註43〕

此段文字言及八卦的一種圓圖排列方式，也就是宋代邵雍稱其為的文王
後天八卦。該文字中，以八卦配八方，同時以震、離、兌、坎四正卦配春夏秋
冬四時。我們據之將其繪為圓圖，表示如下：

文王後天八卦圖

細查此卦圖的八卦位置安排，會發現其乃依五行相生之序而排列。從左順
時數起，左邊是位於東方的震卦，震卦代表的是春天，在五行上為木。接著是
位於東南方的巽卦，巽卦代表的時間點大概是春夏之交，在五行上也為木。第
三個離卦位於南方，代表的季節是夏天，在五行上為火。第四個坤卦位於西
南方位，代表季節是中醫的長夏，在五行上為土。第五個兌卦位於西方，代表
的是秋天，在五行上為金。第六個乾卦處在西北方位，代表秋冬交接時節，在
五行上也為金。第七個坎卦位於正北方，代表的是冬天，在五行上為水。最後
還有一個艮卦，位於東北方位，代表冬春交接的季節。艮為止，也就是代表著
一年的中止。我們從震卦開始順時看，震、巽、離、坤、兌、乾、坎它們的五

〔註43〕黃壽祺、張善文譯注：《周易譯注》卷10《說卦傳》，第431、432頁。

行分別是木、木、火、土、金、金、水。這不就是木、火、土、金、水順次相生嗎？

　　同樣是戰國時期成書的《管子》一書中，也向後人透露出五行相生的邏輯。《管子・五行》篇中，一年光景，分別「睹甲子木行御，⋯⋯七十二日而畢」、「睹丙子火行御，⋯⋯七十二日而畢」、「睹戊子土行御，⋯⋯七十二日而畢」、「睹庚子金行御，⋯⋯七十二日而畢」、「睹壬子水行御，⋯⋯七十二日而畢」。〔註44〕《管子・五行》試圖建立一種能完美融合四時與五行的方案，但是，因為四時和五行無法一一對應，所以《管子・五行》在此處採用了將一年分為五等份來對應五行的方法。它按照木、火、土、金、水的順序，把一年五等分，分別由甲、丙、戊、庚、壬主事。而五季遞變的順序，恰是五行木、火、土、金、水次第相生的順序。只是這樣做，雖然使得五行各能對應一年之中的七十二天，但是卻打亂了人們固有的四時觀念。一年被分為五等分，也就意味著五行也被賦予了時間意義。陰陽與五行在這裡初步結合。《管子》這種天干、五行與四時、陰陽的對應方案，對後世影響頗深，一直到西漢的《淮南子》、《春秋繁露》中，還可以看到其內容。〔註45〕

　　先秦以來五行生剋學說的出現，將關聯思維模式和科學邏輯思維模式對應起來，對於中國古代知識體系構建發揮了重要的作用。五行學說的實質，是人們把眾多的可分為五類的事物或概念，按照關聯思維和分類配位的模式構建成龐大知識、理論系統。五行學說的構建是一個結構關聯的過程。某一範疇

〔註44〕黎翔鳳撰：《管子校注》卷14《五行》，第865、868、869、872、874、876、878、879頁。

〔註45〕《淮南子・天文訓》云：「天地之襲精為陰陽，陰陽之專精為四時，四時之散精為萬物。」而後，其又言：「壬午冬至，甲子受制，木用事，火煙青。七十二日，丙子受制，火用事，火煙赤。七十二日，戊子受制，土用事，火煙黃。七十二日，庚子受制，金用事，火煙白。七十二日，壬子受制，水用事，火煙黑。七十二日而歲終，庚子受制。」《春秋繁露・五行相生》云：「天地之氣，合而為一，分為陰陽，判為四時，列為五行。」《春秋繁露・治順五行》云：「日冬至七十二日，木用事，其氣燥濁而青，七十二日，火用事，其氣慘陽而赤；七十二日，土用事，其氣濕濁而黃；七十二日，金用事，其氣慘淡而白；七十二日，水用事，其氣清寒而黑；七十二日，復得木。」和《管子・五行》篇思想一樣，《淮南子》、《春秋繁露》依然是以陰陽引出四時，再以四時攝合五行，也是將甲、丙、戊、庚、壬對應五行，然後以五行各對應一年當中的七十二天（《春秋繁露・治順五行》略而未言天干，但其內容顯然相同）。參見劉文典撰：《淮南鴻烈集解》卷3《天文訓》，第80、88、89、105頁。張世亮、鍾肇鵬、周桂鈿譯注：《春秋繁露》，北京：中華書局，2012年，第487、513、514頁。

內部劃分為幾個基本類別，各個類別因為彼此的差異而組成一個結構。這些結構因為形式上的相似而產生關聯，或者因為兩個結構中的某一要素類似——具有同樣的價值或者具有隱喻關係而產生關聯。眾多結構相互對應、分類配位，把自然、社會、意識的方方面面捲進去，形成巨大的理論體系，許多概念也被賦予新的「價值」。在五行學說的框架裏，解釋和暗示成了依框填空，這為天文、醫學、占卜、文學等提供了有條理的觀念。〔註46〕

自然界及人體五行學說框架表

五行	自然界							人 體							
	五音	五味	五色	五化	五氣	五方	五季	五臟	五腑	五官	五體	五華	五志	五液	五聲
木	角	酸	青	生	風	東	春	肝	膽	目	筋	爪	怒	淚	呼
火	徵	苦	赤	長	暑	南	夏	心	小腸	舌	脈	面	喜	汗	笑
土	宮	甘	黃	化	濕	中	長夏	脾	胃	口	肉	唇	思	涎	歌
金	商	辛	白	收	燥	西	秋	肺	大腸	鼻	皮	毛	悲	涕	哭
水	羽	鹹	黑	藏	寒	北	冬	腎	膀胱	耳	骨	髮	恐	唾	呻

二、近代以來對五行學說的誤解

按照五行學說的觀點，自然界的一切事物和現象都可按照五行的性質和特點歸納為五個系統。五個系統乃至每個系統之中的事物和現象都存在一定的內在關係，從而形成了一種複雜的網絡狀態。今天人們以系統科學、複雜性科學來解釋五行學說。系統論的核心思想是系統的整體觀念。其理論的創始者貝塔朗菲（1901～1972）強調，任何系統都是一個有機的整體，它不是各個部分的機械組合或簡單相加，系統的整體功能是各要素在孤立狀態下所沒有的性質。同時認為，系統中各要素不是孤立地存在著，每個要素在系統中都處於一定的位置上，起著特定的作用。要素之間相互關聯，構成了一個不可分割的整體。要素是整體中的要素，如果將要素從系統整體中割離出來，它將失去要

〔註46〕此處論述參照王志軒：《五行與四元素宇宙論的構建原理及其比較——從葛瑞漢的「陰陽與關聯思維的本質」談起》，載張濤編：《周易文化研究》（第三輯），北京：社會科學文獻出版社，2011年，第215～223頁。

素的作用。由此看來，五行學說雖然只是古代一種樸素的唯物主義哲學思想，但是其構成結構確是異常複雜精巧。

　　2000 多年前，我們的祖先已經熟練運用這種系統思維構建古代知識體系，而西方直到上個世紀中葉才正式提出系統論思想。中國古代哲學的遙遙領先，既是中國古代璀璨文明領先於世界的又一例證，也是中醫先進性、科學性的具體表現。但是也正因為五行學說系統思維的過於超前，後人乃至於近代以來的學者都難以領會中醫的科學性，繼而詆毀、廢除中醫之聲不絕於耳。一個代表性的人物和事件便是梁啟超與其被誤割右腎的事件。〔註47〕

　　1926 年 3 月，梁啟超因小便出血住進了協和醫院。當時醫生檢查確診為腎腫瘤，建議切除「壞腎」。梁啟超決定接受腎切除手術方案。手術由協和醫院著名的外科專家劉瑞恒主刀，副手也是美國有名的外科醫生。手術相當成功，可是術後梁啟超的尿血症狀不但沒有消除，反而加重了。而協和醫院也發覺，割下來的右腎並無問題。

　　今天來看，這是一起診斷不準確導致的錯誤手術。由於梁啟超名人的身份，此事件在社會上迅速發酵，引起各方激烈討論。徐志摩在 1926 年 5 月 29 日的《晨報》副刊載文《我們病了怎麼辦》說：「假如有理可說的話，我們為協和計，為替梁先生割腰子的大夫計，為社會上一般人對協和乃至西醫的態度計，正巧梁先生的醫案已經幾於盡人皆知，我們即不敢要求，也想望協和當事人能給我們一個相當的解說。讓我們外行藉此長長見識也是好的！要不然我們此後豈不個個人都得躊躇著：我們病了怎麼辦？」〔註48〕而魯迅則針鋒相對道：「自從西醫割掉了梁啟超的一個腰子以後，責難之聲就風起雲湧了，連對於腰子不很有研究的文學家也都『仗義執言』。同時，『中醫了不得論』也就應運而起：腰子有病，何不服黃芪歟？什麼有病，何不吃鹿茸歟？但西醫的病院裏確也常有死屍抬出。我曾經忠告過 G 先生：你要開醫院，萬不可收留些看來無法挽回的病人；治好了走出，沒有人知道，死掉了抬出，就哄動一時了，尤其是死掉的如果是『名流』。」〔註49〕

〔註47〕梁啟超被西醫誤割右腎的事件，主要參考自鄭洪、陸金國著：《「國醫」之殤：百年中醫沉浮錄》，廣州：廣東科技出版社，2010 年，第 34～39 頁。
〔註48〕韓石山編：《徐志摩全集》（第 3 卷），天津：天津人民出版社，2005 年，第 75 頁。
〔註49〕魯迅著：《魯迅全集》（第 3 卷），北京：人民文學出版社，2005 年，第 327、328 頁。

　　事件全程公諸社會，各界議論四起，協和醫院一時壓力極大。這時，梁啟超卻在 1926 年 6 月 2 日的《晨報》副刊上發表了一份聲明《我的病與協和醫院》。文中說：「據那時的看法，罪在右腎，斷無可疑。當時是否可以『刀下留人』，除了專家，很難知道。但是右腎有毛病，大概無可疑，說是醫生孟浪，我覺得冤枉……」

　　「我們不能因為現代人科學智識還幼稚，便根本懷疑到科學這樣東西。即如我這點小小的病，雖然診查的結果，不如醫生所預期，也許不過偶然例外。至於診病應該用這種嚴密的檢查，不能像中國舊醫那些『陰陽五行』的瞎猜，這是毫無比較的餘地的。我盼望社會上，別要借我這回病為口實，生出一種反動的怪論，成為中國醫學前途進步之障礙──這是我發表這篇短文章的微意。」〔註50〕

　　作為中國近代著名的社會活動家、國學大師，梁啟超與魯迅、胡適等人一樣，都是堅定的中醫反對者。這些人既有深厚國學根底，又具備現代理性精神。那麼他們為什麼堅定地反對中醫？這其中，有著深刻複雜的歷史原因。近代以來的知識分子，為盡快革故鼎新，破除封建殘餘，不惜讓傳統文化受到深重責難。在他們心中，這實在是中國新文化建立之前不得已的陣痛。但是，對陰陽五行學說的誤解，尤其是五行學說系統科學思想的無知，也確實是當時知識分子的通病（須知西方哲學直至上世紀中葉後方構建起系統性科學的內涵，百年前中國知識分子要想從哲學高度認可陰陽五行說的科學性確實強人所難）。梁啟超在其名篇《陰陽五行說之來歷》中說：「陰陽五行說為兩千年來迷信之大本營，直至今日，在社會上猶有莫大勢力，今當辭而闢之。……吾輩死生關係之醫藥，皆此種觀念之產物。」〔註51〕梁氏此語，正說明他尚未意識到五行是一種複雜科學結構，非單純五元素說。

　　巧合的是，就在那個年代，俄國的門捷列夫發明的元素週期表也已經傳入中國。我們現在熟知的中學化學課本裏的元素週期表，早在 1869 年，就已被俄國化學家門捷列夫製作出。今天的元素週期表中有 118 種元素，雖然在一個半世紀前，門捷列夫發明元素週期表的時候沒有這麼多，但是肯定也遠不止 5 種元素。無論在百年前還是今天，我們都認可元素週期表的科學性。既

〔註50〕梁啟超著：《飲冰室合集》（集外文），北京：北京大學出版社，2005 年，第 999 ～1001 頁。

〔註51〕梁啟超：《陰陽五行說之來歷》，選自顧頡剛編《古史辨》（第五冊），上海：上海古籍出版社，1982 年，第 343 頁。

然百年前的中國知識分子已經意識到組成這個世界的元素遠遠大於 5 種，那麼按照元素概念來理解的五行學說當然也就成了偽科學迷信的代名詞。陰陽五行說連同建立在其基礎之上的中醫被當時的知識精英所拋棄，也就成了情理中事。

遺憾的是直到今天，我們在翻譯「五行」時仍時譯為 Five Elements（亦有譯為 Five Phases，或更貼切，但流傳不廣），即五元素。如果西方人甚或今日中國未識中醫之人看到這個翻譯，是否也會像百年前的梁啟超、魯迅、胡適等人一樣鄙視中醫呢？

三、先秦時期五行與五臟的首次結合

早在《黃帝內經》時期，五行學說就將人體的五臟分別歸屬於五行，用以說明五臟的生理特點。「如木有生長、升發、舒暢、條達的特性，肝氣喜條達而惡抑鬱，有疏通氣血，調暢情志的生理機能，故以肝屬木。火有溫熱、向上、光明的特性，心主血脈以維持體溫恒定，心主神明以為臟腑之主，故以心屬火。土性敦厚，有生化萬物的特性，脾主運化水穀、化生精微以營養臟腑形體，為氣血生化之源，故以脾屬土。金性清肅、收斂，肺具有清肅之性，以清肅下降為順，故以肺屬金。水具有滋潤、下行、閉藏的特性，腎有藏精、主水功能，故以腎屬水。」〔註 52〕

事物屬性的五行歸類表〔註 53〕

季節	五方	五行	五臟	六腑	五音	五味	五官	情緒	五體
春	東	木	肝	膽	角	酸	目	怒	筋
夏	南	火	心	小腸	徵	苦	舌	喜	脈
長夏	中	土	脾	胃	宮	甘	口	思	肉
秋	西	金	肺	大腸	商	辛	鼻	悲	皮毛
冬	北	水	腎	膀胱	羽	鹹	耳	恐	骨

其實在先秦時期，最初的五行與五臟的配屬模式已經出現。《禮記·月令》在描述周天子一年四季主持祭祀時，便提到了五行與五臟最早的搭配模式：

〔註 52〕孫廣仁、鄭洪新主編：《中醫基礎理論》，北京：中國中醫藥出版社，2012 年，第 49 頁。

〔註 53〕轉引自孫廣仁、鄭洪新主編：《中醫基礎理論》，第 45 頁。本文略作刪減。

　　孟春之月，日在營室，昏參中，旦尾中。其日甲乙。其帝大皞，其神句芒。其蟲鱗。其音角，律中大蔟，其數八。其味酸，其臭羶，其祀戶，祭先脾。……是月也，以立春。先立春三日，大史謁之天子曰：「某日立春，盛德在木。」天子乃齊。立春之日，天子親帥三公、九卿、諸侯、大夫以迎春於東郊。……仲春之月，日在奎，昏弧中，旦建星中。其日甲乙，其帝大皞，其神句芒，其蟲鱗。其音角，律中夾鍾。其數八。其味酸，其臭羶。其祀戶，祭先脾。……季春之月，日在胃，昏七星中，旦牽牛中。其日甲乙。其帝大皞，其神句芒。其蟲鱗。其音角，律中姑洗。其數八。其味酸，其臭羶。其祀戶，祭先脾。……孟夏之月，日在畢，昏翼中，旦婺女中。其日丙丁。其帝炎帝，其神祝融。其蟲羽。其音徵，律中中呂。其數七。其味苦，其臭焦。其祀灶，祭先肺。……是月也，以立夏。先立夏三日，大史謁之天子曰：「某日立夏，盛德在火。」天子乃齊。立夏之日，天子親帥三公、九卿、大夫以迎夏於南郊。……仲夏之月，日在東井，昏亢中，旦危中。其日丙丁。其帝炎帝，其神祝融。其蟲羽。其音徵，律中蕤賓。其數七。其味苦，其臭焦。其祀灶，祭先肺。……季夏之月，日在柳。昏火中，旦奎中。其日丙丁。其帝炎帝，其神祝融。其蟲羽。其音徵，律中林鍾。其數七。其味苦，其臭焦。其祀灶，祭先肺。……中央土，其日戊巳。其帝黃帝，其神后土。其蟲倮。其音宮，律中黃鍾之宮。其數五。其味甘，其臭香。其祀中溜，祭先心。……孟秋之月，日在翼，昏建星中，旦畢中。其日庚辛。其帝少皞，其神蓐收。其蟲毛。其音商，律中夷則。其數九。其味辛，其臭腥。其祀門，祭先肝。……是月也，以立秋。先立秋三日，大史謁之天子曰：「某日立秋，盛德在金。」天子乃齊。立秋之日，天子親帥三公、九卿、諸侯、大夫以迎秋於西郊。……仲秋之月，日在角，昏牽牛中，旦觜觽中。其日庚辛。其帝少皞，其神蓐收。其蟲毛。其音商，律中南呂。其數九。其味辛，其臭腥。其祀門，祭先肝。……季秋之月，日在房，昏虛中，旦柳中。其日庚辛。其帝少皞，其神蓐收。其蟲毛。其音商，律中無射。其數九。其味辛，其臭腥。其祀門，祭先肝。……孟冬之月，日在尾，昏危中，旦七星中。其日壬癸。其帝顓頊，其神玄冥。其蟲介。其音羽，律

中應鍾。其數六，其味鹹，其臭朽。其祀行，祭先腎。……是月也，以立冬。先立冬三日，大史謁之天子曰：「某日立冬，盛德在水」。天子乃齊。立冬之日，天子親帥三公、九卿、大夫以迎冬於北郊。……仲冬之月，日在斗，昏東壁中，旦軫中。其日壬癸。其帝顓頊，其神玄冥。其蟲介。其音羽，律中黃鍾。其數六，其味鹹，其臭朽。其祀行，祭先腎。……季冬之月，日在婺女，昏婁中，旦氐中。其日壬癸。其帝顓頊，其神玄冥。其蟲介。其音羽，律中大呂。其數六，其味鹹，其臭朽。其祀行，祭先腎。〔註54〕

《禮記・月令》五行、五臟等諸元素相配表〔註55〕

四季	五方	天干	五行	五臟	五帝	五神	五蟲	五音	五味
春	東	甲乙	木	脾	太皥	句芒	鱗	角	酸
孟夏、仲夏	南	丙丁	火	肺	炎帝	祝融	羽	徵	苦
季夏	南（中）	丙丁（戊巳）	火（土）	肺（心）	炎帝（黃帝）	祝融（后土）	羽（倮）	徵（宮）	苦（甘）
秋	西	庚辛	金	肝	少皥	蓐收	毛	商	辛
冬	北	壬癸	水	腎	顓頊	玄冥	介	羽	鹹

與之形成時間相近的《呂氏春秋》中，亦有類似記載。〔註56〕無論是《禮記・月令》還是《呂氏春秋》，文中一致的搭配方式是以春配脾、木和東方，夏配肺、火和南方，季夏配心、土和中央，秋配肝、金和西方，冬配腎、水和北方。其中五行、五方與四季的配屬為後世所熟知，唯有五臟之對應與今日大不同。究其原因，在於此處是以古代祭禮中動物內臟排列方位對應五方與五行。考周代祭祀，所獻犧牲頭朝南方，腹朝下。如此，人們在俯視犧牲時，所看到的犧牲的五臟排布便是：肺在上、腎在下、脾在左、肝在右、心在中央。五臟排列方位與五方、五行結合便是：肺在南方對應火，肝在西方對應金，腎

〔註54〕潛苗金譯注：《禮記譯注》，第178～218頁。

〔註55〕該表中，心臟和其所對應的土行似乎並沒有完全納入五行與四時的搭配中。這樣安排的原因，恐怕是與五行與四時的不能完美對應有關。所以，在季夏之月的後面，《禮記・月令》又附加上了有關中央土的一段論述，將土行寄於季夏之末。這種分配方法，稱為「土旺季夏」說，亦即中醫長夏說。

〔註56〕《呂氏春秋》，上海：上海古籍出版社，1989年，第178～218頁。

在北方對應水，脾在東方對應木，心在中央對應土。於是便有了上文中的《禮記‧月令》之五行、五臟、五方等諸元素的相配。

商周祭祀時犧牲的五臟與五方、五行對應圖

先秦時期，以古代祭禮中動物內臟排列方位對應五方為基礎，五臟與五行的配屬模式正式建立起來。東漢鄭玄曾總結道：「《月令》祭四時之位，乃其五臟之上下次之耳，冬位在後，而腎在下；夏位在前，而肺在上；春位小前，故祭先脾；秋位小卻，故祭先肝。腎也，脾也，俱在鬲下；肺也，心也，肝也，俱在鬲上。祭者必三，故有先後焉，不得同五行之義。」〔註57〕唐代孔穎達亦注釋云：「所以春位當脾者，牲立南首，肺祭在前而當夏，腎最在後而當冬也。從冬稍前而當春，從腎稍前而當脾，故春位當脾；從肺稍卻而當心，故中央主心；從心稍卻而當肝，故秋位主肝。此等直據牲之五臟所在而當春、夏、秋、冬之位耳。」〔註58〕

五行學說與五臟就這樣有一個初步的結合。但是大家會發現這個結合是源於祭祀，雖然跟解剖有關，但卻不是源於中醫的臨床。所以到了漢代這種搭配就被徹底拋棄了。〔註59〕

〔註57〕（清）段玉裁撰：《說文解字段注》，成都：成都古籍出版社，1987 年，第 177 頁。

〔註58〕（漢）鄭玄注、（唐）孔穎達等正義：《禮記正義》卷 14《月令》，上海：上海古籍出版社，1990 年，第 283 頁。

〔註59〕至於拋棄的具體原因，參見拙文：《從祭祀走向中醫：兩漢時期五臟、五行配屬模式轉換原因探尋》，《醫學與哲學》，2019 年第 4 期。本書暫不贅述。

第四節 八卦學說

一、八卦的形成

關於八卦起源，古代諸說不同，甚至不相融容，唯於作八卦之人一致認為是傳說中的伏羲氏。關於八卦的起源，人們主要根據《繫辭傳》中的兩段文字展開討論：

> 古者庖犧氏之王天下也，仰則觀象於天，俯則觀法於地，觀鳥獸之文，與地之宜，近取諸身，遠取諸物，於是始作八卦，以通神明之德，以類萬物之情。〔註60〕

> 是故《易》有太極，是生兩儀，兩儀生四象，四象生八卦，八卦定吉凶，吉凶生大業。〔註61〕

原始八卦究竟是如何發明的？這是一個迄今仍眾說紛紜且又懸而未決的問題，比如，學界認為原始八卦或起源於古天文學，或起源於文字，或起源於占卜，或起源於河圖、洛書，或起源於數字，或認為是伏羲時代八個官的符號等多種說法。馮友蘭認為八卦由模仿占卜的龜兆而來，是標準化的「兆」；高亨認為八卦中的陰陽爻象徵占筮用的兩種竹棍，八卦是有節和無節兩種竹棍的不同排列方式；李鏡池認為陰爻和陽爻象徵古代結繩記事中的小結和大結，古人用結繩方法記錄占筮之數，後來衍化為八卦；郭沫若認為八卦中的陰陽爻源自男女生殖器，陽爻取象於男根，陰爻取象於女陰。〔註62〕

關於伏羲畫卦一事，有人以為「—」起源於象天渾然之一體，「--」起源於象地之千溝萬壑；有人以為「—」起源為奇數，「--」起源於偶數；有人以為「—」起源於男性生殖器官，「--」起源於女性生殖器官。這些說法，乃至於更多猜測，都不無道理。可是，《繫辭下傳》明確告訴我們，伏羲氏畫卦是源於他觀察天、地、鳥、獸、物、我眾象，而不是從觀察某一物之象上來。故謂「—」與「--」由天地、奇偶、男女上起，則是局限其起源了，如此則與《繫辭下傳》之意相違背。我們可以說「—」與「--」象天地、奇偶或男女，卻不可以說「—」與「--」是從天地、奇偶或男女等某一物象上而源起。因為伏羲氏是觀察天地萬物，取其「共相」而畫出的「—」與「--」。卦象的起

〔註60〕黃壽祺、張善文譯注：《周易譯注》卷9《繫辭下傳》，第402頁。
〔註61〕黃壽祺、張善文譯注：《周易譯注》卷9《繫辭上傳》，第392頁。
〔註62〕王先勝：《八卦起源占卜論分析》，《國學》，2017年第2期。

源如果是從具體某物得來，那麼由於物物殊相之故，「—」與「--」就不能通於他物，進而易學也就不能發展成為涵攝「三極之道」的學術了。

按照《繫辭上傳》的說法，八卦是從太極而來。太極是什麼，又是從何而來？我們大膽猜測，上古先民仰觀於天，俯察於地，從萬物觀察到自身，在觀察天地萬物時，或許會思考日月星辰為何會輪轉不休，晝夜四時為何會交替不止，天地萬物為何會生生不息。他們雖然不能解釋這一切背後的原因，但卻歸納出一個結論，即萬事萬物都處在運動變化之中。變易是萬物的通性。而驅使萬物變易的源動力，他們便總結為「太極」。伏羲「一畫開天」，便畫出「—」。這個「—」彼時叫什麼，今人並不知曉，但應代表至大、無窮，為涵蓋宇宙萬物、動生宇宙萬物之根本。這個根本，便是太極。

太極「—」發明之後，雖然解釋了萬物運動的根本，卻還遠不能解釋這個世界運動的規律。比如太陽的東升西落，四季的冬去春來，生命生長的循環往復……這些輪迴的律動，使先民意識到，除了「—」之外，有另一個源動力。這另一個源動力，總是跟隨在「—」之後，而和「—」作相反的運動。比如「—」使日月上升，它便使日月下降；「—」使春生夏長，它便使秋收冬藏……兩種源動力，交替不停地推動萬物，為萬物輪迴律動不休之根源。為了記下這驅使萬物運動的第二種源動力，伏羲於是再畫下另一個符號：「--」。

如果說太極「—」，是一橫，代表「第一源動力」，而這個「--」是兩短橫，意為「第二」，代表「第二源動力」。「—」與「--」雖然表現的作用相反，卻是一體的兩面，是構成萬物運動的共同根本。故先民便把它們排在一起。《繫辭傳》中稱這兩個符號為「兩儀」。儀是「法式」、「法則」，意謂「—」與「--」是宇宙萬物變易的兩大法則。「—」稱「陽儀」，「--」稱「陰儀」。後世認為，「陽」顯示發動、剛健、進取；「陰」顯示承隨，柔順、反退。陽和陰雖相反而實相成，反覆變動，生化萬物。所謂「一陰一陽之謂道」、「反復道也」，說明「—」與「--」是易哲學的根本原理。「—」與「--」，不單單是兩個象，而是兩個經過哲學思考所產生的符號，一如太極「—」這個符號一般。這是易學後來發展得極博大精微的關鍵。

然而「—」與「--」所代表的乃是超乎物體形象的抽象作用或動能。世人既不能看出它們與物體的關係，也不能看出它們共同作用於物體的路徑。欲表現出它們的共同作用於物體，便要將它們組合在一起，先民於是把兩儀平放在一起，如此，便產生下面四個符號：「⚌」（太陽）、「⚏」（太陰）、「⚎」

（少陰）、「☳」（少陽）。這四個符號便是「四象」。《繫辭傳》說：「象者，像也。」其中「☰」、「☷」仍代表兩大源動力本身之象，「☳」、「☴」代表了兩種源動力共同作用於一物時之象。

從兩儀發展到四象，已經從形上思想落到物體上，可是，我們的先民仍繼續在四象上再畫一筆，這樣新產生的三畫之象就成了八個：「☰」、「☱」、「☲」、「☳」、「☴」、「☵」、「☶」、「☷」。這八個象也就是我們俗稱的八經卦，即八卦。由四象變成八卦的理由，大概與世間萬物的複雜多樣性有關。萬物雖然都有陰陽二性，但二性的多寡卻不同，因此，四象雖然表現出宇宙兩大源動力已共同作用於物體，卻不能如八卦般更確切如實地達到「以通神明之德，以類萬物之情」。八卦象徵八種象：天、澤、火、雷、風、水、山、地。而吉凶的推斷也是由卦象本身而來。「八卦成列，象在其中矣。」〔註63〕「聖人設卦觀象，繫辭焉而明吉凶，剛柔相推而生變化。是故吉凶者，失得之象也；悔吝者，憂虞之象也。變化者，進退之象也；剛柔者，晝夜之象也。」〔註64〕

總而言之，太極「━」象徵宇宙的源動力；兩儀「━」與「－－」象徵源動力的兩大法則；四象象徵兩儀作用於物體；八卦象徵作用之物體再細分為世間無數事物現象。〔註65〕

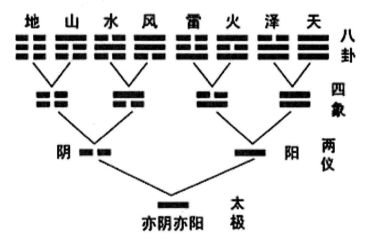

八卦生成圖〔註66〕

〔註63〕黃壽祺、張善文譯注：《周易譯注》卷9《繫辭下傳》，第400頁。

〔註64〕黃壽祺、張善文譯注：《周易譯注》卷9《繫辭上傳》，第376頁。

〔註65〕以上論述，主要參照臺灣學者高懷民所著：《先秦易學史》，第39～55頁。

〔註66〕關於八卦的生成過程，我們也可以做如下理解：太極是宇宙的源動力，太極生兩儀，是宇宙源動力的第一次裂變。在第一次裂變完成以後，就產生了一個一

二、先天八卦與後天八卦

八卦主要是分成先後天八卦二種。先天八卦稱為伏羲先天八卦，後天八卦稱為文王後天八卦，但事實上這兩種八卦排列方式與伏羲和周文王應該沒有必然的聯繫。雖然先後天八卦所依文字早在戰國的《說卦傳》就已記載，但是卦圖的生成則晚至北宋。

伏羲先天八卦的排布文字依據是《說卦傳》的第三章。「天地定位，山澤通氣，雷風相薄，水火不相射；八卦相錯。數往者順，知來者逆，是故《易》逆數也。」〔註67〕上文「天地」、「山澤」、「雷風」、「水火」，即八卦之象，皆為一陰一陽的兩相對立之卦；而「定位」、「通氣」、「相薄」、「不相射」，又均見統一和諧的情狀，故稱「相錯」。八卦在對立統一中「相錯」，正是體現自然界萬物的矛盾運動規律。

對於這段話，邵雍解釋道：「天地定位，乾與坤對也；山澤通氣，艮與兌對也；雷風相薄，震與巽對也；水火不相射，離與坎對也。此伏羲之易也。」〔註68〕邵雍對此伏羲八卦方位是如此解讀的，乾南坤北，離東坎西，兌居東南，震居東北，巽居西南，艮居西北。於是八卦相交成一圓圖，由此《說卦傳》第三章之文字便轉換為伏羲八卦方位圓圖。

高懷民認為，《說卦傳》第三章之文字含義非常質樸實在，毫無玄虛處，而依照這個含義，顯然是一個八卦直圖，絕無圓圖方位的含義在其中。相較之下，邵雍的圓圖便為奇巧的設計，而其解說更失古人質樸之意。〔註69〕所以，伏羲先天八卦圖雖根植於《說卦傳》，實則由北宋邵雍做了二次加工。

級的「陰」和一級的「陽」——即兩儀。兩儀內部仍然存在陰陽的力量的作用，還是會繼續裂變。裂變的結果，一級的「陰」就產生了陰中之陰——「太陰」和陰中之陽——「少陽」。一級的「陽」就產生了陽中之陰——「少陰」和陽中之陽——「太陽」。太陰、少陽、少陰、太陽是第二級的陰陽組合，統稱為「四象」。在四象的基礎上，由於陰陽力量的繼續作用，又生成了第三級的陰陽組合。太陽裂變為太陽之陽——「乾」和太陽之陰——「兌」；少陰裂變為少陰之陽——「離」和少陰之陰——「震」；少陽裂變為少陽之陽——「巽」和少陽之陰——「坎」；太陰裂變為太陰之陽——「艮」和太陰之陰——「坤」。乾、兌、離、震、巽、坎、艮、坤是第三級的陰陽組合，統稱為「八卦」。以上過程則稱為便是「《易》有太極，是生兩儀，兩儀生四象，四象生八卦」。

〔註67〕黃壽祺、張善文譯注：《周易譯注》卷10《說卦傳》，第429頁。
〔註68〕（元）王申子撰：《大易緝說》卷1《先天或問》，上海：上海古籍出版社，1990年，第9頁。
〔註69〕高懷民著：《先秦易學史》，第54、55頁。

伏羲八卦方位圖

　　先天八卦的排列順序，乃乾、兌、離、震、巽、坎、艮、坤，其排序先逆時針而後順時針。伏羲先天八卦為什麼這麼排列？其數學原理是計算機的二進制。如果用陰爻代表 0 陽爻代表 1 的話，我們就會發現坤、艮、坎、巽、震、離、兌、乾這八個卦按照計算機二進制依次排下來，就是 000、001、010、011、100、101、110、111，這就是二進制的次序。八卦以二進制進行逆行排列，便有乾、兌、離、震、巽、坎、艮、坤之序。我們的古人早在戰國時期，就已經發明並應用了二進制，這比西方人要早 2000 多年。

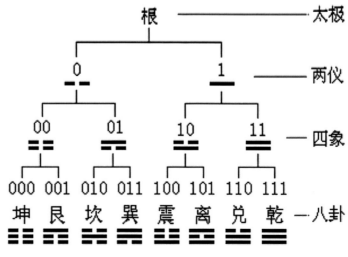

伏羲先天八卦的二進制推演圖

後天八卦的由來，則是根據《說卦傳》第五章言：

> 帝出乎震，齊乎巽，相見乎離，致役乎坤，說言乎兌，戰乎乾，勞乎坎，成言乎艮。萬物出乎震，震東方也。齊乎巽，巽東南也，齊也者，言萬物之潔齊也。離也者，明也，萬物皆相見，南方之卦也，聖人南面而聽天下，嚮明而治，蓋取諸此也。坤也者地也，萬物皆致養焉，故曰致役乎坤。兌正秋也，萬物之所說也，故曰說；言乎兌。戰乎乾，乾西北之卦也，言陰陽相薄也。坎者水也，正北方之卦也，勞卦也，萬物之所歸也，故曰勞乎坎。艮東北之卦也，萬物之所成，終而所成始也，故曰成言乎艮。〔註70〕

「帝出乎震」，震卦排在東方，於五行為木，於四季為春。震為動，言草木在春生長發動；「齊乎巽」，巽卦排在東南方，於五行為木，處春夏之交，言草木漸長而潔齊於此時；「相見乎離」，離卦排在南方，於五行為火，於四時為夏，言草木於夏天茂盛著明；「致役乎坤」，坤卦安在西南方，於五行為土，處夏末秋初。坤為大地，言草木將葉落歸根致養於大地。按，坤本無安排在西南一隅的理由，但依五行相生次第，火生土，故必須以象土之坤卦置於離卦之後；「說言乎兌」，兌卦排在西方，於五行為金，於四時為秋。兌為說（悅），秋實成熟，萬物所說（悅）；「戰乎乾」，乾卦排在西北方，於五行為金，為深秋初冬之時。乾性剛健，此時陽氣退而陰氣升，陰陽相薄而戰，草木最易折損；「勞乎坎」，坎卦排在北方，於五行為水，於四季為冬，草木歸藏；「成言乎艮」，艮卦排在東北方，於五行為土。艮有止意，故處一年之終，寓萬物終而所成。

在此圓圖中，震巽二卦合木，兌乾二卦合金，坎離二卦本為水火，在道理上都說的過去，唯有坤艮二卦於五行皆為土，卻不能置於比鄰，頗為不妥。但恰好坤卦經文中有「利西南，不利東北」、「西南得朋，東北喪朋」之言，艮之山與坤之地皆為土，而艮者止也，如此乃置艮卦於東北，與西南之坤卦遙遙相對；又處坎卦之次，象徵冬末初春，言一年四時之循環到此為止。高懷民稱，此一卦圖的排列方式，在易學史上為一革命性的創制，它不止是第一個圓形卦圖，而且其八卦的安排與乾象天在上、坤象地在下的觀念全不相當，而且也無法以伏羲「太極生兩儀」與孔子《象傳》的思想來解釋。

此圖首次將八卦納入五行中，依照木生火，火生土，土生金，金生水，水

〔註70〕黃壽祺、張善文譯注：《周易譯注》卷10《說卦傳》，第431、432頁。

生木之序列，再合以八方四時而成。以五行配合四時、五方等，無疑是先秦以來流行的思想。高氏言此章卦圖為一革命性創制的原因，不僅是因為其吸收了五行思想的新血，唯先秦唯一的五行相生說的遺跡，更是因為其說竟不惜改變乾坤二卦天地之方位，而將其置於西北、西南二隅之地以與五行相生之意相合。同時為了符合五行相生的次序，古人寧可犧牲四時的整齊劃一，而將坤土配於季夏（非如此，則此圓道循環不能成功），從而開創後世的「土王季夏說」。至於此圖為何不以彼時盛行的「相勝」為序，反以「相生」為序，蓋因易哲學以「生」為天地之大德故。如《繫辭上》云：「富有之謂大業，日新之謂盛德，生生之謂易。」〔註71〕《繫辭下》與之對應的「天地之大德曰生」和「天地絪縕，萬物化醇。男女構精，萬物化生」，莫不以「生生」為陰陽更相交替化生萬物的恒生狀態及變化運動不息的表現。〔註72〕

以上就是伏羲先天八卦和文王後天八卦的排布。其排布一定是古人經過縝密的思考而確定的。或者是按照計算機的二進制，或者按照五行的相生順序，絕無隨意之舉。

三、八卦學說在中醫中的應用

醫學和八卦的關聯自古以來就受到古代醫家的高度重視。春秋時期，秦國名醫醫和便以蠱卦易理來闡述晉侯之疾。《左傳·昭公元年》載醫和解釋晉平公蠱病的成因：

> 晉侯求醫於秦。秦伯使醫和視之，曰：「疾不可為也。是謂：『近女室，疾如蠱。非鬼非食，惑以喪志。良臣將死，天命不祐。』」公曰：「女不可近乎？」對曰：「節之。先王之樂，所以節百事也，故有五節，遲速本末以相及，中聲以降，五降之後，不容彈矣。於是有煩手淫聲，慆堙心耳，乃忘平和，君子弗聽也。物亦如之，至於煩，乃捨也已，無以生疾。君子之近琴瑟，以儀節也，非以慆心也。天有六氣，降生五味，發為五色，徵為五聲，淫生六疾。六氣曰陰、陽、風、雨、晦、明也。分為四時，序為五節。過則為菑，陰淫寒疾，陽淫熱疾，風淫末疾，雨淫腹疾，晦淫惑疾，明淫心疾。女，陽物而晦時，淫則生內熱惑蠱之疾。今君不節不時，能無及此乎？」

〔註71〕黃壽祺、張善文譯注：《周易譯注》卷9《繫辭上傳》，第381頁。
〔註72〕黃壽祺、張善文譯注：《周易譯注》卷9《繫辭下傳》，第400、409頁。

......

趙孟曰：「何謂蠱？」對曰：「淫溺惑亂之所生也。於文，皿蟲為蠱，穀之飛亦為蠱；在《周易》，女惑男，風落山，謂之《蠱》。皆同物也。」〔註73〕

按，《周易·說卦傳》載：「乾，天也，故稱乎父；坤，地也，故稱乎母；震一索而得男，故謂之長男；巽一索而得女，故謂之長女；坎再索而得男，故謂之中男；離再索而得女，故謂之中女；艮三索而得男，故謂之少男；兌三索而得女，故謂之少女。」〔註74〕是以八經卦中，乾為父，坤為母，震為長男，巽為長女，坎為中男，離為中女，艮為少男，兌為少女。

八經卦分男女圖

《蠱》卦的卦象是上艮下巽，象徵著少男與長女的結合。但為何如此結合之卦名之曰「蠱」？若將代表不同年齡段的男女之卦分別進行組合，便會發現其中的奧秘：

《澤山咸》，為少女少男之組合。此組合符合人倫常理及萬物化生之規律，故其《彖》曰：「咸，感也。柔上而剛下，二氣感應以相與。止而說，男下女，是以『亨利貞，取女，吉』也。天地感而萬物化生。聖人感人心，而天下和平。觀其所感，而天地萬物之情可見矣。」〔註75〕

〔註73〕（戰國）左丘明撰、（西晉）杜預集解：《左傳》，第704、705頁。
〔註74〕黃壽祺、張善文撰：《周易譯注》卷10《說卦傳》，第437、438頁。
〔註75〕黃壽祺、張善文譯注：《周易譯注》卷5《咸卦第三十一》，第181、182頁。

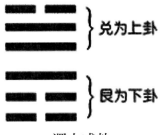

澤山咸卦

　　《雷澤歸妹》，為長男少女之組合。此於人倫、萬物化生亦皆無違，故其《彖》曰：「歸妹，天地之大義也。天地不交，而萬物不興。歸妹，人之終始也。說以動，所歸妹也。」〔註76〕

雷澤歸妹卦

　　《雷風恒》，為長男長女之組合。此組合雖與人倫合，但男女雙方已過婚育年齡，略有違於萬物化生之規律，故其六五爻爻辭曰：「恒其德。貞，婦人吉，夫子凶。」《象》曰：「婦人貞吉，從一終也。夫子制義，從婦凶也。」〔註77〕

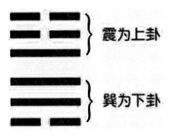

雷風恒卦

　　《天風姤》，為父長女之組合。這一組合相較於《雷風恒》而言，更無利於繁衍，有違萬物化生之道，故其卦辭曰：「女壯，勿用取女。」〔註78〕

〔註76〕黃壽祺、張善文譯注：《周易譯注》卷7《歸妹卦第五十四》，第316頁。
〔註77〕黃壽祺、張善文譯注：《周易譯注》卷5《恒卦第三十二》，第190頁。
〔註78〕黃壽祺、張善文譯注：《周易譯注》卷6《姤卦第四十四》，第256頁。

天風姤卦

《風山漸》，為長女少男之組合。這一組合於女方而言亦無不可，一如《雷澤歸妹》卦。但由於女方年齡過大，這一組合於生育有損，故《漸》之九三爻爻辭云：「鴻漸于陸。夫徵不復，婦孕不育，凶。利禦寇。」其九五爻爻辭亦云：「鴻漸於陵。婦三歲不孕，終莫之勝，吉。」〔註79〕

風山漸卦

最後再看醫和所言之《蠱》卦，劉大鈞在《周易概論》中認為：「『蠱』字在此有『惑』『亂』之義，引申為過失。」〔註80〕蠱卦卦名起源，應與長女惑少男，少男不能自持，如中蠱毒，無法自拔，最終深陷重疾有關。段玉裁在《說文解字注》中對此解讀到：「（醫）和言如蠱者、蠱以鬼物飲食害人。女色非有鬼物飲食也。而能惑害人、故曰如蠱。人受女毒、一如中蠱毒然。」〔註81〕范行准晚年在《中國病史新義》中進一步解讀晉侯所患蠱毒應為性生活過度所引起的男性性機能障礙以及前列腺炎或腺漏等病。〔註82〕對於這樣一種疾病，或許春秋時期尚無專有病名予以表達，又或許是作為一個出使晉國的秦國醫生不便明言，故通過借用《蠱》卦的卦象委婉地表達。至於為何同為少男長女

〔註79〕黃壽祺、張善文譯注：《周易譯注》卷7《漸卦第五十三》，第312、314頁。
〔註80〕劉大鈞著：《周易概論》，成都：巴蜀書社，2021年，第307頁。
〔註81〕（漢）許慎撰、（清）段玉裁注：《說文解字注》，第677頁。
〔註82〕范行准著：《中國病史新義》，北京：中醫古籍出版社，1989年，第125、126頁。

組合的《風山漸》卦不名「蠱」，而《山風蠱》卦名曰「蠱」，此蓋上下卦次序不同、男女主動性不同所致也。

山風蠱卦

至唐代，名醫孫思邈在《大醫習業》中提到，古之醫生應具備的素質時認為：

> 凡欲為大醫，必須諳《素問》、《甲乙》、《黃帝針經》、《明堂流注》、十二經脈、三部九候、五臟六腑、表裏孔穴、本草藥對、張仲景、王叔和、阮河南、范東陽、張苗、靳邵等諸部經方。又須妙解陰陽祿命，諸家相法，及灼龜五兆，《周易》六壬，並須精熟，如此乃得為大醫。若不爾者，如無目夜遊，動致顛殞。〔註83〕

至明代，醫易學奠基人張介賓反覆強調易學對中醫的重要性：「不知易，不足以言大醫。」「易之為書，一言一字，皆藏醫學之指南。」〔註84〕

與陰陽五行學說一樣，八卦學說也是中醫思維的理論應用工具。那麼在中醫思維中，八卦學說是如何應用的呢？我們舉例來說明。《黃帝內經素問》中有一篇文章《氣厥論》，在這篇文獻裏面就講了一個五臟寒熱遞相轉移的理論，而轉移所遵循的規律，便是依據先後天八卦。〔註85〕

> 黃帝問曰：五臟六腑，寒熱相移者何？
>
> 岐伯曰：腎移寒於脾（原文作肝，《太素》、《甲乙經》作脾，據先後天八卦理論，今改為脾），癰腫、少氣。脾移寒於肝，癰腫、筋攣。肝移寒於心，狂，隔中。心移寒於肺，肺消。肺消者，飲一溲

〔註83〕（唐）孫思邈著：《備急千金要方》卷1《大醫習業》，北京：人民衛生出版社，1955年，第1頁。

〔註84〕（明）張介賓著：《類經附翼》卷1《醫易》，北京：人民衛生出版社，1965年，第390頁。

〔註85〕以下論述觀點轉引自顧植山：《〈素問‧氣厥論〉中臟腑寒熱相移次序解讀》，《中醫文獻雜誌》，2002年第4期。

二，死不治。肺移寒於腎，為湧水。湧水者，按腹不堅，水氣客於大腸，疾行則鳴濯濯，如囊裹漿，水之病也。

脾移熱於肝，則為驚衄。肝移熱於心，則死。心移熱於肺，傳為鬲消。肺移熱於腎，傳為柔痓。腎移熱於脾，傳為虛，腸澼，死不可治。〔註86〕

據上文，五臟移寒熱於它臟的規律如下：腎移寒熱於脾；脾移寒熱於肝；肝移寒熱於心；心移寒熱於肺；肺移寒熱於腎。這其中寒熱轉移的規律，顯然不是遵循五行生剋之規律。事實上，其所遵循的規律乃是八卦由先天所在方位之五行對應五臟，轉移到後天所在方位之五行對應五臟。具體來說，就是腎移寒熱於脾——坤卦先天居北應腎，後天居西南應脾；肝移寒熱於心——離卦先天居東應肝，後天居南應心；脾移寒熱於肝——震卦先天居東北應脾，後天居東應肝；心移寒熱於肺——乾卦先天居南應心，後天居西北應肺；肺移寒熱於腎——坎卦先天居西應肺，後天居北應腎。

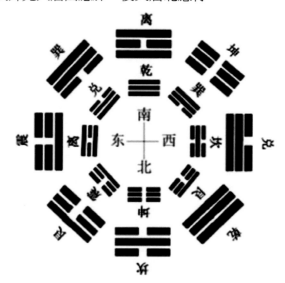

先天八卦與後天八卦對應方位圖

腎移寒熱於脾，這是因為脾臟所屬之坤卦在先天八卦中居於北，北方是水應腎。坤卦在後天八卦中居於西南，西南為土而應脾。故而腎移寒熱於脾；肝移寒熱於心，這是因為心臟所屬之離卦在先天八卦中居於東，東方為木應肝。離卦在後天八卦中居於南，南方為火而應心。故而肝移寒熱於心；脾移寒

〔註86〕《黃帝內經素問》卷10《氣厥論》，第212、213頁。

熱於肝，這是因為肝臟所屬之震卦在先天八卦中居於東北，東北為土應脾。震卦在後天八卦中居於東，東方為木而應肝。故而脾移寒熱於肝；心移寒熱於肺，這是因為肺臟所屬之乾卦在先天八卦中居於南，南方為火而應心。乾卦在後天八卦中居於西北，西北為金而應肺。故而心移寒熱於肺；肺移寒熱於腎，這是因為腎臟所屬之坎卦在先天八卦中居於西，西方為金應肺。坎卦在後天八卦中居於北，北方為水應腎。故而肺移寒熱於腎。概言之，後天八卦所代表的五臟，在先天八卦中居於何位應何臟，此臟的寒熱便會轉移到後天八卦所代表的五臟上。

再舉一例，又如在中醫運氣學中，有六氣的概念。六氣，指風、熱、火、濕、燥、寒六種氣候變化。其內容包括主氣、客氣、客主加臨。其中主氣以測氣候之常，客氣以測氣候之變，客主加臨是綜合主氣客氣而研究之。其中客氣之丑未太陰濕土的確立依據的就是後天八卦學說。

古人用三陰三陽來識別六氣。按《素問‧天元紀大論》言：「厥陰之上，風氣主之；少陰之上，熱氣主之；太陰之上，濕氣主之；少陽之上，相火主之；陽明之上，燥氣主之；太陽之上，寒氣主之。」〔註87〕所以六氣配以三陰三陽則分別為：厥陰風木，少陰君火，少陽相火，太陰濕土，陽明燥金，太陽寒水。而六氣之客氣在配合三陰三陽後，還要與年支配合聯繫。《素問‧五運行大論》規定了六氣與年支的搭配次序：「子午之上，少陰主之；丑未之上，太陰主之；寅申之上，少陽主之；卯酉之上，陽明主之；辰戌之上，太陽主之；巳亥之上，厥陰主之。」〔註88〕上，指位於該年的司天之氣。意指年支逢子午之歲，少陰君火司天；年支逢丑未之歲，太陰濕土司天；年支逢寅申之歲，少陽相火司天；年支逢卯酉之歲，陽明燥金司天；年支逢辰戌之歲，太陽寒水司天；年支逢巳亥之歲，厥陰風木司天。故而年支、三陰三陽與六氣的搭配即如下表所示：

年支化三陰三陽六氣表

年支	子午	丑未	寅申	卯酉	辰戌	巳亥
三陰三陽	少陰	太陰	少陽	陽明	太陽	厥陰
六氣	君火	濕土	相火	燥金	寒水	風木

〔註87〕《黃帝內經素問》卷19《天元紀大論》，第369頁。
〔註88〕《黃帝內經素問》卷19《五運行大論》，第370頁。

至於年支、三陰三陽與六氣如此相配的理由為何，《玄珠密語·天元定化紀》有具體的解釋，此不詳論。〔註89〕概言之，十二支之所以這樣配六氣，是因為三陰三陽六氣有正化和對化之不同。所謂正化就是指生六氣本氣的一方。所謂對化就是指其對面受作用或相互影響的一方。本位是正化，與本位相對的就是對化。歸納來說，年支與三陰三陽六氣的搭配大體分為以下三類。第一類：子午少陰君火、卯酉陽明燥金。此二者皆以地支五行正位為正化，相沖之地支為對化。第二類：寅申少陽相火、巳亥厥陰風木。此二者因為地支五行正位已被佔用，故以生之五行地支（但非正位地支）為正化，與之相沖之地支為對化。

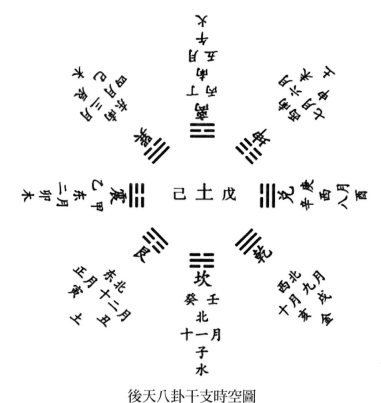

後天八卦干支時空圖

而我們要說的是第三類：丑未太陰濕土。此以後天八卦五行正位為正化，與之相對之八卦為對化。未與丑均為太陰濕土，其中未在西南方，對應坤卦方位。坤卦為土之正位，所以坤（未）為太陰濕土的正化。丑位東北方，對應艮

〔註89〕參見（唐）王冰著：《玄珠密語》卷3《天元定化紀》，選自《王冰醫學全書》，
太原：山西科學技術出版社，2012年，第371頁。

卦，與西南方未主太陰濕土相對，也成了太陰濕土之主，因此艮（丑）為太陰濕土的對化。王冰就是以後天八卦的相關理論來確定了年支逢丑未之歲，太陰濕土司天。

　　以上就是中醫思維中的八卦思維。我們會發現，不論是陰陽五行還是八卦，它們都很難用西方的科學概念去衡量。近百年來不斷有人提問，中醫科學嗎？我們可以肯定地回答，中醫不是西方人所謂科學。因為中醫有自己獨特的思維方式，這種思維方式深植於中國傳統哲學思維上，與近代以來西方的科學的內涵並不吻合。因此造成當代中醫的兩方面的發展方向，一是中醫需要現代化與科學化，需要引進西方科學的先進思維與成果不斷完善自身；二是中醫應辨證性地堅持自身獨特的思維，因為這是我們的傳統醫學流傳千年而不衰的根本。

第三章　秦漢醫學史

秦—三國（前 221～265）

第一節　漢代醫學的建立

一、中醫為何在此時形成

　　中醫在此時形成，並不是一個偶然，而是與先秦時期中國元典文化的形成有著密切的關係。先秦時期，是中國元典文化形成時期。諸子百家競相爭鳴。儒家、道家、法家、墨家、陰陽家等的出現，成為後世中國傳統文化中各學科之濫觴。漢代以後，各學科都在積極吸收先秦元典文化的基礎上形成自己學科體系。中醫在這一時期也不例外，它在充分吸收先秦醫學、哲學、科學等文化的基礎上，逐步形成了自己獨特的理論體系，至東漢末年而終於理法方藥皆俱完備。故而當我們擴大學術視野、跳出中醫一家時，會不再提問為什麼中醫在此時形成，而是將這個問題擴大為，為什麼中國的傳統學科都在這一時期形成？即中醫的形成不是一個個案，它只是眾多傳統學科形成大背景下的產物。

　　但若我們再進一步探究：中國的元典文化為何在先秦時期形成？是不是中國的元典文化的形成也是一個偶然呢？要回答這個問題，恐怕需要我們跳出中國歷史的視閾，放眼世界史尋求答案了。上世紀中葉德國哲學家卡爾·亞斯貝斯（Karl Jaspers）在其名著《論歷史的起源與目標》中首次提到「軸心時代」的概念。在書中，他指出公元前 800 至前 200 年間，是人類文明的「軸心時代」。在當時的北緯 30 度左右的地區，人類文明精神取得重大突破，至今都無法超越，未來也不可能超越。春秋戰國時期的元典文明，放到世界史來說就

是軸心時代的文明。在軸心時代裏，一些主要文明幾乎同時出現了偉大的精神導師——古希臘有蘇格拉底（生於公元前 469 年）、柏拉圖（生於公元前 427年）、亞里士多德（生於公元前 384 年），以色列有猶太教的先知們，古印度有釋迦牟尼（生於公元前 565 年），中國有孔子（生於公元前 551 年）、老子（約生於公元前 571 年）……他們提出的思想原則塑造了不同的文化傳統，共同構成人類文明的精神基礎，直到今天，人類仍然附著在這種基礎之上。

《論歷史的起源與目標》書影

歷史證明，軸心時代的經歷對於一個民族的生命力的強弱起著重要的影響。大凡歷經軸心時代的國家和民族，在後來的歷史歲月中多頑強地生存下來，如古代中國，歷經兩千多年的風雨、數次亡國，但至今仍屹立於世界的東方。其文化傳承更是數千年來延綿不絕；又如古代猶太人，雖兩千年前其國即亡，人民流落世界各地，但是期間猶太人頑強地在世界各地生根發芽，並未被其他民族所同化，反而以其獨特文化影響著世界。二戰結束後，應著風雲際會，猶太人竟重新建立起以色列國。這樣的民族文化史更彰顯出軸心時代對一個民族的深刻影響。

而那些沒有進入軸心時代的古文明，如古代巴比倫文明、古代埃及文明，雖然也曾經窮極輝煌，但是都難以擺脫文化滅絕的命運，乃至於今成為文化的

化石。打一個比喻，這就好比人在生長發育的過程中，可能有的人發育極早，很早就學會了說話、走路、讀書認字，而有的人這些方面的發育啟蒙可能稍微晚一點，後來慢慢才學會。隨後大家就來到一個關鍵的時間點──青春期。無論一個人發育的早晚，只要青春期發育正常，就仍會是一個健康的成人。但如果一個人沒有步入青春期的話，那麼這個人就沒有長大成人。古代巴比倫文明、古代埃及文明，便是沒有步入青春期的文明。它們沒有性成熟的經歷，其文明最終萎縮死亡，最終只留下文明的殘骸。

軸心時代的醫學，西方以泰勒斯、亞里士多德、蓋倫及其團隊為代表。泰勒斯是「科學和哲學之祖」，開創了物質的構成研究。亞里士多德作出了遺傳學的偉大貢獻。蓋倫是最早研究人體的古希臘醫生，其解剖學著作是《醫經》，對血液運行、神經分布及內臟器官都有較詳細而具體的敘述。蓋倫的思想則統治醫學界一千年。而在中國，以《黃帝內經》和扁鵲學派為代表，中醫學的理論的框架與基石初步奠定。軸心時代中西醫學均取得重大突破。從這個角度而言，先秦諸子百家爭鳴的元典文化的出現，正是中國軸心時代到來的表現。在軸心時代的背景下，中國醫學文明的體系逐漸確立。

二、漢代醫學起源之迷

長期以來，直至近現代，我們的醫家、學者都認為中醫四大經典的其中三部《內經》《難經》《神農本草經》都是先秦時期的著作（最後一部《傷寒雜病論》因著者張仲景的歷史身份原因，自然不能提前）。比如陳邦賢 1919 年撰成的第一部《中國醫學史》，民國時期謝觀撰寫的《中國醫學源流論》都認為如此。這種觀點的長期盛行，就使兩漢時期醫學史幾乎一片空白。翻閱文獻，除了漢初淳于意的最早醫案和東漢末年雙子星座華佗、張仲景以及最後一部經典《傷寒雜病論》，我們幾乎看不到兩漢四百年醫學有何作為。即便是建國後發掘出馬王堆漢墓醫書等重要文獻，我們能看到的漢代醫學成就也不過爾爾。其距離《內》、《難》等名著水平相距甚遠。

秦漢醫學留給後人重重疑點。比如說最早的中醫醫案《倉公診籍》，是漢初淳于義所記錄下的 25 則醫案，其成書於漢文帝時期。後世的司馬遷將之完整錄入《史記》中。有賴於此，我們能得以全覽漢文帝時期名醫的醫案。如果說四大經典中三部都是在西漢初年就已經誕生了，那麼彼時的中醫的理論水平顯然已經非常高了。然而通過對比我們卻發現，《史記》裏面所記載的淳于

意的醫學水平遠遜於《內》《難》的水平。當然人們可以藉口司馬遷只是一位史學家，不懂醫學，所以選取材料未必適當。但即便如此，漢文帝時期名醫的水平應不至於低至此，否則，其何以在當時憑藉醫術暴得大名？而更詭異的是，司馬遷在《史記》中沒有提及另外三部經典一個字。厚此薄彼至此，顯然已經不是司馬遷不懂醫學而選材有誤所可以解釋的了。這是漢初醫學迷案之一。

又比如，經絡學說奠基於此時。在馬王堆等醫書發現之前，最早的經絡學說著作長期以來被認為是《黃帝內經》中的《靈樞‧經脈》。其所闡釋的理論成為今日醫學院校學生學習的經絡學說內容的主要構成。其中包含的一些內容可以用神經學說解釋，一部分又好似血管，但是大部分內容尚無法用現代科學知識解釋。如果《靈樞‧經脈》連同母體《黃帝內經》早在漢初業已成書，那麼此說在漢初顯然已經相當成熟。然而先秦時期之文獻，幾乎未曾提及過經絡概念。如此，這一學說是如何一步步形成的，便成為長期爭執的話題。從唯物辨證主義角度而言，《靈樞‧經脈》也必不是一兩聖人一蹴而就，而是長久理論臨床共同作用的產物。那麼《靈樞‧經脈》顯然不可能是經絡學說的源頭。經絡學說作為中國醫學的重要組成部分，始終充滿著神秘感。我們至今也未搞清經絡學說是如何逐步誕生出來的，以及其實質。這是漢代醫學迷案之二。

再比如，在諸漢墓出土醫書發現之前，公認的最早的方劑學著作《傷寒雜病論》，其所呈現的經方，出現於東漢末年。其療效一直為後人津津樂道，其配伍法則一直為後世遵循。經方療效之顯著，配伍之縝密，必是臨床多年總結而來。以至於1800年後，中醫人尚奉之為眾方之祖，要求習者誦讀不已，乃至全文背誦。但是這些經方是如何確定的，我們其實也是不得而知。考慮到後世名醫終其一生也不過發明傳世經方數首，則張仲景如何憑藉一己之力，在其短短一生發明300首左右的經方？這是漢代醫學迷案之三。

按照這一理路分析，秦漢醫學給人的總體印象是，中醫基礎理論在先秦時已趨於完備。而後來漢初馬王堆漢墓及張家山漢墓等醫書反映出的醫學水平和《史記》中淳于意的25則醫案一樣，都遠遜於《內》、《難》等著作。似乎後來一千餘年的醫學發展都處在停滯階段，直至宋代以後才有新的起色。正是基於此種認識，所以1980年，以杜石然為首的學術團隊在撰述中國古代科學史時，意外得出這樣一個結論，就是先秦時期的醫學相對於其他科學是超前發

展的。蓋因如上文所言，其他學科體系的誕生多在漢武帝以後，而中醫學科體系基本成熟在漢代之前。究竟是什麼原因使得古代醫學能夠超前發展呢？從科技史的常識來講，醫學的發展與其他科學的發展進度應該是一致的。所謂的超前發展並非客觀實際，而是歷史層累地造成的結果。

於是改革開放以來的醫學史教材，多將《內經》成書時間下降至戰國至西漢；《難經》、《神農本草經》成書時間下降至東漢。這種說法，直至今天幾成定論。而當我們結合相關史料與科研成果，重新審視諸漢墓出土醫書時，會發現兩漢醫學史既非前人想像的那麼簡單，也非後人渲染的如此神秘。這就是秦漢醫學留給後人最迷人的地方。歷經 2000 年，其文明也能透過重重迷霧發出耀眼光輝。我們由衷驚歎祖先傑出的成就。

第二節　諸漢墓出土醫書

一、馬王堆漢墓醫書

（一）馬王堆漢墓醫書的歷史價值

1973 年，湖南長沙馬王堆三號漢墓出土大量竹木簡帛醫書。這些醫書都是前所未見，都無書名。整理小組最後定名為：《足臂十一脈灸經》、《陰陽十一脈灸經》甲乙本、《五十二病方》、《導引圖》、《脈法》、《陰陽脈死候》、《卻穀食氣》、《養生方》、《雜療方》、《胎產書》、《十問》、《合陰陽》、《雜禁方》、《天下至道談》。

馬王堆醫書的出土，對於秦漢醫學史的研究具有重大意義。在此之前，兩漢時期的醫學史料除了東漢末年稍顯豐富外，幾乎空白。僅有的《扁鵲倉公列傳》裏提到的 25 則醫案「倉公診籍」，反給後人留下當時醫學水平之低，與三大經典水平絕不相符的印象。而馬王堆醫書的出土，驗證了漢初醫學水平低下的真實性，不僅使我們對當時真實的醫學水平有了更具體瞭解，而且也間接論證了世人所謂三大經典成書於漢初的虛假性。馬王堆醫書內容涉及醫學領域諸多方面。西漢末年劉向、劉歆父子撰成的《七略》中「方技略」提到的「醫經、經方、房中、神仙」四大領域，基本上都被馬王堆漢墓醫書涵蓋了。

作為王國丞相家族陪葬的醫書，馬王堆漢墓醫書的醫學水平之高，足以代表當時最高的醫學水平。客觀來講，馬王堆醫書水平與同時期的淳于意的 25 則醫案一樣，都不能和《內》、《難》相提並論。這倒不是因為馬王堆醫書是成

書於先秦的醫家雜書。事實上，不論這些醫書成書於何時——秦代也好，春秋戰國也好，甚至更古老年代也好，我們都要知道這些書直至墓主人下葬之時（前168），還是當時盛行的醫經、經方、房中、神仙之書。從馬王堆一號漢墓辛追夫人墓中出土的眾多文物中，後人可以強烈感知到漢朝人視死如生的觀念。墓主人出於死後在另一個世界使用的需要，是不會隨葬一些無用廢書的。這些隨葬醫書，必是當年使用頻率甚高的書籍。因而，這些隨葬的醫書是能夠代表漢初的最高醫學水平的。

以往一些學者想當然地認為，長沙國地處偏遠，不及中原地區醫學發達，其所隨葬醫書未必為當時最高水平醫書。這也就是為何馬王堆醫書遠遜於《內》、《難》等經典著作的原因。這種說法看似有一定道理，其實不然。錢穆提到西漢時期「中朝儉，王國奢侈」。可以說在漢武之前，諸侯國文化的發展不亞於中央。特別是一些諸侯王，對於文化的熱愛，直接促成了當時文化在地方上的繁榮。這種繁榮，甚至是中央無法比擬的。

> 惟漢室初尚黃老無為，【此乃代表一時民眾之心理要求。】繼主申韓法律，【既主黃老無為，則勢必因循秦舊，乃至以法為治。】學問文章非所重，【平民政府不注意學術，為當時歷史演進一頓挫。】學術尚未到自生自長的地位，【至文帝時，始下求書之詔。其時則古文六經之學，不免因亂衰微，有所缺失。】於是遊仕食客散走於封建諸王間，以辭賦導獎奢侈，以縱橫捭闔是非，【辭賦、縱橫本屬一家。辭賦又兼神仙。安居奢侈則為神仙，雄心闊意則務縱橫。】依然是走的破壞統一的路。文學之與商賈、遊俠，同樣為統一政府之反動。

> 漢初諸王招致遊士，最先稱盛者如吳王濞，有鄒陽、【齊人。】嚴忌、枚乘【吳人。】諸人。吳既敗，繼起者為梁孝王，鄒、枚諸人皆去吳歸梁。又有羊勝、公孫詭【皆齊人。】之屬。【司馬相如亦去中朝而來梁。】再下則有淮南王安，招致賓客方術士數千人，著淮南王書，已在武帝世。此為南方之一系，大抵皆辭賦、縱橫文辯之士也。曹參相齊，召齊諸儒以百數，而得蓋公。景、武之間，有河間獻王德，盛招經術士，多得古文舊書。蓋河間偏重於古官書之學，而淮南則慕百家言，南北兩王國，正分得先秦學統之兩系。〔註1〕

〔註1〕錢穆著：《國史大綱》，北京：商務印書館，1996年，第142頁。

河間獻王德以孝景前二年立，修學好古，實事求是。從民得善書，必為好寫與之，留其真，加金帛賜以招之。繇是四方道術之人不遠千里，或有先祖舊書，多奉以奏獻王者，故得書多，與漢朝等。是時，淮南王安亦好書，所招致率多浮辯。獻王所得書皆古文先秦舊書，《周官》、《尚書》、《禮》、《禮記》、《孟子》、《老子》之屬，皆經傳說記，七十子之徒所論。其學舉六藝，立《毛氏詩》、《左氏春秋》博士。修禮樂，被服儒術，造次必於儒者。山東諸儒多從而遊。〔註2〕

漢初政治，從漢高祖到文景，推行無為簡儉之治。文化在中央也顯得缺乏生機。王國則不然，他們不必像中央操心國民生計、邊疆征戰，可以一心經營墓地、宮殿建設，招賢納士、進行文化整理創造工作。河間王劉德招賢納士、徵集書籍之策，使得天下道術之人不遠千里前往投奔；淮南王劉安的門客編寫的《淮南子》則是漢初學術界的代表之作；而馬王堆漢墓的主人、長沙國丞相家族所擁有的書籍之豐富，也證明了這一點。所以說，這一時期的文化繁榮，包括醫學發展，地方甚至勝於中央。再加上墓主人身份地位之高，其所隨葬的物品（包括醫書），應是當世一流水準。

（二）《足臂》、《陰陽》

以下我們分別論述《足臂十一脈灸經》（以下簡稱《足臂》）、《陰陽十一脈灸經》（以下簡稱《陰陽》）、《五十二病方》三篇文獻的歷史價值。〔註3〕

《足臂》、《陰陽》列舉了人體11條經脈的循行走向，所主疾病與灸法，是我國最早有關經絡學說和灸治法的文獻。在馬王堆醫書出土之前，學術界一直認為《黃帝內經》中的《靈樞·經脈》才是經脈學說最早的文獻。《足臂》、《陰陽》和《靈樞·經脈》篇相比，無論從內容到詞句，均有許多相同之處，說明它們之間存在某種血緣關係。《足臂》、《陰陽》與《靈樞·經脈》作對照分析，有著由簡到繁、從不完善到逐漸周密完善的趨勢。這種趨勢，清楚地顯示了經絡學說由《足臂》到《陰陽》，再到《靈樞·經脈》的演變痕跡，

〔註2〕　（漢）班固撰、（唐）顏師古注：《漢書》卷53《河間獻王傳》，北京：中華書局，1962年，第2410頁。

〔註3〕　以下關於《足臂十一脈灸經》、《陰陽十一脈灸經》、《五十二病方》的介紹，主要參照自何介鈞、張維明編寫：《馬王堆漢墓》（北京：文物出版社，1982年，第111～117頁），嚴健民著：《中國醫學起源新論》（北京：北京科學技術出版社，1999年，第180～193頁），廖育群著：《岐黃醫道》（海口：海南出版社，2008年，第165、166頁），以及湖南省博物館官網。

代表了經脈學說在其早期形成過程中三個不同的發展階段。因此，可以認為《足臂》、《陰陽》是《靈樞‧經脈》的祖本。

與《靈樞‧經脈》相比，兩部脈灸經只記載了十一條經脈，少了一條手厥陰心包經。這與《靈樞‧陰陽繫日月》是一樣的。《靈樞‧陰陽繫日月》講到足部為三陰、三陽，手部則只有二陰、三陽，沒有手厥陰之脈。這進一步證明早期經絡學說應該就是十一條，缺少手厥陰心包經。從「寅者，正月之生陽也」這句話中，可以判斷出《靈樞‧陰陽繫日月》乃是漢武帝太初元年（前104）朝廷頒布太初曆之後成書的文獻。由此可見，十一正經之說直至漢武帝時尚大行其道。這也進一步證實了經脈學說成熟之晚，遠非後人揣測的那樣神秘早熟。

至於漢初經絡為何只有十一條，少手厥陰心包經，今人認為可能是因為人有五臟六腑，合而為十一，後人增添心包，才有十二臟。因為每一臟腑連一經絡，故早期只有十一條經絡，獨缺與心包相對應的經絡。但是仔細分析兩部脈灸經，我們發現其並不似《靈樞‧經脈》所載十二經脈均與臟腑有聯繫。《足臂》、《陰陽》文中經絡與臟腑並未有什麼必然聯繫。這一點也已為當下教材所承認。既如此，那麼漢初經絡只有十一條的原因，顯然不是單單因為五臟六腑的數量制約。廖育群指出，中醫多以奇數為陰，偶數為陽。《素問》中「五臟六腑」、《漢書藝文志》「經方類」之「五苦六辛」等概念均如是。蓋臟為陰而腑為陽，「辛甘發散為陽，酸苦湧泄為陰」。醫學中的這一術數觀念與易學中奇數為陽，偶數為陰的習慣正好相反。〔註4〕馬王堆漢墓中的《足臂》、《陰陽》及《黃帝內經》中的《靈樞‧陰陽繫日月》，所載經脈數目均為陽經六，陰經五，同樣是陽六陰五這一規律的反映。另如《國語》中有「天六地五，數之常也」；《左傳》中醫和曾言：「天有六氣，降生五味，發為五色，徵為五聲，淫生六疾。六氣曰陰、陽、風、雨、晦、明也。分為四時，序為五節，過則為災。」這些也都是先秦時期陽六陰五術數習俗的例證。總之，我們不能簡單地將「十一」這個數字視為當時經脈系統尚未完善，甚或臟腑系統尚未完善的證據。〔註5〕

〔註4〕易學體系中數字的陰陽概念是奇數為陽，偶數為陰。如《周易‧繫辭傳》言：「天一地二，天三第四，天五地六，天七地八，天九地十。天數五，地數五，五位相得而各有合；天數二十有五，地數三十，凡天地之數五十有五。」其中由奇數構成的天數是陽數，由偶數構成的地數是陰數。

〔註5〕廖育群著：《岐黃醫道》，第165、166頁。

　　後世經絡學說中的三分陰陽，這種分法在中國先秦文化中幾乎是看不到的。有人認為三陰三陽說，應來自《易經》裏的三男三女說。《周易‧說卦傳》：「乾，天也，故稱乎父；坤，地也，故稱乎母；震一索而得男，故謂之長男；巽一索而得女，故謂之長女；坎再索而得男，故謂之中男；離再索而得女，故謂之中女；艮三索而得男，故謂之少男；兌三索而得女，故謂之少女。」〔註6〕但是此三陰三陽概念和醫學理論之三陰三陽概念沒有共通之處。所以我們大體可以認為，醫學中三陰三陽配經脈的用法，與四時陰陽、易學體系都沒有直接聯繫。這個三陰三陽概念最初只是應用於經脈學說體系，並影響了後世張仲景的六經辨證與中醫運氣學的六氣說。

帛書《足臂十一脈灸經》（局部）〔註7〕

〔註6〕黃壽祺、張善文撰：《周易譯注》卷10《說卦傳》，第437、438頁。
〔註7〕圖片轉引自湖南省博物館官網，網址 http://www.hnmuseum.com/sites/default/files/statics/museum_exhibition/src/indexpc.html?albumid=59320444401143FCBE4DEA3CEC709FD6。最後一次訪問時間為2022年4月6日。

帛書《陰陽十一脈灸經》乙本（局部）〔註8〕

〔註 8〕圖片轉引自湖南省博物館官網，網址 http://61.187.53.122/collection.aspx?id=
1284&lang=zh-CN。最後一次訪問時間為 2022 年 4 月 5 日。

　　《足臂》、《陰陽》列舉的人體 11 條經脈之間沒有相互銜接的關係。這與今日中醫經絡的分布大相徑庭。如《陰陽》記述足鉅陽脈、足少陽脈、足陽明脈、肩脈、耳脈、齒脈、足太陰脈、足厥陰脈、足少陰脈、臂鉅陽脈、臂少陰脈等十一脈循行路線，其脈之循行方向較《足臂》類似，脈與脈之間尚沒有相互銜接之聯繫。而《靈樞・經脈》所載十二條經脈循行走向很有規律，簡單地說是「手之三陰，從臟走手；手之三陽，從手走頭；足之三陽，從頭走足；足之三陰，從足走腹」〔註9〕，並且各經相互銜接，如環無端。

　　此外，與《靈樞・經脈》相比，兩部脈灸經所載十一條經脈循行走向除了大體具有向心性外，幾無規律可循。當代學者認為，《足臂》《陰陽》向心性循行的理論依據，依賴於古人對靜脈血液流向的認識過程。「經絡路線圖……早已有作為經絡系統雛形的血管系統原型——足臂、陰陽十一脈循行路線（主要指示靜脈的循行路線）的明確記載。……理應把它認作提出經絡路線圖的主要依據。」〔註10〕《足臂》《陰陽》中的經脈循行方向，是依四肢浮見於皮表之下的靜脈為基礎論述的。當時的理論創立者們在「捫而循之」、「推而按之」的時候，很可能用一手指將充盈的靜脈向上（向心方向）推去，被推過的靜脈看不出明顯的空虛，提起手指，也看不出明顯的充盈。但是，當他們將靜脈向下（離心方向）推去時，因為靜脈瓣控制血液反向流動，被推過的靜脈空虛狀明顯，提起手指，可見血液很快從遠端向上沖去。醫家們的這一行為不僅恰好證明了靜脈存在瓣膜，而且促成了《足臂》《陰陽》經脈向心性循行的理論依據。

　　以上這些，都說明與理論高度完美的《靈樞・經脈》相比，《足臂》、《陰陽》尚處於經絡學說早期形成的階段。

（三）《五十二病方》

　　《五十二病方》是一種久已亡佚的醫方專著，也是迄今為止我國已發現的最早的古醫方書。醫方中，以藥物療法為主，也有灸法、砭石及外科手術割治等。在其發現之前，長久以來我們認可的最早的方劑學著作是東漢末年張仲景的《傷寒雜病論》。但與《靈樞・經脈》因經絡學說的完備而難以被視為經絡學說的祖本一樣，《傷寒雜病論》也因其方劑學之傑出成就而難以作為方劑學的祖本。因此，《五十二病方》的出現為世人探索方劑學的早期發展歷史開啟了新的大門。該書原沒有書名，因其目錄列有 52 種病名，以及有「凡五十

〔註 9〕　《靈樞經》卷 6《逆順肥瘦第三十八》，第 85 頁。
〔註 10〕　何宗禹：《馬王堆醫書中有關經絡問題的研究》，《中國針灸》，1982 年第 5 期。

二」字樣而被整理者命名為《五十二病方》。全書記載 52 類（今實存 45 類）疾病，內容涉及內、外、婦、兒、五官等各科。其中記載最多的是外科疾病，諸如外傷、癰疽、腫瘤、皮膚病、痔瘡等。現存醫方 280 個（估計原數在 300 個以上），用藥達 247 種。在記載完整的 189 方中，用單味藥的 110 方（占比 58.2%），2 味藥的 45 方（占比 23.8%），3 味藥的 21 方（占比 11.1%），4 味藥 4 方（占比 2.1%），5 味藥 4 方（占比 2.1%），6 味藥 3 方（占比 1.6%）等等。另外，也出現了針對不同病調整各味藥物比例的記載，可以看作是早期的辨證施治觀念的萌芽。這裡值得注意的是，《五十二病方》所載方劑幾以單味藥為主，四味藥以上的配方僅占全部方劑數量的 5.8%。這從一個方面說明漢初方劑學水平尚處於早期探索的階段。

帛書《五十二病方》（局部）〔註 11〕

〔註 11〕圖片轉引自湖南省博物館官網，網址 http://www.hnmuseum.com/sites/default/files/statics/museum_exhibition/src/indexpc.html?albumid=59320444401143FCB E4DEA3CEC709FD6。最後一次訪問時間為 2022 年 4 月 6 日。

相較於其方劑水平的低下，《五十二病方》的外科（含傷科、皮膚科）疾病及方治所佔比例最大（70%以上），其成就也最為突出。文中所載一例內痔環切手術至今讀來令人不禁拍案叫絕：

> 巢塞直者，殺狗，取其脬，以穿籥，入直中，吹之，引出。徐
> 以刀劙去其巢，治黃芩而屢傅之，人州出不可入者，以膏膏出者而
> 倒懸其人，以寒水淺其心腹，入矣。〔註12〕

這是中醫 2000 年前治療內痔的一個環切術。術中先殺狗取其膀胱，而後取竹筒插入膀胱內，繼而將膀胱連同竹筒插入人的直腸內，再令一人對準竹筒另一端吹氣，直至將膀胱吹鼓，令直腸內壓強增大。隨後緩緩取出竹筒、膀胱，內痔也連同膀胱一併被牽引出來，最後用刀割去內痔，並敷以藥膏。手術至此已基本完成。歷版教材也均引述至此。但實則後續手術對脫肛情況的處理亦令人拍案叫絕。內痔牽引出而不能復位者，醫者將其頭朝下倒懸，再以寒水潑倒患者心腹部。患者應激之下，肛門必收縮，如此內痔創口復位。

西方直至十九世紀才由一個叫懷特的人發明環切術治療內痔。但是我們的祖先，在兩千多年前就已經在臨床上做這一手術了。雖然醫療器械比起十九世紀要落後不少，但是我們的環切術構思對比西方甚至還要高明一些。遺憾的是，如此構思精巧的手術在之後的兩千年裏卻幾不為人知。聯想到此後外科手術連同華佗等外科醫生在中醫史的尷尬地位，中醫外科的發展不免令人唏噓。

《五十二病方》比較真實地反映了西漢初期臨床醫學和方藥學的發展水平。該書是古代勞動人民長期與疾病鬥爭積累起來的寶貴經驗的總結，在中國醫學史上，尤其是在方藥學和外科學史上有著重要的地位和研究價值。

在諸漢墓出土醫書中，馬王堆漢墓醫書佔有舉足輕重的地位，其對早期中國醫學史的改寫也最為深刻。廖育群認為：「毫無疑問，馬王堆醫書對研究我國傳統醫學從經驗醫學向理論醫學的過渡、早期經脈學說體系的建立、灸法與針法的使用、藥物治療法的演變、養生學的發展等等均有至關重要的價值，提供了最為寶貴的可靠資料。」〔註13〕日本學者山田慶兒指出：「馬王堆醫書的發現，真可以比喻為在漆黑的房間的牆壁上突然打開了一個小窗戶。直接射入的不過是一小束光，但當眼睛習慣後，就能逐漸看清屋內散亂的東

〔註12〕魏啟鵬、胡翔驊撰：《馬王堆漢墓醫書校釋》（壹），成都：成都出版社，1992年，第 112 頁。

〔註13〕廖育群著：《岐黃醫道》，第 17 頁。

西，並可以進行整理。借助馬王堆醫書之光，可以逐漸看清中國醫學的起源及其形成過程。」〔註14〕

二、江陵張家山漢墓醫書、武威漢墓醫書

江陵張家山漢墓的下葬時間和馬王堆漢墓基本是在同一時期，地點亦相距不遠，而且兩個墓葬發掘的醫書或有聯繫，或展現出近似的水平。因此將兩處墓葬醫書進行對比研究，更能令後人探析西漢初年醫學發展概況。

江陵張家山漢墓出土的竹簡《脈書》，其內容大體與《陰陽十一脈灸經》、《脈法》、《陰陽脈死候》三種帛書內容相當。《脈書》亦可看作是《靈樞‧經脈》的另一祖本。《脈書》的出土，進一步佐證了《足臂》、《陰陽》在當時的醫學價值，證明了早期經脈學說真實的發展水平。此外，《脈書》論述了67種疾病的名稱及簡要症狀，涉及內、外、婦、兒、五官科病證，有些病名如醉、浸、澆、殿等，是馬王堆醫書和《黃帝內經》未收載的。《脈書》因此也是我國現存最早的疾病證候學專論。

武威漢墓，是東漢早期一位普通醫生的墓葬，上距馬王堆漢墓、張家山漢墓下葬時間約200年。作為邊遠地區的醫生墓葬，其出土的《治百病方》或不如馬王堆漢墓醫書和江陵張家山漢墓醫書般，代表當時醫學的最高水平，但是《治百病方》應能反映出東漢早期社會一般醫學水平。《治百病方》保存了比較完整的醫方30餘個，方中涉及藥物約100味。它詳細記載了病名、症狀、藥物劑量、製藥方法、服藥時間，以及不同的用藥方式。這些醫方，已經體現了辨證論治思想。如對外感和內傷病進行區別，並且運用不同的治法。書中也有同病異治、異病同治，以及根據疾病症狀的不同調整用藥分量的方法。書中以複方為主，每方少則2、3味藥，多的達15味以上，可見當時對中藥在複方中的複雜性能已經有所掌握。藥物劑型有湯、散、丸、膏、醴等不同類型，並以酒、米汁、豆汁、酢漿等多種飲料作為引子。從中可見，《治百病方》在藥物學、方劑學方面均達到相當的水平。

較之馬王堆漢墓醫書《五十二病方》中的189個醫方，《治百病方》中醫方水平有了顯著提高。這說明經過兩個世紀的發展，漢代方劑學水平有了突飛猛進的提高。而由此下推一個半世紀，正是漢末張仲景《傷寒雜病論》成書年

〔註14〕引自山田慶兒1990年9月25日在接受中國科學院自然科學史研究所名譽教授聘任式上的講演報告《中國醫學的歷史與理論》，原文不及見，轉引自廖育群著：《岐黃醫道》，第17頁。

限。可以大膽設想，西漢時期快速推進的方劑學，再經過東漢時期一個半世紀的發展，至東漢末年，必將迎來更大的進步。彼時社會上方劑學水平必將更上一層樓，為漢末經方的大量誕生奠定堅實的基礎。這或可解釋漢末張仲景的經方的誕生並非空穴來風，而是張仲景本人根據時下經方加減裁定而成。

西漢初年	東漢初年	東漢末年
·《五十二病方》	·《治百病方》	·《傷寒雜病論》

兩漢時期方劑學發展座標圖

第三節　《黃帝內經》成書的歷史背景

　　《黃帝內經》的形成，必待以下三點的成熟。一是醫療實踐的觀察和驗證，二是古代哲學思想的影響，三是古代自然科學技術的滲透。第一點中，解剖學基礎的具備尤為引人注意。第二、三點則可並為一談，蓋因中國古代學科分類非如今日分科甚明。古代哲學思想與自然科學往往糾纏不清。

一、解剖學的發展

　　先秦時期，由於人祭的發達，解剖學已經有所發展。在此基礎上人們對人體的認識逐漸深入。《呂氏春秋》卷 23《貴直論·過理》講到紂王對人體結構的興趣，「截涉者脛而視其髓」，「剖孕婦而觀其化」，「殺比干而觀其心」……〔註15〕如果拋去感情好惡，那麼紂王堪為古史記載的第一位解剖學愛好者。顧頡剛先生在《紂惡七十事的發生次第》中，不惜筆墨列舉了東周以降列朝列代對紂王惡行的記錄。其中不乏紂王解剖活人或加工人肉的記載。〔註16〕雖然「三代之善，千歲之積譽也；桀紂之謗，千歲之積毀也」，後人往往將商族的血腥惡行集中到紂王一人身上，但是古人的記載即使充滿感情的想像力，依然有其憑依的史實。我們把目光投向殷墟和商代甲骨文上，會發現商代人體解剖活動的頻繁實出後世中國之想像。從出土的商王陵區人祭場和甲骨文的相關記載可知，商王在盛大祭祀中一次宰殺的人牲數量在三千名以上。人牲獻祭的方式有多種，多經過解剖，如有將人牲掏空內臟後，對半剖開來獻祭的

〔註15〕陳奇猷校釋：《呂氏春秋校釋》卷 23《過理》，第 1559 頁。
〔註16〕顧頡剛：《紂惡七十事的發生次第》，《古史辨》（第二冊），上海：上海古籍出版社，1981 年，第 82～93 頁。

卯祭；又有用人牲的特殊部位如內臟、頭顱來獻祭的專門人祭。頻繁盛大的
人祭活動以及種類繁多的人牲獻祭方式，促使商朝的人體解剖異常發達。這
種時代背景下，對這些屍體進行解剖研究不會有任何輿論阻力，甚至不排除有
活體解剖的可能性。在這樣一個血腥的社會中，商代較之後代擁有更為發達的
解剖學，也就在情理之中。〔註17〕

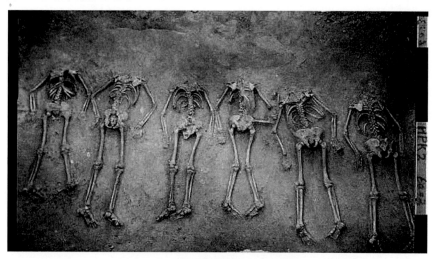

1930年代殷墟發掘時的照片

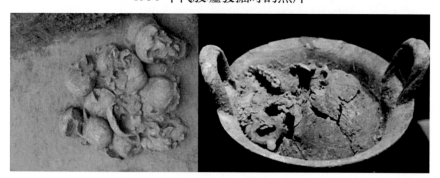

商代人殉坑及盛有蒸熟人頭的青銅甗〔註18〕

〔註17〕據不完全統計，甲骨文裏有關「人牲」的祭祀人數為14197人，其中僅武丁在
位的59年裏，祭祀用人數就高達9021人。武丁是商代最大量使用「人牲」
的君王，他一次用上百個僕役和羌奴作人祭的記錄在卜辭中非常多見。在武
丁之後，祭祀使用「人牲」的數量逐漸減少。從考古挖掘的證據看，商朝並不
是一開始就流行大規模祭祀，早商、中商有使用『人牲』，但規模不如晚商，
晚商規模巨大的祭祀又集中在武丁王時期。到了最後一任君主紂王時期，其
實已經基本上廢除了用人祭祀，哪怕有，每次的規模也是個位數。

〔註18〕在殷墟博物館青銅器展廊裏，有兩件裝有人類頭骨的青銅甗。兩件青銅甗均

戰國時期，《列子·湯問》則從非醫學角度向後人展示出彼時解剖學知識在社會的普及程度：

> 周穆王西巡狩，越崑崙，不至弇山。反還，未及中國，道有獻
> 工人名偃師。穆王薦之，問曰：「若有何能？」偃師曰：「臣唯命所
> 試。然臣已有所造，願王先觀之。」穆王曰：「日以俱來，吾與若俱
> 觀之。」翌日偃師謁見王。王薦之，曰：「若與偕來者何人邪？」對
> 曰：「臣之所造能倡者。」穆王驚視之，趨步俯仰，信人也。巧夫！
> 領其顱，則歌合律；捧其手，則舞應節。千變萬化，惟意所適。王
> 以為實人也，與盛姬內御並觀之。技將終，倡者瞬其目而招王之左
> 右侍妾。王大怒，立欲誅偃師。偃師大懾，立剖散倡者以示王，皆
> 傅會革、木、膠、漆、白、黑、丹、青之所為。王諦料之，內則肝
> 膽、心肺、脾腎、腸胃，外則筋骨、支節、皮毛、齒髮，皆假物也，
> 而無不畢具者。合會復如初見。王試廢其心，則口不能言；廢其肝，
> 則目不能視；廢其腎，則足不能步。穆王始悅而歎曰：「人之巧乃可
> 與造化者同功乎？」詔貳車載之以歸。〔註19〕

周穆王從西域視察返回，越過崑崙山，尚未到達中原地區時，有匠人偃師自願奉獻技藝給穆王。第二天，偃師拜見穆王，並奉上其所造的能唱歌跳舞的機器人。穆王驚奇地看著機器人，只見機器人行走俯仰，和真人一樣。偃師搖它的頭，它便唱出了符合樂律的歌；偃師捧它的手，它便跳起了符合節拍的舞。穆王以為是個真人，便叫後宮姬妾及宮內待御一起來觀看機器人歌舞表演。表演很成功，但是在表演快要結束的時候，不知是程序設定還是興之所至，那個機器人突然向穆王的姬妾拋媚眼和招手。穆王大怒，立刻要殺偃師。偃師十分害怕，連忙剖開機器人身體讓穆王看，原來機器人都是用皮革、木料、膠水、油漆、黑粉、紅粉、青粉等材料湊合起來的，穆王仔細察看，機器人體內的肝、膽、心、肺、脾、腎、腸、胃，體外的筋骨、四肢、骨節、皮膚、汗毛、牙齒、頭髮等，全是假的，但卻沒有不具備的。穆王接著做了一個小實驗。他試探著拿走它的心，機器人的嘴便不能再說話；拿走它的肝，機器人的眼睛便不能再看東西；拿走它的腎，機器人的腳便不能再走路。

出土於安陽殷墟。一件發掘於 1984 年，另一件發掘於 1999 年。這兩件青銅
甗成為有關殷商人牲文化的形象代表。

〔註19〕　（戰國）列禦寇撰：《列子》卷 5《湯問》，北京：中國書店，2019 年，第 140
～142 頁。

偃師為周穆王解剖倡者

　　以上當然是一個近乎於科幻的文學情節，然而文中所展示的細節卻不經意間透露出先秦時期解剖學的知識乃至中醫藏象學說的萌芽。眾所周知，《內經》中，心開竅於口，肝開竅於目，腎在體合骨、生髓。甚至《難經》中腎更被認為是人體的動力之源命門。《難經・三十六難》云：「命門者，諸神精之所舍，原氣之所繫也。」〔註20〕於是乎「王試廢其心，則口不能言；廢其肝，則目不能視；廢其腎，則足不能步」就有了合理的解釋。只是，究竟是《內經》理論在先，還是《列子・湯問》說辭在前，恐怕一時難以理清。但有一點可以肯定，建立在解剖學基礎之上的中醫藏象學說，在先秦時期恐怕已是社會上廣為接受的理論，該理論不僅出現在醫經中，亦以寓言等形式出現在非醫書籍中。

　　周代解剖學成就可以通過《黃帝內經》中部分篇章得以瞭解。「解剖」一詞出自《黃帝內經》。《黃帝內經》162 篇中，有 117 篇與解剖有關，占 72%。其中包括如《靈樞・腸胃》這樣詳細記錄食道和下消化道長度數據的解剖文

〔註20〕（明）王九思等輯：《難經集注》卷 3《臟腑配像第五》，北京：中國醫藥科技
　　　　出版社，2011 年，第 72 頁。

獻。考慮到漢代以後中醫發展軌跡與解剖學的日漸偏離，以及抵制人體解剖的思想在人民腦海中的逐漸固化，這些篇章源於漢代以後的可能性較小，更多地可能是周代後期的解剖記載的遺存。《黃帝內經》中不乏解剖學知識，部分篇章甚至可以視作解剖實驗的記錄。如《靈樞·腸胃》篇記述了從口唇至直腸的整個人體消化道的詳細數據。

> 黃帝問於伯高曰：余願聞六府傳穀者，腸胃之大小長短，受穀之多少奈何？伯高曰：請盡言之，穀所從出入淺深遠近長短之度：唇至齒長九分，口廣二寸半；齒以後至會厭，深三寸半，大容五合；舌重十兩，長七寸，廣二寸半；咽門重十兩，廣一寸半。至胃長一尺六寸，胃紆曲屈，伸之，長二尺六寸，大一尺五寸，徑五寸，大容三斗五升。小腸後附脊，左環回日迭積，其注於迴腸者，外附於臍上。回運環十六曲，大二寸半，徑八分分之少半，長三丈三尺。迴腸當臍左環，回周葉積而下，回運還反十六曲，大四寸，徑一寸寸之少半，長二丈一尺。廣腸傳脊，以受迴腸，左環葉脊上下，闢大八寸，徑二寸寸之大半，長二尺八寸。腸胃所入至所出，長六丈四寸四分，回曲環反，三十二曲也。〔註21〕

本段記載了食道與下消化道長度的具體數值。成人食道長度與下消化道（胃到肛門）長度之比是固定的。根據現代解剖學數據，成人食道長度約25釐米，下消化道長度約925釐米。兩者比例約是1：37。而《靈樞·腸胃》中食道長一尺六寸，下消化道長五丈六尺八寸，兩者比例約是1：35.5，與現代解剖學所載長度的比例基本吻合，說明該文的作者對人體消化道的記載是建立在解剖觀察基礎上的，非隨意寫就。

然而千百年來，後人對於《內經》中牽涉解剖的篇章之來源則眾說紛紜。蓋因兩千多年來，受禮制的影響，國人包括醫生不可能解剖人體。而出現在中國古代史上的人體解剖記載也屈指可數，總計不過三回——其中兩回還發生在北宋——這自然不可能與《內經》解剖篇章有任何關聯。那麼，唯有王莽時期的那次人體解剖記載，最有可能與上述篇章的誕生相關聯。王莽時期，曾解剖人體以用於醫學研究。《漢書·王莽傳》記載王莽下令醫生和巧屠將叛黨解剖，「量度五臟，以竹筵導其脈，知所終始，云可治病」〔註22〕。這是史料（除

〔註21〕《靈樞經》卷6《腸胃》，第76頁。
〔註22〕（漢）班固撰、（唐）顏師古注：《漢書》卷99中《王莽傳》，第4145、4146頁。

去甲骨文資料）所載第一回人體解剖事件。一些學者認為，《內經》中有關解剖的篇章應是在王莽此次舉動之後所形成。而王莽之前和之後由於儒家傳統觀念的束縛，這種解剖人體的事情就絕少發生了。因而按照排除法，這些篇章極有可能是在王莽時期寫就的。

不過，浙江大學的陸敏珍教授在《刑場畫圖：十一、十二世紀中國的人體解剖事件》一文中已經指出，學者與醫者並沒有從這些解剖事件中得出某些顯而易見的結論，沒有將解剖納入醫學的範疇，也沒有將實驗與觀察的意涵進一步衍生，更沒有將人體解剖實踐確認為一種圭臬，並以此作為標準來衡量知識的可信度。[註23] 事實上，無論是北宋的兩起人體解剖事件還是王莽時期的人體解剖事件，都不可能構成《黃帝內經》中部分解剖篇章的誕生環境。《內經》已經明言：「若夫八尺之士，皮肉在此，外可度量切循而得之，其死可解剖而視之，……」[註24] 兩漢時期連同其間的新朝並不可能存在這樣的狂悖之言，倒是在先秦時期諸子百家爭鳴時，大一統思想及儒家禮制思想尚未鉗制世人頭腦時，這樣的語句的出現並非出乎意料。加之商周以來解剖知識的興盛，當然也就有可能形成這些牽涉到解剖學的篇章。

《內經》時代解剖學普遍存在的另一個經典的例證，便是華佗和他失傳已久的胸腹腔外科手術：

> 若疾發結於內，針藥所不能及者，乃令先以酒服麻沸散，既醉無所覺，因刳破腹背，抽割積聚。若在腸胃，則斷截湔洗，除去疾穢，既而縫合，傅以神膏，四五日創愈，一月之間皆平復。[註25]

華佗之後直至近代以前，其所擅長的胸腹腔外科手術長期被古人認定為「非人所能為也」、「寖涉妖妄」。直到近代以後，在目睹西醫精湛外科手術操作之後，越來越多的國人開始相信華佗手術存在的可能性，甚至不少國人將他視為中醫乃至西醫外科學的鼻祖。崇聖之餘，亦不免抒發外科手術未能在中國延續之惋惜，並痛斥曹操斬斷中醫外科學發展脈絡之殘忍：

> 乃知今日西醫所長，中國自古有之。……《後漢書》言華佗精於方藥，病結在內，針藥所不及者先與以酒服麻沸散，既醉無所覺，

〔註23〕陸敏珍：《刑場畫圖：十一、十二世紀中國的人體解剖事件》，《歷史研究》，2013 年第 4 期。

〔註24〕《靈樞經》卷 3《經水》，第 42 頁。

〔註25〕（宋）范曄撰、（唐）李賢等注：《後漢書》卷 82 下《華佗傳》，北京：中華書局，1965 年，第 2736 頁。

因剖破腹背，抽割積聚。若在腸胃，則斷截湔洗，除去疾穢，既而
縫合，傅以神膏，四五日瘡愈，一月之中平復矣。……所可惜者，
華佗為曹操所殺，其書付之一炬，至今剖割之法華人不傳，而西人
航海東來，乃以醫術甚行於時。〔註26〕

這種慨歎，實質上是國人面對近代西醫外科學巨大成就時的應激反應。雖然
這種西學中源論的目的在於重塑民族自信，基本無關乎中醫學術，但是它對
與西醫外科術神似的華佗外科術的肯定，卻較之古人的觀點更接近於歷史的
真相。

　　《內經》時代，中醫外科學及其所依存的人體解剖學，在彼時的中國是確
切存在的。先秦時期解剖學的一度盛行，以及《內經》中大量關於人體各個內
臟器官的度量數據，間接證明了「華佗對於人體結構的認識很可能淵源有自，
並非空穴來風」〔註27〕。在當時，外科手術的存在應是一種較為普遍的現象。
從新石器時代中國境內出現的多處開顱術案例，到《列子》、《五十二病方》、
《黃帝內經》諸多手術及解剖記載，無不揭示外科手術在中國境內存在的事
實。只是彼時的人體解剖知識還極不完善，輸血、麻醉、手術縫合技術欠缺，
術中及術後的感染問題也無從解決，因此華佗的胸腹腔手術一定面臨巨大的
風險和較高的死亡率。今日學者或以為漢代以前人體解剖學知識及手術設
備、環境的匱乏，必然導致彼時手術（尤其是胸腹腔手術）的缺位，卻不想古
人做此類手術原本就帶有原始性、巫術性、經驗性的嘗試。古人在手術過程中
體現出的那種「初生牛犢不怕虎」的信心，或許僅僅源自他們原始的、簡陋的
卻自以為完備的人體解剖學知識。

　　無獨有偶，古代印度、古代埃及和古希臘也記載下大量的手術案例。古印
度著名醫學家蘇斯魯塔（約公元前 9 世紀）在其著作《本集》中列舉了整容
術、肛瘻手術、扁桃體手術、膽結石手術、膿腫切割術、截肢手術等多項外科
手術，並提到 121 種外科手術器械的名字。〔註28〕古埃及有包括切除腫瘤的
外科手術。古希臘有針對潰瘍、顱腦損傷、膀胱結石的外科手術。〔註29〕在當
時人體解剖學知識尚不豐富的前提下，世界主要文明都出現眾多的外科手術

〔註26〕（清）邵之棠撰：《皇朝經世文統編》卷 99《中西醫學異同考》，臺北：文海
　　　　出版社，1980 年，第 4091 頁。
〔註27〕于賡哲著：《唐代疾病、醫療史初探》，第 257 頁。
〔註28〕羅伯特・瑪格塔著：《醫學的歷史》，第 20 頁。
〔註29〕羅伊・波特著：《劍橋醫學史》，第 323～325 頁。

案例，這也間接證實了《黃帝內經》時代，在缺乏精準的人體解剖知識的前提下，外科手術存在的正當性。

隨著稍後中醫學術體系的逐漸建立，及人們對醫學理性認識的加深，這種「原始性的、經驗性的，帶有嘗試的意味」〔註30〕的大型外科手術也就逐漸消失在中醫歷史的長河中，取而代之的，是湯藥針灸等危險系數較低的療法。之後的古代中醫外科學，僅殘存一些體表小手術或創面開放的搶救型手術，「而外科手術的發展除小手術外，已接近停頓」〔註31〕。從中外醫史的發展歷程來看，這是外科學順理成章的必經之路，但也由此導致了千百年來後人對華佗事蹟真實性的懷疑。

二、儒學、讖緯之學的滲入

《黃帝內經》的出現，還與西漢中期以來儒學的滲入有關，尤其是漢武帝時期董仲舒的天人感應論對中醫影響至深至遠。今人李宗桂比較了秦漢醫學與董仲舒天人感應說的異同，總結了二者的三點共同之處：1. 天、地、人貫而參通之整體觀念；2. 同類相同的天人感應思想；3. 建立在經驗直觀基礎上的直觀類推方法。李宗桂也指出了當時醫學與天人感應說的不同，主要體現在兩方面：一是《內經》醫學中，天人固然相應，但主要是以人應天，人體不能影響天。董仲舒則認為天人之間互感互應，天可影響人，人也可以影響天（古人往往將世間災祥歸於君王的德行，此君王德行應天，上天感而降災祥之故。非但君王有此影響，儒家相信，普通百姓特殊情況下亦有影響天的能力，故有感天動地竇娥冤等諸多傳奇故事）；二是二者感應的目的不同。醫學通過天人感應來為辨證治病提供依據。董子的天人感應是為王權神授提供依據。〔註32〕

《春秋繁露·人副天數第五十六》云：「天地之符，陰陽之副，常設於身，身猶天也，數與之相參，故命與之相連也。天以終歲之數，成人之身，故小節三百六十六，副日數也；大節十二分，副月數也；內有五臟，副五行數也；外有四肢，副四時數也；占視占暝，副晝夜也；占剛占柔，副冬夏也；占哀占樂，副陰陽也；心有計慮，副度數也；行有倫理，副天地也……以此言道之亦

〔註30〕于賡哲著：《唐代疾病、醫療史初探》，第 255 頁。

〔註31〕李經緯：《中醫外科學的發展》，《中國醫學百科全書·醫學史》，上海：上海科學技術出版社，1987 年，第 46 頁。

〔註32〕李宗桂、格日樂：《秦漢醫學與董仲舒的「天人感應」論》，《哲學研究》，1987年第 9 期。

宜以類相應，猶其形也，以數相中也。」又「人有三百六十節，偶天之數也；形體骨肉，偶地之厚也；上有耳目聰明，日月之象也；體有空竅理脈，川谷之象也；心有哀樂喜怒，神氣之類也；觀人之體，一何高物之甚，而類於天也。」〔註33〕董子此類說辭，與《靈樞·邪客》之「天圓地方，人頭圓足方以應之；天有日月，人有兩目；地有九州，人有九竅；天有風雨，人有喜怒；天有雷電，人有音聲；天有四時，人有四肢；天有五音，人有五臟；天有六律，人有六腑；天有冬夏，人有寒熱；天有十日，人有手十指；辰有十二，人有足、莖、垂以應之……天有陰陽，人有夫妻；歲有三百六十五日，人有三百六十五節」等如出一轍。〔註34〕至於《內經》提出「人以天地之氣生，四時之法成」；「春生、夏長、秋收、冬藏，是氣之常也，人亦應之。」諸如此類觀點，無不是天人感應的具體體現。

讖緯之學對醫學的滲透，也是中醫及《黃帝內經》形成的重要基礎。讖緯之學，兩漢時期一種把經學神學化的學說。「讖」，即一種神秘的預言，假託神仙聖人預決吉凶，又分為符讖、圖讖等；「緯」是相對於「經」而言的。《四庫全書總目》說：「讖者詭為隱語，預決吉凶」；「緯者經之支流，衍及旁義」。〔註35〕讖緯之學以陰陽五行學說和董仲舒「天人感應論」為依據，流行一時，在東漢被稱為內學，尊為秘經。

宋·鄭樵在《通志略·藝文略第一》載：「讖緯之學，起於前漢。及王莽好符命，光武以圖讖興，遂盛行於世。」〔註36〕讖緯之學起於西漢董仲舒，至西漢末年，隨著社會矛盾的加劇，而日漸勃興。王莽時，為了篡漢製造輿論，讖緯之學大興。漢光武帝劉秀於中元元年（56），宣布圖讖於天下，把讖緯之學正式確立為官方的統治思想。讖緯之學即總集過去所有的具有一定性質的預言，而用以解釋一般性質的儒家經典，使那些預言與儒家經典相交織，使聖人的教條與神靈的啟示合二為一。這樣，儒家經典變成了天書，孔子就變成了神人。為了鞏固儒家思想的統治地位，使儒學與讖緯之學進一步結合起來，章帝建初四年（79），召集各地著名儒生於洛陽白虎觀，討論五經異同，這就是歷史上有

〔註33〕（漢）董仲舒撰：《春秋繁露》卷13《人副天數》，北京：中華書局，1975年，第439～444頁。

〔註34〕《靈樞經》卷10《邪客》，第136頁。

〔註35〕（清）永瑢等撰：《四庫全書總目》卷6《經部·易類六》，北京：中華書局，1965年，第47頁。

〔註36〕（宋）鄭樵撰：《通志略》，上海：上海古籍出版社，1990年，第571頁。

名的白虎觀會議。這次會議由章帝親自主持，參加者有魏應、淳于恭、賈逵、班固、楊終等。會議由五官中郎將魏應秉承皇帝旨意發問，侍中淳于恭代表諸儒作答，章帝親自裁決。這樣考詳同異，連月始罷。會議連續舉行了一個多月。會後，班固奉旨對會議內容加以總結，寫成《白虎通義》四卷，作為官方欽定的經典刊布於世。這次會議把當時流行的讖緯迷信與儒家經典糅合為一，使儒家思想進一步神學化，並作為解釋封建社會一切政治制度和道德觀念的依據。

東漢白虎觀會議浮雕

以讖緯之學為代表的術數文化深刻影響到古代自然科學技術。東漢時期大興的讖緯之學，是一種融易經、太極、兩儀、四象、八卦、陰陽、五行之說於一體，輔以數字推演來解釋天地生成、萬物化生、物理常識乃至政治人事的一種學術風氣和思維方法。這種學術風氣和思維方法一度取代了董仲舒的天人感應儒學，成為東漢乃至後世相當長一段時間內的主流思想。儘管儒學正宗對其嚴厲斥責，但是讖緯學說包含著探索宇宙發展模式、解釋萬物自然規律的科學進步思想。讖緯學說以陰陽、五行為骨架，是數術迷信與經學的結合，內容龐雜，其中有解經的文字，有古代的神話傳說，有天文、地理及曆法等自然科學知識，但它的核心則是神學。讖緯神學的理論基礎是天人感應論。天的意志通過陰陽五行和天象的變化表現出來。按陰陽五行和天象的變化，可以占驗吉凶禍福，瞭解「天意」。讖緯學說中，天人感應論被廣泛應用，比附得十分

細密，也極為煩瑣。以術數文化為主體的讖緯學說，包含有探索宇宙發展模式、探究萬物生成規律的內在要求。其包含的術數文化、宇宙發展模式、萬物生成規律，「助長了科學的萌芽」〔註37〕。如《河圖》云：「地恒動不止。」《河圖‧開始圖》說：「陰陽相薄為雷。」《春秋‧元命包》載：「陰陽激為電。」諸如此類說法，雖理論思維迥異於當代科學，但是確實閃耀著古代科學技術思想的光芒。

《黃帝內經》以及稍後的《難經》、《神農本草經》、《傷寒雜病論》的出現，與東漢讖緯學說的盛行息息相關。比如成書於東漢時期的《難經》，其〈三十六難〉提到：「腎兩者，非皆腎也，其左者為腎，右者為命門。命門者，諸神精之所舍，原氣之所繫也。故男子以藏精，女子以係胞。」〔註38〕此即《難經》所提出的左腎右命門的觀點。《難經》以前，無此說法。明代中後期形成的命門學說，也未承襲此說，而認為左右兩腎皆屬命門。那麼，為何單單東漢時期的醫經會將右腎改為命門？這背後的原因就與當時盛行的術數觀念有關。中醫以臟屬陰而腑屬陽，在數字配合上臟應為偶數，腑應為奇數。可是流傳於世的「五臟六腑」之說恰恰是臟為奇數，腑為偶數。由於與東漢時讖緯觀念不符，故而《難經》作者在臟腑方面做了兩處修改。一是將三焦改為「外腑」，如此六腑變成五腑；二是將右腎改為命門，如此五臟變成六臟。正是通過這樣的改變，《難經》成功的讓臟腑數量與陰陽屬性奇偶數量完美結合起來了，使之符合東漢時期讖緯觀念。

《黃帝內經》的部分篇章當然也同樣受到讖緯觀念的影響。比如《素問‧三部九候論》中首次提到中診的三部九候脈診法，分別取人體頭、手、足三部動脈診之。這種脈診法的來源並非完全建立在臟腑、經脈學說之上，而是與當時盛行的讖緯術數觀念密切相關。「天地之至數，始於一，終於九焉。一者天，二者地，三者人。因而三之，三三者九，以應九野。故人有三部，部有三候，以決死生，以處百病，以調虛實，而除邪疾。」〔註39〕時人崇拜「一」、「三」、「九」等數字，甚至提出「九藏」概念，因而將中醫脈診也強之為三部九候脈診法。而我們注意到，在王莽時期，無論是當時制定的「三統曆」，還是度量衡、音律，皆以一、三、九術數觀念為制定準則。以術數觀念為基礎的三部九

〔註37〕（英）李約瑟著：《中國科學技術史》（第2卷），第12頁。
〔註38〕（明）王九思等輯：《難經集注》卷3《臟腑配像第五》，第72頁。
〔註39〕《黃帝內經素問》卷6《三部九候論》，第130頁。

候脈診法，應完成於此時及其後的一段時期。其說本質既脫離醫療實踐，因此實用價值不會太大。百餘年後，這種診法即為《脈經》中獨取寸口的脈診法所取代。此亦是勢之必然。

第四節 《黃帝內經》的版本來源和流傳沿革

一、《黃帝內經》最初版本成書於西漢後期說

《黃帝內經》之名，最早見於《漢書‧藝文志‧方技略》：「《黃帝內經》十八卷，《外經》三十七卷。」《漢書‧藝文志‧方技略》是班固依據西漢末年劉歆的《七略》而寫成。劉歆的《七略》又是依據其父劉向的《別錄》而編成：

> 至成帝時，以書頗散亡，使謁者陳農求遺書於天下。詔光祿大
> 夫劉向校經傳諸子詩賦，步兵校尉任宏校兵書，太史令尹咸校數
> 術，侍醫李柱國校方技。每一書已，向輒條其篇目，撮其指意，錄
> 而奏之。會向卒，哀帝復使向子侍中奉車都尉歆卒父業。歆於是總
> 群書而奏其《七略》，故有《輯略》，有《六藝略》，有《諸子略》，有
> 《詩賦略》，有《兵書略》，有《術數略》，有《方技略》。今刪其要，
> 以備篇輯。〔註40〕

所以今人普遍認為，《黃帝內經》的最初版本在劉向、劉歆父子生活的西漢末年已經存在。如此，則《內經》成書時代的下限最晚是在《七略》成書之前。

許多研究者因為馬王堆漢墓醫書的出土而認為《黃帝內經》成書時代上限是在墓葬年代之後。這一點我們基本達成共識。正如日本學者山田慶兒認為的：「不管我們最終被引入什麼樣的結論，都不應該站在《黃帝內經》是戰國時代的著作這個還沒有被確立的假定之上，推論帛書之醫學書的成書年代。相反，應該從有關後者的業已搞清的事實，推論前者的成書過程和其年代。」〔註41〕

而另一點共識是，《黃帝內經》成書的時間上限應在《史記》之後。在西漢中期時成書的《史記》中，我們未見司馬遷提及《黃帝內經》。考慮到《內經》在中國醫學史上崇高的地位以及《史記》著錄範圍的廣泛、司馬遷史料基

〔註40〕 （漢）班固撰、（唐）顏師古注：《漢書》卷30《藝文志》，第1701頁。
〔註41〕 （日）山田慶兒：《〈黃帝內經〉的成書》，載《科學史譯叢》，1987年第3期。
　　　　 原文不及見，轉引自廖育群著《岐黃醫道》，第23頁。

礎的厚重和查閱資料的便利，則《史記》中缺漏《內經》一事，不能簡單認為是司馬遷有意無意的疏漏，更應看作是當時西漢皇家圖書館尚未收錄該書，甚至該書的初稿尚未成型，故而司馬遷未能閱覽該書乃至其中的任何篇章，進而才會在其著作中對《內經》隻字不提。

在初步確定了《黃帝內經》最初版本成書的時限後，那麼第二個問題也隨之而來：今本《內經》，是否就是西漢末年《七略》中提到的《內經》。二者的相似度究竟有多大，最初那個版本是否可以作為今本《內經》的祖本？

我們首先來看一下西漢末年劉向、劉歆父子編撰的《七略》中到底收錄了醫經類著作有多少部。按《漢書・藝文志》的轉載，《七略》著錄的醫經類著作共「七家，二百一十六卷」，分別為：「《黃帝內經》十八卷、《外經》三十七卷、《扁鵲內經》九卷、《外經》十二卷、《白氏內經》三十八卷、《外經》三十六卷、《旁篇》二十五卷。」〔註42〕這些醫經，除了《黃帝內經》十八卷流傳下來外，其餘都已散佚不見。

然而《漢書・藝文志》所言《內經》之篇幅，與今本《黃帝內經》的篇幅有著極大的差距。蓋兩漢時期書籍的撰寫載體是竹簡而非紙張。竹簡之一卷即一篇，不可能包含諸多篇章。漢時一卷之篇幅其實為一篇之篇幅。因而《漢書・藝文志》往往將篇、卷等而視之。如該書所載「《淮南內》二十一篇」，即是今21卷之《淮南子》。又如劉歆《上〈山海經〉表》言「所校《山海經》凡三十二篇，今定為一十八篇，已定」，而到郭璞所作《注〈山海經〉敘》已記作「《山海經》目錄總十八卷」。亦可見篇即是卷，卷即是篇。故《漢書・藝文志》所謂「《黃帝內經》十八卷」實則為 18 篇而已。今本《黃帝內經》共 36 卷（或18 卷，馬蒔所分）162 篇，計 15 萬 6 千餘字。篇幅不可謂不大。而《漢書・

〔註42〕（漢）班固撰、（唐）顏師古注：《漢書》卷 30《藝文志》，第 1776 頁。原書稱「右醫經七家，二百一十六卷」，實則一百七十五卷。

藝文志》中之一卷僅等同於今之一篇,數百字而已。其所載《內經》18 卷亦不過萬把字,尚不足今日《內經》之十分之一。故西漢末年劉向、劉歆父子所見《內經》只有短短 18 篇,不可能容納今本《黃帝內經》162 篇如此之多的內容。如此,當時的最初版本無論如何也不能等同於後世的《黃帝內經》,更不能視作後者之祖本。那麼,今本《黃帝內經》的祖本又在哪裏?

事實上,《黃帝內經》中黃帝與諸臣子問答諸篇,均應視作不同學派的作品。如扁鵲學派的作品,在《黃帝內經》中就有比較大的篇幅。作為生活在中國軸心時代的早期中醫的創始人,扁鵲及其學派一直被視為中醫元典文化的書寫者。然而後世卻難以得見其作品。其著作的流傳難以考證。《史記》載漢初名醫淳于意曾師從公乘陽慶得「黃帝、扁鵲之脈書、五色診病」。可知至漢初扁鵲學派確實是有醫書傳世;《七略》《漢書藝文志》錄有「《扁鵲內經》九卷、《外經》十二卷」。故兩漢之交扁鵲醫書尚存。而流行於東漢時期的《難經》,世傳是戰國名醫扁鵲即秦越人所作。而今日學者更多認為該書其實是扁鵲學派留下的作品。「秦越人著《難經》的古傳之說必須而且應該解釋為:東漢時期扁鵲學派的醫家撰寫了《難經》,《難經》繼承了西漢之前扁鵲學派的學術思想並使之有了新的發展,秦越人著《難經》的真相是扁鵲學派的醫家著《難經》。」〔註43〕但此後扁鵲醫書逐漸從歷史中消失。後世對其醫書存在的真實性不能無疑。2012 年7 月至 2013 年 8 月,在四川成都天回鎮老官山發掘了四座西漢時期的古墓,編號分別為 M1、M2、M3、M4。其中 M3 出土醫簡 920 支,根據竹簡長度、擺放位置、疊壓次序和簡文內容,可分為 9 部醫書,除《五色脈診》一部之外,皆無書名,經初步整理暫定名為《敝昔醫論》《脈死候》《六十病方》《尺簡》《病源》《經脈書》《諸病症候》《脈數》。簡牘專家認為「敝昔」在古代是「扁鵲」的通假字,《敝昔醫論》極有可能是失傳了的中醫扁鵲學派經典書籍。

其實,除去上述例證,在《黃帝內經》中我們同樣也可發現扁鵲學派經典留存的痕跡。馬伯英、廖育群等學者認為,今本《內經》吸收了《扁鵲內經》、《扁鵲外經》的一些重要內容。其證據就是《內經》中有多處文字言及扁鵲脈法。如《素問·平人氣象論》、《素問·五臟生成》、《素問·脈要精微論》、《素問·大奇論》、《靈樞·寒熱》、《靈樞·論疾診尺》、《靈樞·五十營》都有文字描述扁鵲脈法。而且廖氏還發現一條《內經》抄襲《扁鵲內經》或《外經》的重要證據,就是《素問·大奇論》全文 671 個文字全部雷同於王叔和《脈經》

〔註43〕 李伯聰著:《扁鵲和扁鵲學派研究》,第 211 頁。

所載「扁鵲診諸反逆死脈要訣第五」。曹魏之時，身為太醫令的王叔和，利用職位之便，在搜羅古籍時，很有可能看到了《七略》中言及的其他幾家著作，所以他直接予以引用。他在編著《脈經》時，很有可能還能看到《扁鵲內經》與《扁鵲外經》，因而他在撰寫「扁鵲診諸反逆死脈要訣第五」時，標注的來源出處不是來自《黃帝內經》，而是來自扁鵲脈法。按照王叔和的嚴謹性，他不太可能轉引了《黃帝內經》中的文字而不加說明，反而稱其引自「扁鵲脈法」。反倒是後世《內經》的編者們，他們直接抄錄了漢代醫經其他幾家著作而又不表明出處，使得後人誤以為這些內容都是西漢末年成書的《內經》中的原文。如此可以證明，《黃帝內經》的確是吸收了扁鵲醫書的內容。

西漢末年黃帝學派之《黃帝內經》、《黃帝外經》的內容當然也是構成今本《內經》的祖本之一。廖育群注意到，今本《內經》中黃帝與諸臣的問答中，唯有雷公與黃帝的問答是雷公提問，黃帝回答。其餘均是黃帝提問，諸臣作答。雷公與黃帝的問答見於《素問》第 75～81 篇、《靈樞》第 10、48、49 及 73 篇一段，共計 11 篇。在這 11 篇中，我們可以看到不同於其他篇章的醫理和文化特點，因而這些篇章，有可能就是《漢書・藝文志》所提到的《黃帝內經》或《黃帝外經》的內容。道理很簡單，《漢書・藝文志》稱其為《黃帝內經》、《黃帝外經》，就理應以黃帝講述醫理的形式來書寫，而不是黃帝問，諸臣答。

豈止是扁鵲學派、黃帝學派的內容，馬伯英教授認為，東漢以後《黃帝內經》編寫者們很可能也將《白氏內外經》匯入《內經》。〔註44〕按《漢書・藝文志》所載，《扁鵲內經》九卷、《外經》十二卷、《白氏內經》三十八卷、《外經》三十六卷。如果再加上《黃帝內經》十八卷、《外經》三十七卷，按照一卷一篇來計算，那麼僅西漢末年的醫經七家就可能為今本《內經》貢獻了 150 篇文獻。這就與今本《內經》的篇幅大體相當了。如此，則西漢末年醫經七家著作，即是《黃帝內經》實質上的祖本。

總之，以上的觀點是，《七略》中提到的醫經七家就是今本《內經》的祖本，而非僅限於《黃帝內經》十八卷、《外經》三十七卷。不然，我們難以解釋漢本與今本《內經》在篇幅上的差距如此之大，後者的篇章主要來源於哪裏。且為何《漢書・藝文志》所載眾多醫書僅有《黃帝內經》一家流傳下來。本文更傾向於認為，兩漢時期的眾多醫學流派，被逐漸融匯入黃帝學派中。隨著黃帝學派的一家獨大，眾多學派被其所吞併，其著作也就逐漸合而為一，並

〔註44〕馬伯英著：《中國醫學文化史》，第 210、211 頁。

最終匯成今本《黃帝內經》。從這個角度來講，《黃帝內經》的成書過程，實質上就是黃帝學派逐漸崛起、吞併其他醫學流派的過程。

二、《黃帝內經》最初版本成書於新朝及東漢時期說

當然，關於《黃帝內經》版本的來源，至今還爭論不休。山田慶兒認為：「現存《黃帝內經》（《素問》、《靈樞》）之中，西漢時期寫成的不超過 20 篇，其餘為從王莽新朝至東漢初期所寫，這是我現在的看法。」〔註45〕有學者認為該書主要成書於王莽時期。理由是王莽曾於元始四年（4），「徵天下通一藝教授十一人以上，及有逸《禮》、古《書》、《毛詩》、《周官》、《爾雅》、天文、圖讖、鍾律、月令、兵法、《史篇》文字，通知其意者，皆詣公車。網羅天下異能之士，至者前後千數，皆令記說廷中，將令正乖繆，壹異說云」〔註46〕。這種政府行為，為《黃帝內經》此類醫學著作的誕生創造了條件。而且從天鳳三年（16），「翟義黨王孫慶捕得，莽使太醫、尚方與巧屠共刳剝之，量度五藏，以竹筳導其脈，知所終始，云可以治病」〔註47〕的記載，聯想到《黃帝內經》中亦有不少人體解剖的篇章，並云「其死可解剖而視之」的言論，亦有理由懷疑《內經》中牽涉到解剖的篇章極有可能是在王莽時期產生。

今亦有人將《內經》的誕生時間降至東漢的，認為東漢時期的太學生是《內經》創作的主體。西漢時期，中國尚未有具備《內經》思想的知識分子群體出現。雖然這並不妨礙該書某些篇章的出現，但是書籍主體篇章的撰寫完成，應是至東漢中後期太學教育蔚為大觀之時。

東漢時期，讖緯迷信與儒家經典糅合為一，使儒家思想進一步神學化。術數文化由此大興，並深刻影響到東漢知識分子。當時，漢光武帝在洛陽重辦太學，其後規模越來越大，至順帝、質帝時太學已有三萬人規模。儒學和術數的結合不僅促成了讖緯學說的誕生，更是促成了《黃帝內經》諸多篇章的出現。這主要是因為，《內經》的主要篇章應是由古代精通術數的儒生而非醫生撰寫。兩漢時期，能具有這種術數文化素養的學者非東漢太學培養出來的人材不可。立論依據如下：漢初六七十年間，文化凋敝，儒學不振，期間不會有眾多學者編寫《內經》（但不排除在王國支持下，個別篇章的誕生）。漢武帝時，

〔註45〕（日）山田慶兒著：《古代東亞哲學與科技文化——山田慶兒論文集》，瀋陽：遼寧教育出版社，1996 年，第 259 頁。

〔註46〕（漢）班固撰：《漢書》卷 99 上《王莽傳》，第 4069 頁。

〔註47〕（漢）班固撰：《漢書》卷 99 中《王莽傳》，第 4145、4146 頁。

儒學一躍成為統治思想。儒家因而復興。但是彼時習儒之士尚少。僅有的一些儒生多趨於為官，不會專攻醫道。因為直至宋代以前，醫生的地位都是很低的。醫家屬於百工之一。漢代的公乘陽慶、淳于意、華佗等人，都是恥於為醫。他們或者不肯為人治病，或者隱藏醫術，甚至連自己子女都不曾知道其精於此道。由此我們不難體會漢代醫生在古代身份地位之卑微。難怪直至中唐韓愈還有「巫醫樂師百工之人，君子不齒」這樣的感慨。所以，漢代知識分子首選職業一定是當官，既然武帝時儒學受到尊崇，那麼當時為數不多的儒生一定首選入仕，不會為醫。

　　此種狀況一直持續到東漢太學的建立。太學，始創於西漢武帝時期，鼎盛於東漢。其後，經曹魏、西晉，至北朝末衰落。當東漢光武帝劉秀稱帝後，戎馬未歇，即先興文教。於建武五年（29）起營太學，訪雅儒，採求經典闕文，四方學士雲會京師，於是立五經博士。在洛陽城南開陽門外建太學，學業重開。中元元年（56），劉秀又宣布圖讖於天下，把讖緯之學正式確立為官方的統治思想。於是讖緯之學對太學生的影響與日俱增。此後太學規模逐漸擴大。順帝繼位後採納翟酺建議，修繕太學，開拓房舍，「凡所造構二百四十房，千八百五十室」。竣工後，將試明經下第者全部補入太學，並大量吸收公卿子弟為諸生，還破格招收了有成就的童子入學。自此，各地負書來學者雲集京師，學生人數大增。順帝死後，在梁太后執政期間，太學更獲得迅速發展。她曾詔令自大將軍以下至六百石官員皆遣子受業。並規定每年以春三月、秋九月舉行兩次鄉射大禮，以太學生充當禮生，盛況空前。自此，游子日盛，學生人數猛增至三萬多。太學生待遇極高。京師太學的發展推動了地方郡縣學校的發展，廣大士人一時形成讀書風氣。宋代蘇軾曾讚譽東漢太學生氣勃勃的盎然景象曰：「學莫盛於東漢，士數萬人，噓枯吹生。」〔註48〕

　　雜糅了讖緯之學與今文經學的學術思想深深影響了東漢學子。具備為《黃帝內經》撰文的人已經不計其數。由於能在政府就業的學子人數極為有限，加之東漢後期社會政治生態愈加惡劣，於是乎，一批學有餘力而又無力或不屑於入仕途的知識分子，很有可能紛紛投入到《內經》篇章的寫作中。〔註49〕這些

〔註48〕（宋）蘇軾撰、（明）茅維編、孔凡禮點校：《蘇軾文集》卷11《南安軍學記》，北京：中華書局，1986年，第373、374頁。

〔註49〕東漢後期知識分子不問仕途，專心撰寫醫書的社會風潮，亦可在東漢末年張機身上具體體現出來。張機在《傷寒雜病論序》中講到：「怪當今居世之士，曾不留神醫藥，精究方術，上以療君親之疾，下以救貧賤之厄，中以保身長

人人數眾多，又具備一定的術數和儒學素養，很有可能成為《黃帝內經》諸多篇章的真正撰寫者。只是，在那個託古自重的年代，他們都沒有留下自己的姓名，而是把自己的作品以匿名形式紛紛匯入《黃帝內經》的論文集中。〔註 50〕在眾多學者的接力下，《黃帝內經》這部中醫史上最偉大的經典由此誕生。

　　遼寧中醫藥大學傅海燕教授則從文字學的角度撰文指出，《黃帝內經》主要篇章應該完成於東漢《說文解字》編成之後。公元 121 年成書的《說文解字》中不見《黃帝內經》之名，也不見「素問」、「九卷」、「黃帝說」、「岐伯說」或內經中其他醫家之名。《黃帝內經》中的許多醫學用語，《說文解字》沒有收錄，或者收錄了兩書釋義也不盡相同。因此，她認為今本《黃帝內經》當成編於《說文解字》之後，即東漢公元 121 年之後。傅海燕教授的研究，也從另一個角度證明了《黃帝內經》主要篇章應該成書於東漢中後期。〔註 51〕

三、《黃帝內經》的流傳沿革

　　世傳《黃帝內經》分為《素問》、《靈樞》（亦稱《九卷》《針經》。《九卷》《針經》之名見於漢晉，至唐王冰之時被稱為《靈樞》）。然自清代以來，不少學者已指出，《黃帝內經》並非一開始就分為兩部，因西晉時皇甫謐在《甲乙經自序》中云「按《七略》、《藝文志》，《黃帝內經》十八卷，今有《針經》九卷，《素問》九卷，二九十八卷，即《內經》也」〔註 52〕。其說影響日大，後

　　全，以養其生。但競逐榮勢，企踵權豪，孜孜汲汲，惟名利是務，崇飾其末，忽棄其本，華其外而悴其內。皮之不存，毛將安附焉？卒然遭邪風之氣，嬰非常之疾，患及禍至，而方震慄；降志屈節，欽望巫祝，告窮歸天，束手受敗。齎百年之壽命，持至貴之重器，委付凡醫，恣其所措。咄嗟嗚呼！厥身已斃，神明消滅，變為異物，幽潛重泉，徒為啼泣。痛夫！舉世昏迷，莫能覺悟，不惜其命。若是輕生，彼何榮勢之雲哉？而進不能愛人知人，退不能愛身知己，遇災值禍，身居厄地，蒙蒙昧昧，惷若遊魂。哀乎！趨世之士，馳競浮華，不固根本，忘軀徇物，危若冰谷，至於是也！」張機明確表述了他撰寫《傷寒雜病論》的初衷。他厭惡東漢末年社會政治的黑暗，目睹人民飽受疾病的困擾，而醫學不興，巫風盛行，故無心功名，潛心撰述醫書，以期學以濟世。

〔註 50〕 如《淮南子·脩務訓》載：「世俗之人多尊古而賤今。故為道者，必託之於神農、黃帝而後能入說亂世闇主。高遠其所從來，因而貴之。為學者蔽於論而尊其所聞，相與危坐而稱之，正領而誦之。」

〔註 51〕 傅海燕、李君：《今本〈黃帝內經〉成編於東漢的一條佐證》，《中華中醫藥學刊》，2014 年第 1 期。

〔註 52〕 （晉）皇甫謐編集：《針灸甲乙經》，北京：人民衛生出版社，2006 年。

人因受之影響而盲從也。〔註53〕

東漢末年張仲景在《傷寒論》自序中有「撰用《素問》、《九卷》、《八十一難》、《陰陽大論》」等語句。一般認為，《素問》《九卷》即是《黃帝內經》（但依上文，此說存疑）。張仲景也成為自《內經》最初版本記載以來，首次提到該書的讀者。數十年後，西晉皇甫謐在《甲乙經自序》中又提到《黃帝內經》：「按《七略》、《藝文志》，《黃帝內經》十八卷，今有《針經》九卷，《素問》九卷，二九十八卷，即《內經》也。」此語於後世影響甚大，後世《內經》研究者皆認定《黃帝內經》分為《素問》《靈樞》兩部分，蓋源於皇甫謐語。此後至《隋書‧經籍志》，《黃帝內經》分《素問》九卷，《針經》九卷的說法，一直未有變更。唯此期間，《黃帝內經》的篇幅已不再是原始的 18 篇，而是漸次擴充近今之規模。如隋唐時人楊上善（589～681）整理、注釋的《黃帝內經太素》（簡稱《太素》）為現存最早的《內經》注本。該書首創分類統纂、注釋法，將《內經》原文，分別為攝生、陰陽、人合、臟腑、經脈、輸穴、營衛氣、身度、九針、診候、證候、設方、補瀉、傷寒、寒熱、邪論、風論、氣論、雜病 19 大類。大類之下，又復合若干小類，並予以注釋。該書凡 30 卷，南宋時散佚。現存 26 卷本（包括新近發現的 3 卷）是從日本影抄的 23 卷而校勘的版本。從書中內容可見，至遲唐初，《黃帝內經》較之最初版本已大為擴充。

而後中唐王冰（約 710～805）重新編次並注釋的《注黃帝素問》，又稱《次注黃帝素問》，凡 24 卷 81 篇。注解《素問》時，只有八卷，第七卷九篇文章都已丟失。王冰又取「師氏」秘藏本補之，計有《天元紀大論》等運氣 7 篇。王冰在補入七篇大論後，把全書改為二十四卷，七十九篇（另有兩篇只有目錄，沒有內容，至南宋方才補齊）。這就是我們今天見到的最早的《素問》版本。

再說《靈樞》。唐時《靈樞》已有 81 篇，至北宋時《靈樞》卻殘缺不全。元祐八年（1093），高麗攜完整《針經》一部來宋，欲與宋朝三大類書《太平廣記》、《太平御覽》、《冊府元龜》進行交換。在經歷了宋哲宗君臣的一番激烈爭執後，宋朝最終以三大類書換來了完整版的《針經》。宋代始有完整的《靈樞》。南宋時史崧將家藏舊本《靈樞》整理出版，分全書為十二卷八十一篇。這也是今之《靈樞》最早所依之版本。至此，包含《素問》、《靈樞》兩部分的

〔註53〕持此說者見清代姚際恒《古今偽書考》、吳考槃《〈黃帝內經〉‧〈素問〉‧〈靈樞〉考》（《中華醫史雜誌》，1983 年第 2 期）、范行准《中國醫學史略》（中醫古籍出版社，1986 年，第 27 頁）、廖育群《岐黃醫道》（海南出版社，2008 年，第 47～49 頁）。

《黃帝內經》162篇最終版本定型。

　　《內經》的成書年代及版本流傳，歷來頗多爭議。元代呂復的一段話具代表性意見：

> 《內經・素問》，世稱黃帝、歧伯問答之書。及觀其旨意，殆非一時之書；其所撰述，亦非一人之手。劉向指為諸韓公子所言，程子謂出於戰國之末。而其大略正如《禮記》之萃於漢儒與孔子、子思之言並傳也。〔註54〕

《黃帝內經》成書時間範圍表〔註55〕

夏			前2070～前1600	北朝	西魏	535～556
商			前1600～前1046		北齊	550～577
周	西周		前1046～前771		北周	557～581
	東周	春秋	前770～前476	隋		581～618
				唐		618～907
		戰國	前475～前221	五代	後梁	907～923
秦			前221～前207		後唐	923～936
漢	西漢		前206～8		後晉	936～947
	東漢		25～220		後漢	947～950
三國	魏		220～265		後周	951～960
	蜀		221～263	宋	北宋	960～1127
	吳		222～280		南宋	1127～1279
晉	西晉		265～317	遼		916～1125
	東晉		317～420	金		1115～1234
南北朝	南朝	宋	420～479	元		1271～1368
		齊	479～502	明		1368～1644
		梁	502～557	清		1644～1911
		陳	557～589	中華民國		1911～1949
	北朝	北魏	386～534	中華人民共和國		1949成立
		東魏	534～550			

〔註54〕（元）戴良著：《九靈山房集》卷17《滄州翁傳》，北京：中華書局，1985年，第254頁。

〔註55〕該表格陰影部分表示《黃帝內經》成書時間範圍。上起戰國，下至南宋，歷時1500年左右。

第五節　張仲景與《傷寒雜病論》

一、張仲景的生平辨偽

　　張仲景，正史無傳，少量事蹟散見於史書及醫書中。其人生前無名，死後800年傳記方現於人間。故其生平本不可知。11世紀中葉，北宋中期，時校正醫書局準備校正出版張仲景的《傷寒論》《金匱要略》《金匱玉函經》（《金匱玉函經》非《金匱要略》另一版本，乃《傷寒論》另一版本。至四庫館臣仍混淆不分）三書。於是在書中簡要介紹了作者本人。這也是關於張仲景本人生平的首次記載。按照校正醫書局林億等人的敘述，該段文字是採自唐代甘伯宗的《名醫錄》。雖此書早已亡佚，但是幸賴高保衡、孫奇、林億所撰《傷寒論序》轉述此文：

> 張仲景，《漢書》無傳，見《名醫錄》云：南陽人，名機，仲景
> 乃其字也。舉孝廉，官至長沙太守。始受術於同郡張伯祖，時人言，
> 識用精微過其師。所著論，其言精而奧，其法簡而詳，非淺聞寡見
> 者所能及。〔註56〕

　　這一介紹注明源自《名醫錄》。此段文字言簡意賅，讓我們知道了張仲景的名、字、籍貫、師承、仕途。這就是關於張仲景最早的記載。後來有關張仲景生平之記載莫不是在此基礎之上添油加醋。

　　甘伯宗，唐人。其所作《名醫錄》又名《名醫傳》，是中國最早醫學人物傳記。該書收集了自伏羲至唐代名醫120人資料。惜原書已不得見。《新唐書・藝文志・醫術部》載：「甘伯宗《名醫傳》七卷。」〔註57〕北宋《崇文總目》卷3《醫書類》則載：「《名醫傳》一卷。」其後的南宋《秘書省續編到四庫闕書目》、鄭樵《通志・藝文略》、《宋史・藝文志》均記為《名醫傳》七卷，唐甘伯宗撰。《中興館閣書目輯考》、《玉海》又稱該書作《歷代名醫錄》，也均記為七卷。王應麟在《玉海》卷63《藝文・藝術部》補充道：「《歷代名醫錄》，書目七卷，唐甘伯宗撰。自伏犧至唐一百二十人。」〔註58〕

〔註56〕（漢）張仲景述、（晉）王叔和撰次、錢超塵、郝萬山整理：《傷寒論》，北京：人民衛生出版社，2005年。

〔註57〕（宋）歐陽修、宋祁撰：《新唐書》卷59《藝文志》，北京：中華書局，1975年，第1571頁。

〔註58〕（宋）王應麟輯：《玉海》卷63《藝文・藝術部》，揚州：廣陵書社，2016年，第1227頁。

　　雖代有著錄，然而宋代校正醫書局官員轉引的《名醫錄》語句的真實性，從史源學角度而言，仍不能不引起後人的懷疑。而且筆者認為，即便甘伯宗《名醫錄》所載非子虛烏有，按照我們下文的考證，其語句出現的時間最早也應在晚唐前後。

　　甘伯宗此段文字給後人留下諸多疑團，如張仲景之大名是否叫張機。蓋因唐以前文獻只有「張仲景」而無「張機」之名。西晉皇甫謐在《〈黃帝三部針灸甲乙經〉序》中有「漢有華佗、張仲景」。〔註59〕《太平御覽》引「何顒別傳」云「同郡張仲景」、「王仲宣年十七，嘗遇仲景」。〔註60〕《隋書經籍志》載「《張仲景方》十五卷（仲景，後漢人）」、「梁有《張仲景辨傷寒》十卷」、「《張仲景評病要方》一卷」、「《張仲景療婦人方》二卷」。〔註61〕直至宋代林億等人於校書序中始引唐甘伯宗《名醫錄》，後人乃知其人「名機，仲景乃其字也」。然而雖如此，至今中國談及張仲景大名，婦孺皆知；談及張機，恐怕知之者甚寡。

　　又如張仲景是否做過長沙太守，至今大家還爭論不休。目前通用的全國中醫藥行業高等教育「十四五」規劃教材《中國醫學史》承襲前幾版教材觀點，仍傾向於認為張仲景做過長沙太守：

> 　　關於他是否做過長沙太守，學術界一向說法不一。由於《後漢書》和《三國志》無傳，因而缺乏史料根據。晉代醫家王叔和與皇甫謐在論述張仲景時未提到他做過長沙太守的事。但宋代以後的許多文獻，如《醫說》、《歷代名醫蒙求》、《南陽府志》、《長沙府志》、《襄陽府志》、《鄧州府志》及李濂《醫史》等都說張仲景做過長沙太守。傳說張仲景做長沙太守時，每逢舊曆每月的初一、十五兩日，便停止辦公，在大堂上置案給人看病。後世尊稱他為張長沙，他的醫方也被稱為「長沙方」。1981年南陽醫聖祠發現了張仲景的墓碑和碑座，碑的正面刻有「漢長沙太守醫聖張仲景墓」等字，碑座刻著「咸和五年」。「咸和」是東晉成帝司馬衍的年號，咸和五年即公元330年，有人認為碑刻的年代基本可靠，便肯定張仲景曾經做過長沙太守。但學術界對此還在爭論中。〔註62〕

〔註59〕（晉）皇甫謐編集：《針灸甲乙經》，北京：人民衛生出版社，2006年。
〔註60〕（宋）李昉等撰：《太平御覽》（第七冊）卷722《方術部三・醫二》，第463頁。
〔註61〕（唐）魏徵等撰：《隋書》卷34《經籍志》，第1041、1042、1045頁。
〔註62〕郭宏偉、徐江雁主編：《中國醫學史》，第39頁。

教材中主要依據兩點證據來證明張仲景做過長沙太守。一是不少人從南宋張杲的《醫說》、南宋周守忠的《歷代名醫蒙求》，以及明清方志裏找出眾多材料論證張仲景做過長沙太守。南宋《醫說》《歷代名醫蒙求》之說源自北宋《名醫錄》，其說自然不能證明或證偽。最早嘉靖年間纂修的《南陽府志》、《鄧州志》，接著是崇禎年間的《長沙府志》，均將張仲景列為長沙太守。其後清代的《南陽府志》、《南陽縣志》、《鄧州志》、《襄陽府志》、《長沙府志》均承襲其說。然而，我們細考其說，會發現這些方志中的張仲景傳記，均抄襲了明代李濂的《醫史》。李濂是在 1546 年完成的《醫史》，他第一次為張仲景做了一個較為完整的傳記。該傳記正文加按語大約 600 餘字，然而其源也不出唐甘伯宗的《名醫錄》。如此則明清以來南陽、長沙地區的地方志也不足為憑。

二是教材認為 1981 年在南陽醫聖祠發現的張仲景的墓碑和碑座是其做過長沙太守的有力實證。1981 年，南陽的醫聖祠發現了張仲景的墓碑和碑座。墓碑正面刻著「漢長沙太守醫聖張仲景墓」。碑座上刻著「咸和五年」的字樣。咸和是東晉成帝司馬衍的年號。咸和五年即公元 330 年，這距張仲景過世不過 100 多年。有人據此肯定，張仲景一定是做過東漢長沙太守的了。不過，這座墓碑和碑座拼接的痕跡太過明顯。碑座是漢白玉的，碑體是青石的，顯然二者並非一體，而是後人拼湊的。碑座上「咸和五年」這四個字也不是正正經經刻在碑座的中間，而是字歪歪扭扭刻在一邊，好像刻工隨意所為，極不嚴肅。所以，即便碑座是咸和五年的，也與碑身毫無干涉。徵之文獻，張仲景宋代方稱之為亞聖，明代後期方才出現醫聖稱號，清代張仲景醫聖大名方大行於天下。〔註63〕東晉之時何來醫聖之稱？事實上，專家早已考證，這座墓碑，應是清代順治年間人所制作。其製作之由，只是時人為紀念醫聖，立碑於醫聖祠，非有故意造假之心（若非如此，以南陽地域之廣，何以張仲景之墓恰位於區區醫聖祠內）。大概是因為年歲久遠湮於塵沙，數百年後被今人發現，反奉為至寶，演出一場無知鬧劇。

教材的兩個證據既然只能算作偽證，那麼張仲景任長沙太守的記載的真實性也就無法證明。不過，我們還是可以從以下三個方面直接或間接證明張仲景未做過長沙太守。其一，東漢後期長沙太守查無此人。長沙在東漢的時候，是歸荊州所管。東漢末年幾任長沙太守，在史書上都有記載。自靈帝中平

〔註63〕余新忠：《「良醫良相」說源流考論——兼論宋至清醫生的社會地位》，《天津社會科學》，2011 年第 4 期。

四年（187）至獻帝初平二年（191），長沙太守是孫堅；建安三年至六年（198～201），長沙太守是張羨。其後是其子張懌。再其後是韓玄、廖立。到建安二十年（215），呂蒙襲取關羽，長沙歸屬於吳，末代長沙太守廖立投奔劉備。總之，自靈帝之後，獻帝之間，長沙太守並沒有張機什麼事。不過，清代以來，還是有不少學者考證張仲景與長沙太守的關係。如清代孫鼎宜從訓詁角度認為張機之「機」當作「羨」。郭象升在《張仲景姓名事績考》一文中認為張羨，亦南陽人，且「羨」與「仲景」之意頗近，故「張羨者。實則仲景也」。其後的章太炎在《張仲景事狀考》中認為，張羨父子相繼據長沙，父羨病死，子懌為劉表所併，「仲景始以表命官其地」。不過，上述諸論，論證並非縝密，終究未被學術界廣泛認可。

南陽醫聖祠藏「漢長沙太守醫聖張仲景墓」

南陽醫聖祠內張仲景任長沙太守為民診病的蠟像

其二，距張仲景時代不遠的皇甫謐不以官職稱呼張仲景。張仲景到底有沒有做過長沙太守，其實非常容易判定。古人在尊稱一個人時，非常重視其人是否曾經為官。如果曾經為官，他一定會在介紹中提到的。比如去張仲景不遠的魏晉之人皇甫謐，於《〈黃帝三部針灸甲乙經〉‧序》中提到漢末晉初人物時稱王叔和為太醫令，劉季琰為直祭酒，王粲為侍中。只有張仲景和華佗二人，直呼其名：

> 漢有華佗、張仲景。其佗奇方異治，施世者多，亦不能盡記其本末。若知直祭酒劉季琰病發於畏惡，治之而瘥，云：「後九年季琰病應發，發當有感，仍本於畏惡，病動必死。」終如其言。仲景見侍中王仲宣時年二十餘，謂曰：「君有病，四十當眉落，眉落半年而死，令服五石湯可免。」仲宣嫌其言忤，受湯勿服。居三日見仲宣謂曰：「服湯否？」仲宣曰：「已服。」仲景曰「色候固非服湯之診，君何輕命也。」仲宣猶不信，後二十年果眉落，後一百八十七日而死。終如其言。此二事雖扁鵲、倉公無以加也。華佗性惡矜技，終以戮死。仲景論廣伊尹《湯液》為十數卷，用之多驗。近代太醫令王叔和撰次仲景遺論甚精，皆事施用。〔註64〕

按照古人禮節，如果某人做過官，旁人尊稱其名時往往加上官職。故而皇甫謐

〔註64〕（晉）皇甫謐編集：《針灸甲乙經》。

稱呼王璨、劉季琰、王叔和等人時不忘加上侍中、直祭酒、太醫令等官職名稱。卻唯獨對華佗、張仲景直呼其名。若華、張二人亦曾為官，此殊不敬。然而我們據《三國志·華佗傳》已知，華佗雖以醫名天下，卻未曾為官。皇甫謐此謂並無不妥。同樣，張仲景應該與華佗一樣，也是一介布衣。不然，皇甫謐對張直呼其名與其文中對其崇敬之意殊為矛盾。反推之，若張仲景做過長沙太守這樣的大官的話，皇甫謐是不可能匿而不稱的。

其三，漢代醫生社會地位極其低下。張仲景若學醫，恐難以舉孝廉、官至長沙太守，更無法可想他在公堂之上給人看病。漢唐時期，或者說在宋代以前，古人對醫生這個職業是非常歧視的。一個士人，讀書人，如果不是生活所迫，不到萬不得已的時候，是不會冒著世間的流言蜚語而去做醫生的。在漢代，一些士人因喜好醫學而學醫，但學成後也不願讓人知道自己具有醫術。淳于意的老師公乘陽慶，富貴人家出身，善為醫，不肯為人治病。家中竟不知他有醫術，也不知他藏有醫書。公乘陽慶將醫術傳與淳于意時，還一再叮囑，不要讓世人甚至他的子孫知道此事。不幸的是，漢文帝時，淳于意因為隱蔽自己的醫術，不願給人看病，因此得罪了權貴中人，險些受到肉刑。幸虧其女緹縈至長安上書文帝，解救其父。

漢初如此，漢末也是如此。東漢末年名醫華佗「然本作士人，以醫見業，意常自悔」。後世文學作品常說華佗心繫百姓，不願為奸雄曹操一人診病，故託辭妻子有病需要照料而離開曹操。後被曹操發現真相而慘遭屠戮。而事實是，華佗雖有醫技傍身，卻壓根就不願做醫生。因為他本是士人，為了仕途投奔曹操，卻不想曹操未許他一官半職，而只當做隨身醫生使用。既然仕途無望，又恥於為醫，故而華佗一怒之下拂袖而去，卻不料招來殺身之禍。與華佗同時代的張仲景雖無華佗之盛名，但也醫技傍身，若為人所知，恐怕難以舉孝廉，更無論為長沙太守。退而言之，即便張仲景做到了長沙太守的位置，他不顧顏面在公堂之上為人看病，則東漢朝廷顏面何在？很難想像在當時社會環境下他會有如此離經叛道之舉。

我們不能用今天社會的思維去設想古人的種種行為。因為很多在今日想當然的一些行為，若放在久遠的古代，反而演繹成匪夷所思的事件。如華佗之死因、張仲景坐堂醫生之典故，這些在今人看來再正常不過的事情，若放在當時的社會環境中看，一定是後人安插上去的時空穿越的故事。那麼什麼時代的人可以安插這種故事呢？宋代以後的人可以。因為中國古代醫生的地位就是

從宋代開始明顯提升的。中唐韓愈在《師說》中仍然提到「巫醫樂師百工之人，君子不齒」，可見中唐時期醫生的社會地位仍然未入主流。然而，從晚唐五代開始的一場社會變革，最終造成了中國宋代社會的深刻變革——這就是一百年前日本學者內藤湖南提出的唐宋變革說，我們會在之後的宋元醫學史章節中講到唐宋變革說——在這場深刻的社會變革下，宋代以後醫生社會地位較之漢唐時期有了明顯提升。宋人對醫學態度也發生巨大的轉變，文人反而以不知醫為恥。「不為良相，便為良醫。」宋代官員不乏知醫行醫之人。從醫更是成為落第文人的職業首選。在這樣的社會氛圍下，人們慣於見到讀書人行醫救人的同時，科場高中；或者官員在案牘之餘暇，不忘為百姓診療。回到這個故事的開頭，為什麼從北宋開始，社會上忽然出現一個張仲景舉孝廉官至長沙太守、在公堂之上給人看病的故事？這個故事為什麼沒有出現在東漢至唐代？因為它的出現，本身就是唐宋社會變革的映像產物。所以說，甘伯宗《名醫錄》出現的時間上限，不會早於晚唐那場社會變革的開始。

二、醫聖的由來

醫聖的大名，由來已久。然而其源並非在其死後不久，而是在大約千年以後。張仲景的醫書，在其死後流傳即綿延不絕，但在宋代以前，卻絕少有人看見。其書也從未得到醫家及世人的重視。唐代王燾、孫思邈在提到張仲景時，也不過將其著作視為方書之一種。張仲景死後其名聲及著作的命運，在宋代出現了歷史性的轉折。由於宋代社會結構的改變，醫生地位出現整體的提高，再加上國家對醫學的重視以及書籍的普及，因而在北宋之時，其著作得到系統整理，建立在其著作之上的傷寒學派繼而正式形成。張仲景的大名也隨之聲聞天下。歷史上第一波對張仲景聖化的運動開始了。

張仲景第一次聖化運動興起的背景，是當時書籍的市場普及化。在中國印刷史上，曾有兩次書籍市場化較高的時期，第一次是在宋代，第二次是從明代中後期開始。書籍的兩次普及，使得一些故紙堆中的人物得到重生。張仲景無疑就是這兩次運動的受益者。北宋仁宗嘉祐二年（1057），國家正式成立了校正醫書局，開始校訂刊行大量古代醫書。張仲景的《傷寒論》、《金匱玉函經》、《金匱要略方論》得到整理出版。

《傷寒論》得到重視，也與北宋熙寧年間太醫局教育的改革有密切聯繫。熙寧九年（1076），王安石變法也涉及到了醫學教育。當時朝廷將太醫局從太

常寺中分離出來,成為獨立教育機構,定期招生。在必修教材中,《傷寒論》名列其中。隨著當時醫生社會地位的提高,醫官待遇的提高,從事醫學的人越來越多,《傷寒論》因此能在較短的時間內自上而下流傳開來。

《傷寒論》的出版,在當時醫界、學界引起極大重視。其直接影響是傷寒學派的興起。而張仲景大名也開始在這一過程中被世人不斷推崇。先是宋人許叔微(1080~1154)將張仲景比附為孔子:「論傷寒而不讀仲景書,猶為儒不知本有孔子六經也。」〔註65〕接著是宋金之時成無己在《傷寒明理論》中稱張仲景為「大聖」:「惟張仲景方一部,最為眾方之祖。是以仲景本伊尹之法,伊尹本神農之經,醫帙之中,特為樞要,參今法古,不越毫末,實乃大聖之所作也。」〔註66〕再是金代名醫劉完素在《素問玄機原病式》序言中直呼張仲景為「亞聖」:「夫三墳之書者,大聖人之教也。法象天地,理合自然,本乎大道,仲景者,亞聖也。雖仲景之書,未備聖人之教,亦幾於聖人,文亦玄奧,以致今之學者,尚為難焉。」〔註67〕仲景之亞聖,是與孔子相較,而非僅在醫家中言。故劉完素已將仲景推為醫中第一人。稍後王好古在1236年成書的《陰證略例》中亦以亞聖稱仲景:「以此言之,則仲景大經之言盡矣。但患世之醫者不知耳!此亞聖言簡而意有餘也。」〔註68〕南宋晚期楊士瀛將張仲景與宋代傷寒學代表人物朱肱並贊為醫家孔孟:「傷寒格法,張長沙開其源,朱奉議導其流,前哲后賢,發明秘妙,吾儒之孔孟矣。」〔註69〕

幾乎整個宋代,宋金醫家對張仲景溢美之詞不絕於耳。這顯然源於當時傷寒學派的興起。而且,我們需要注意到一個事實,張仲景在醫界的地位雖然大大提高,但此時不吝溢美之辭的人往往都是那些推崇傷寒學的人。隨著傷寒學派的興起,張仲景此時在學派中獨尊地位已經形成,但說他是醫聖似乎還言過其實。尤其是隨著後世傷寒學派的一度衰微,張仲景的醫名必也深受影響。

〔註65〕 (宋)許叔微原著、李玲校注:《傷寒百證歌》,長沙:湖南科學技術出版社,2013年,第11頁。

〔註66〕 (宋)成無己:《傷寒明理論》卷下《藥方論序》,上海:上海科技出版社,1990年,第3頁。

〔註67〕 (金)劉完素著、孫桐校注:《素問玄機原病式·序》,南京:江蘇科技出版社,1985年,第5頁。

〔註68〕 (金)王好古著、左言富點校:《陰證略例·韓祗和溫中例》,南京:江蘇科技出版社,1985年,第44頁。

〔註69〕 (宋)楊士瀛:《仁齋傷寒類書》卷1,載氏著《楊士瀛醫學全書》,北京:中國中醫藥出版社,2006年,第448頁。

　　明代中後期，第二波崇聖運動開始了。第二波運動肇端於李濂的《醫史》，該書成書於嘉靖二十六年（1547）。李濂在該書第六卷中為張仲景作傳，並沿襲劉完素的說法，稱其為醫中亞聖。隨後，另一位醫家徐春圃在成書於嘉靖三十五年（1556）的《古今醫統大全》中首次稱張仲景為醫聖：「張機，字仲景，南陽人，受業張伯祖，醫學超群，舉孝廉，官至長沙太守。建安年間，病傷寒死者，十居其七。機按《內經》傷寒治法，存活甚眾。著論二十二篇，合三百九十七法，一百一十三方，為諸方之祖。凡移治諸證如神，後人賴之為醫聖。」〔註70〕這之後，成書於 1575 年李梴的《醫學入門》，成書於 1594 年方有執的《傷寒論條辨》，成書於 1599 年趙開美刊刻的《仲景全書‧醫林列傳‧張仲景傳》，成書於 1624 年的《張卿子傷寒論》中均有「後世稱為醫聖」之句。

　　不過，需要指出的是，在中晚明時期，不少醫書中不僅稱仲景為醫聖，也喜稱別的醫家為醫聖。如李梴在《醫學入門》中也稱唐代韋訊為「醫中之聖」；徐春圃在《古今醫統大全》中也稱秦越人為「亞聖」；王肯堂在《幼科證治準繩》中稱宋代錢乙為「小方脈之祖，醫中之聖」；張鳳奎在《增訂葉評傷暑全書》中稱金代李杲為醫聖；蕭京則稱明代薛已為「一代醫聖，千載宗工」。由此可見，醫聖一詞之使用，當時有泛濫之勢。張仲景此時雖被尊為醫聖，卻不代表其在醫界獨尊地位的形成。

　　這種情形似乎一直持續到清初方才有所收斂。清代以後，醫聖一詞，僅限於張仲景一人而已。這種現象，一直持續至今。今日當我們稱呼醫聖，即指仲景。張仲景已與醫聖劃上了等號。總之，在第二次崇聖運動中，被推舉出的文本英雄本來並非張仲景一人，但是隨著人們的普遍認同的形成，張仲景成為最後的文本幸存者。

三、醫聖祠的興建

　　考證完醫聖的由來，我們再來考證一下醫聖祠的由來。今天的南陽有被列為國家文物保護單位的醫聖祠。各地的藥王廟中，張仲景也是或為主神或為陪祀。地方上對張仲景的祭祀始於何時，這是我們需要關注的問題。因為它和醫聖的由來一樣，都反映出張仲景聖化過程中歷史層累地造成。

〔註70〕（明）徐春圃編集，項長生點校：《醫學入門》卷首《歷代醫學姓氏‧儒醫》，天津：天津科技出版社，1999 年，第 18 頁。

官方對醫學人物的祭祀，始於唐代的三皇廟。三皇廟除主祀伏羲、神農、黃帝外，還配享黃帝時期的十大名醫。早年張仲景並不在廟內名醫之列。即便是在張仲景暴得大名的宋代，也是如此。元代以後張仲景始見於三皇廟內。如山西孝義市三皇廟，為元代建築結構，其中陪祀十大名醫為歧伯、雷公、扁鵲、淳于意、華佗、張仲景、皇甫謐、葛洪、孫思邈、韋善俊。但終明一代，張仲景並沒有祭祀的專祠，只是一位從祀的人物。〔註71〕

這種情況直到清代才開始改變。其改變的標誌便是南陽醫聖祠和長沙張公祠的先後建立。清朝康熙年間，徐彬寫了一本書叫《金匱要略論注》。這本書所附《張仲景靈異記》裏記載了南陽醫聖祠建立的始末：

> 蘭陽諸生馮應鼇，崇禎戊辰，初夏病寒熱幾殆，夜夢神人金冠黃衣，以手撫其體，百節通瑩。問之曰：我漢長沙太守，南陽張仲景也。今活子，我有憾事，盍為我釋之。南陽城東四里有祠，祠後七十七步有墓，歲久湮沒，將穿井於其上封之。唯子覺而病良愈。是秋應鼇即千里走南陽城東，訪先生祠墓。於仁濟橋西謁三皇廟，旁列古名醫，內有衣冠鬚眉，宛如夢中見者，拭塵視壁間題，果仲景也。因步廟後，求先生墓，已為明經祝丞蔬圃，語之故，駭愕不聽。詢之父老，雲廟後有古冢碑記，為指揮郭雲督修，唐府燒灰焚毀。應鼇遂記石廟中。而去後四年，園丁掘井圃中丈餘，得石碣，果先生墓，與應鼇所記不爽尺寸。下有石洞幽窈，聞風雷聲懼而封之。應鼇以寇盜充斥，不能行。又十年餘，應鼇訓葉，葉隸南陽入都謁先生墓，墓雖封，猶在洳流畦壞間也。問其主，易祝而包而楊，楊又復歸包。包孝廉慨然捐其地，郡丞漢陽張三異聞其事，而奇之，為募疏，請之監司僚屬，輸金助工立專祠，重門殿廡，冠以高亭，題曰：漢長沙太守醫聖張仲景祠墓。耆老陳誠又云：祠後高阜，相傳為先生故宅，迄今以張名巷，巷之西有張真人祠，石額存焉。祀張仙或傳之久而誤也。祠墓成於順治丙申年，距戊辰已三十稔云。〔註72〕

〔註71〕 參見薛磊：《元代三皇祭祀考述》，《元史論叢》（第十三輯），天津：天津古籍出版社，2010年，第212～225頁；榮真：《中國古代民間信仰研究：以三皇和城隍為中心》，北京：中國商務出版社，2006年。

〔註72〕 （清）徐彬著、葉進點評：《金匱要略論注》，北京：中國醫藥科技出版社，2020年，第280頁。

　　據載，明崇禎五年（1632），讀書人馮應鰲某夜在其夢中，夢見張仲景。後依其所囑，在南陽城東，仁濟橋西，三皇廟後，找到張仲景墓。由於古冢所在地為明經祝丞的菜園，不得擅自翻動。因此馮應鰲只得留下標記而去。到了順治五年（1648），馮應鰲被派往葉縣擔任訓導，葉縣地屬南陽，他因而與南陽府丞張三異商討在南陽修葺張仲景墓和祠堂之事。張三異大加支持，於順治十五年（1658）修復張仲景之墓，並建祠三楹於墓後。醫聖祠因而建立。

　　徐彬《金匱要略論注》中，雖然整件事情的記載不乏靈異成分，但是透漏出了醫聖祠形成的時間以及地方官員參與其中的重要信息。至於今天收藏的張仲景墓碑及碑座，應該也是這一時期製作的。而後醫聖祠規模不斷擴大。至民國時，該祠已擁有祭田 600 畝。今日醫聖祠，香火日盛，更是成為南陽百姓祈福祛病的必去場所。

南陽醫聖祠

　　稍後乾隆時期，長沙也出現了紀念張仲景的張公祠。據乾隆《長沙府志》和同治《長沙縣志》記載，張公祠始建於乾隆八年（1743），也是由官府主導建立的。不過，相較於南陽醫聖祠的香火不斷，長沙張公祠一直不為當地人民所接受。乾隆八年建立後，50 餘年就荒廢。嘉慶二年重修後，六十餘年後又

廢為民屋。晚清時醫者出資重新修葺，但是在民國期間又改做他用。之後就再也未恢復過來了。這或許說明，醫聖張仲景並沒有在長沙擔任過太守一職，張公祠因之也沒有得到長沙人民的廣泛認同。

四、《傷寒論》的來源

長久以來，人們認為《傷寒論》是張仲景所獨撰。隨著宋代以後傷寒學派日漸隆興，張仲景也因此得到醫聖的稱號。但是近年來，一些學者提出不同見解，認為張仲景撰寫《傷寒論》是有所依的，而後人對張仲景《傷寒論》的修訂亦添加進不少寶貴的思想。故而《傷寒論》之偉大，非仲景一人之功。

張仲景本人在《傷寒論自序》云：「勤求古訓，博採眾方。」其勤求博採者當為東漢時期流行天下的經方著作《湯液經法》。早在西晉的時候，皇甫謐就提出了張仲景是依照《湯液經法》而撰成《傷寒論》：「伊尹以亞聖之才，撰用《神農本草》，以為《湯液》。」又云：「仲景論廣伊尹《湯液》為十數卷，用之多驗。近代太醫令王叔和撰次仲景遺論甚精，皆可施用。」〔註73〕皇甫謐明確指出，張仲景是依《湯液經法》撰寫的《傷寒雜病論》。《湯液經法》的作者是不是伊尹，我們暫且不論。此書應該是成書於漢時的一部經方著作，作者不詳。《漢書藝文志》經方類著作裏著錄有「《湯液經法》三十二卷」，也沒有標明作者。皇甫謐本人可能是閱讀過《湯液經法》的，並在對比《傷寒雜病論》和《湯液經法》的基礎上，得出結論，認為張仲景之書正是對《湯液經法》的補充和完善。

後來到了宋代，林億等人在校訂《傷寒論》時，也繼承了皇甫謐的說法，認定《傷寒雜病論》是張仲景在《湯液經法》基礎上論廣而成。林億在《傷寒論序》中說：「夫《傷寒論》，蓋祖述大聖人之意，諸家莫其倫擬。故晉皇甫謐序《甲乙針經》云：伊尹以元聖之才，撰用《神農本草》以為《湯液》，漢張仲景論廣《湯液》為十數卷，用之多驗。近世太醫令王叔和，撰次仲景遺論甚精，皆可施用。是仲景本伊尹之法，伊尹本神農之經，得不謂祖述大聖人之意乎？」〔註74〕因此，北宋校正醫書局於《傷寒論》每卷首行都標以「漢張仲景述」五字，認定此書是張仲景述而非撰。皇甫謐、林億諸前賢皆謂《傷寒雜病論》在《伊尹湯液》一書基礎上而成。

〔註73〕（晉）皇甫謐編集：《針灸甲乙經‧〈黃帝三部針灸甲乙經〉序》。
〔註74〕（漢）張仲景述、（晉）王叔和撰次、錢超塵、郝萬山整理：《傷寒論》。

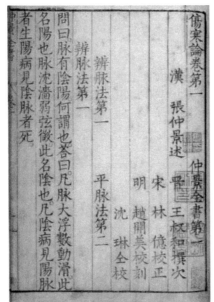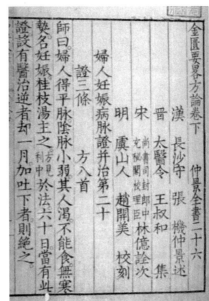

臺灣中研院藏《仲景全書》之《傷寒論》、《金匱要略方論》書影

　　正因為《湯液經法》來源於漢時經方，因此在張仲景時代以及之後的整個晉唐時期，《傷寒雜病論》僅僅屬於眾多經方中的一種，並未引起世人重視。只是到了宋代，隨著傷寒學派的崛起，張仲景學術地位空前提高，《傷寒論》研究專著層出不窮（當時專著多達 70 餘種），《傷寒論》和《金匱要略方論》才逐漸被後人視為經方。然而，雖然自皇甫謐至北宋校正醫書局，前賢早已認定《傷寒論》本於《湯液經法》，但是由於《湯液經法》久佚，世人不得而見，因此這種說法一直無法得到證實。久而久之，隨著傷寒學的建立，張仲景地位日隆，人們更易認定《傷寒論》乃是張仲景獨自所撰。

　　直到近代，隨著敦煌文獻的出土，一本名叫《輔行訣藏府用藥法要》（以下簡稱《輔行訣》）的書映入人們眼簾，人們終於瞭解到《湯液經法》的部分內容。〔註75〕《輔行訣》署名是「梁華陽隱居陶弘景撰」。此書是不是陶弘景所撰不得而知，抄寫年代應該是在宋以前。《輔行訣》原藏敦煌藏經洞，後為河北省威縣張渥南購得，傳於嫡孫張大昌，「文化大革命」中被毀。近年來，幸有張大昌、錢超塵諸人的努力，《輔行訣》抄本已被整理出版。見張大昌、錢超塵主編之《〈輔行訣五臟用藥法要〉傳承集》。

〔註75〕以下對《輔行訣藏府用藥法要》的介紹，主要參照錢超塵：《〈湯液經法〉奠定〈傷寒論〉基礎》，中國中醫藥報，2010 年 4 月 22 日。

　　《輔行訣藏府用藥法要》是對《湯液經法》的一個摘錄。文中說：「商有聖相伊尹，撰《湯液經法》三卷，為方亦三百六十首……實萬代醫家之規範，蒼生護命之大寶也。今檢錄常情需用者六十首，備山中預防災疾用耳。」「山林辟居，倉卒難防，外感之疾，日數傳遍，生死往往在三五日間，豈可疏忽！若能探明此數方者，則庶無蹈險之虞也。今亦錄而識之。」〔註76〕文中也講到《湯液經法》對張仲景等醫家的影響：

　　　　漢晉以還，諸名醫輩，張機、衛汜、華元化、吳普、皇甫玄晏、支法師、葛稚川、范將軍等，皆當代名賢，咸師式此《湯液經法》，愍救疾苦，造福含靈。其間增減，雖各擅其異，或致新效，似亂舊經，而其旨趣，仍方圓之於規矩也。

　　　　……

　　　　外感天行，經方之治，有二旦、六神、大小等湯。昔南陽張機，依此諸方，撰為《傷寒論》一部，療治明悉，後學咸尊奉之。

　　　　……

　　　　陽旦者，升陽之方，以黃芪為主；陰旦者，扶陰之方，以柴胡為主；青龍者，宣發之方，以麻黃為主；白虎者，收重之方，以石膏為主；朱鳥者，清滋之方，以雞子黃為主；玄武者，溫滲之方，以附子為主。此六方者，為六合之正精，升降陰陽，交互金木，既濟水火，乃神明之劑也。張機撰《傷寒論》，避道家之稱，故其方皆非正名也，但以某藥名之，以推主為識耳。〔註77〕

　　按照《輔行訣》裏的說法，作者陶弘景之所以編成本書，是因為諸病以外感天行奪人性命最為迅速，《湯液經法》360 首經方，能夠對症下藥，起效迅速，漢晉以來名醫無不深受其影響。這其中就包括張仲景。所以陶氏抄錄了其中 60 首，以備隱居山中不時之需。同時，由於兩漢時期道家思想頗受重視，因而方劑名稱亦受到道家思想影響。東漢末張仲景「以某藥為名，以推主為識」，改變漢代方劑名稱之道家色彩，是方劑學一次重大變革。

　　我們今天看到的《輔行訣》只抄錄了《湯液經法》六分之一的經方，不過

〔註76〕（梁）陶弘景撰、張大昌、錢超塵主編：《〈輔行訣五臟用藥法要〉傳承集》，北京：學苑出版社，2008 年，第 12、13、17 頁。

〔註77〕（梁）陶弘景撰、張大昌、錢超塵主編：《〈輔行訣五臟用藥法要〉傳承集》，第 11、17、20 頁。

即便如此，錢超塵、溫長路二人還是仔細研究了這幾十首方劑，並且指出其中16首，皆為《傷寒論》所收錄，確切證明了《傷寒論》係依《湯液經法》撰著而成。這十六首方劑是：小陽旦湯（即《傷寒論》之桂枝湯）、小陰旦湯（即《傷寒論》之黃芩湯加生薑）、大陽旦湯、大陰旦湯（即《傷寒論》之小柴胡湯）、小青龍湯（即《傷寒論》之麻黃湯）、大青龍湯（即《傷寒論》之小青龍湯）、小白虎湯（即《傷寒論》之白虎湯）、大白虎湯（即《傷寒論》之竹葉石膏湯）、小朱鳥湯（即《傷寒論》之黃連阿膠湯）、大朱鳥湯、小玄武湯（即《傷寒論》之真武湯）、大玄武湯（即《傷寒論》之真武湯與理中丸合方）、小勾陳湯（即甘草乾薑湯加人參大棗）、大勾陳湯（即生薑瀉心湯去乾薑）、小螣蛇湯、大螣蛇湯。

上述十六方中，不見於今本《傷寒論》者有大陽旦湯、大朱鳥湯、大小勾陳湯、大小螣蛇湯六方，但是《輔行訣》講「外感天行，經方之治有二旦、六神、大小等湯。昔南陽張機依此諸方撰為《傷寒論》一部，療治明悉，後學咸尊奉之」。也就是說《傷寒論》是原有此六方的。而已有之方的方名，也與《傷寒論》中相應方名不同。東漢時期，道教興起，起於民間的經方著作《湯液經法》在經方命名上有顯著的道教痕跡。這種影響也可見於張仲景，但卻沒有《湯液經法》影響大。這恐怕與張仲景士人身份有關。

五、《傷寒論》的版本〔註78〕

我們先看《傷寒論》定型以前的古傳本。一是王叔和《脈經》中的《傷寒雜病論》內容。仲景仙逝之後，首先整理其著作的是王叔和。如《舊唐書·經籍志》記載：「《張仲景藥方》十五卷（王叔和撰）」〔註79〕。《新唐書·藝文志》：「王叔和《張仲景藥方》十五卷，又《傷寒卒病論》十卷」〔註80〕。皇甫謐《甲乙經序》中記載「近代太醫令王叔和撰次仲景遺論甚精」，而《甲乙經序》約作於魏甘露三年（公元258年），那麼「近代太醫令」則指王叔和當為魏太醫令，而非後世所稱「晉太醫令」。由此推知，王叔和撰次仲景遺論，應在三國之魏時期。宋人曾贊其：「仲景之書及今八百餘年，不墜於地者，皆其

〔註78〕 以下主要參考自李順保著：《傷寒論版本大全》（北京：學苑出版社，2000年），以及錢超塵教授諸篇文章。

〔註79〕 （後晉）劉昫等撰：《舊唐書》卷47《經籍志》，北京：中華書局，1975年，第2049頁。

〔註80〕 （宋）歐陽修、宋祁撰：《新唐書》卷59《藝文志》，第1567頁。

力也。」〔註81〕王叔和撰次本與仲景原著最為接近，此本當為流傳諸版本中的最原始本，但是否為現行《脈經》本的內容，還值得懷疑。《脈經》的卷七至卷九，為《傷寒雜病論》最為集中的部分，其中《傷寒論》主要存於卷七，以「可」與「不可」之治法排列。這是《傷寒論》最早的傳本，但不是全本。值得一提的是，錢超塵、溫長路二人認為，漢代沒有出現三陰三陽理論，以及六經辨證之法。當時都是按照「可」與「不可」方式辨證施治。其證據就是《脈經》中的《傷寒論》內容係按照「可」與「不可」之治法排列的，後面提到的淳化本《傷寒論》也是按照「可」與「不可」之治法排列。《傷寒論》中三陰三陽排列順序，係王叔和第二次整理《傷寒論》時編訂的。有關這一點，明代的王肯堂和民國的章太炎都論述過。〔註82〕不過，將《脈經》本內容與宋本、玉函、唐本等對比，可發現部分在宋本中無，而唐本、玉函皆有。而內容有避隋諱，亦有未避隋諱者，但未避唐諱，如「難治」未改為「難療」。據此推論，《脈經》本內容，即使未收錄於最早的《脈經》中，但大部分內容仍是源於隋以前，也或有部分隋本內容，因此，《脈經》本也當是如今可見的較早且較為完整的《傷寒論》版本內容。

二是淳化本《傷寒論》。該版本收錄於宋代太宗時期編成的《太平聖惠方》卷八中。它也是按照「可」與「不可」之治法排列，也不是全本。淳化本內容同樣未避隋諱及唐高宗李治的「治」，而其記載的內容相比其他版本偏少，則大致推測，淳化本的底本可能也是來源於六朝江南醫師秘本。

三是《金匱玉函經》。此本是北宋校正醫書局的校定本，高保衡、孫奇、林億在《校正金匱玉函經疏》中寫到：「《金匱玉函經》與《傷寒論》同體而別名，欲人互相檢閱而為表裏，以防後世之亡逸，其濟人之心，不已深乎。細考前後，乃王叔和撰次之書。」〔註83〕其在正史中最早記載於《宋史》「《金匱玉函》八卷（王叔和集）」。此當指校正醫書局整理之版本及觀點。此書亦為六朝古傳本。將《玉函經》與唐本對比，有諸多相似之處，日人丹波元簡稱《玉函經》「從唐以前傳之，大抵與《千金翼方》所援同」，章太炎也稱「唐時孫思邈多取是經」。另外，《玉函經》採取前論後方的編排形式，亦未避隋諱，則據此

〔註81〕（漢）張機著：《金匱玉函經》，北京：人民衛生出版社，2022年。
〔註82〕參見王肯堂著《傷寒證治準繩‧凡例》和章太炎《章太炎醫論‧論傷寒論原本及注家優劣》。
〔註83〕（漢）張機著：《金匱玉函經》。

分析，早期的《玉函經》可能與唐本是同一來源，亦可能是唐本的底本。不過，據章太炎考證，該書編成較晚，不太可能是王叔和編成。〔註84〕首先是內容上相差較大，其次書中有「地水火風，合和成人，四氣合德，四神安和，人一氣不調，百一病生，四神動作，四百四病，同時俱起」。這是佛教用語。佛教有五明（內明、聲明、工巧明、因明、醫方明），其中醫方明專論醫學知識。三國時吳國天竺沙門竺律炎和支越共同翻譯的《佛說佛醫經》中有這樣一段話：「人身中本有四病，一者地，二者水，三者火，四者風。風增氣起，火增熱起，水增寒起，土增力盛。本從是四病，起四百四病。」〔註85〕考王叔和時佛教似乎影響不大，尤其是未影響到社會上層，王叔和不太可能用此語。這更可能是南朝人所寫。由於該書與《傷寒論》同體異名，因此南宋以後，藏書家往往將其與《金匱要略》相混。南宋晁公武開其端，馬端臨續其後，至清代編修《四庫全書》，當時四庫館臣亦將該書與《金匱要略》混淆。現行的《金匱玉函經》是源於清代醫家陳世傑根據何焯的八卷《玉函經》手抄本，於1716年的重新雕版刊行本。雖然該版在清代於國內失傳，但有刊本流入日本，並於1746年由成美堂翻刻。本世紀三十年代又由徐衡之、章成之搜得陳世傑刊本，後經人民衛生出版社據此刻本影印發行。

　　四是唐本《傷寒論》。唐本《傷寒論》，指孫思邈《千金翼方》卷九、卷十中收錄的《傷寒論》。這個是全本，但是條文較宋本為少。孫思邈在收錄《傷寒論》時，對《傷寒論》編排次序進行了大膽地修改。從今天的《金匱玉函經》、淳化本《傷寒論》中，我們看到的編排都是前論後方，即條列於前，方匯於後，說明其在早期流傳階段是前論後方。但是從唐本《傷寒論》開始，《傷寒論》開始方證同條。孫思邈晚年得見較為完整的仲景《辨傷寒》內容，按「三陰三陽」的六綱框架，以「方證同條，比類相附」的形式整理於《千金翼方》卷九、卷十中，成為了後來的唐本《傷寒論》。孫思邈的這一思路，也影響到了後來宋代的校正醫書局，他們編排的宋本《傷寒論》也是方證同條。而宋本《傷寒論》是我們今天學習的底本。所以今人看到的《傷寒論》都是方證同條的。這是孫思邈對後人的一個重要影響。1955年，人民衛生出版社出版了影印的日本文政十二年重雕元大德刊本《千金翼方》，後有錢超塵先生以此

〔註84〕 參見章太炎：《覆刻何本金匱玉函經題辭》，本文原載《昌明醫刊》，1932年第
　　　　　2期，筆者轉引自《章太炎全集》第八冊，上海人民出版社，1994年。
〔註85〕 （吳）竺律炎、支越譯：《佛說佛醫經》，《大正藏》第17冊，No.0793。

為底本，出版了《唐本傷寒論》一書。

在唐代《傷寒論》還流傳著一個版本，就是王燾《外臺秘要》收錄的《傷寒論》、《金匱要略》的大量條文。王燾出身官宦世家，其祖父王珪是唐初傑出的宰相之一。他為官清廉善諫，與房玄齡、杜如晦、魏徵齊名，曾是李淵的太子李建成的老師。王燾的父親王敬直是南平公主的駙馬，也被封了爵位。王燾在當時的皇家圖書館——弘文館任職20多年，因此，有機會閱覽到當時最好版本的醫書。有意思的是，王燾在書中所引條文包括今本的《傷寒論》和《金匱要略》，但是其所注皆為《傷寒論》，沒有《金匱要略》。所以我們大膽猜想，在王燾所處時代，張仲景的《傷寒雜病論》還有完整版本在流傳。

另外，在唐代，還有兩個流傳海外的版本。一個是《康平本傷寒論》，一個是《康治本傷寒論》。《康平本傷寒論》據說是唐憲宗元和元年（806）日本高僧空海帶回日本的。空海，日本佛教僧侶，日本佛教真言宗創始人，804年曾至中國長安學習密宗，806年回國。此本後傳於大冢敬節並於1937年重新刊印。後大冢敬節將該本抄贈於民國時期的葉橘泉，葉氏於1947年鉛印發行，終於在國內流傳開來。1986年湖南科技出版社依此版本重新出版。《康平本傷寒論》與宋本《傷寒論》比較，它的許多條文是低兩格排印的，許多條文旁還有小字旁注和小字夾註。而宋本是沒有低兩格的條文的，小字旁注和小字夾註也一律作為正文刊印。康平本的最主要特點是其內容有一行十五字、十四字及十三字之區別，即頂格、退1格和退2格排印三種形式。另還有皆以小字的嵌注、旁注等，亦有「注……經／論／例」等區別標注，還有四逆湯均作「回逆湯」、真武湯作「玄武湯」、太陽病作「大陽病」等。大部分學者認為，康平本頂格排印的內容應是仲景原文，退1格的是準原文或仲景弟子的注文，嵌注文可能是王叔和的注解，而退2格的及旁注文大概率是晚於王叔和的後人的注解。也有人認為，退2格的和嵌注、旁注當是王叔和的注解等觀點。不管作何觀點，康平本作為唐代古傳本，都更接近《傷寒論》原貌，其版本價值不可低估。因此，部分學者認為康平本是傳世諸本中的最善本，甚至認為應是傳世古本。

《康治本傷寒論》據說也是日本僧人於唐代（806年）帶回國的。康治本一共收錄條文65條，處方50首，藥物42種，並將三陰三陽合為一篇，雖內容少，但是一足本，收錄的基本是最重要的條文和方劑，是諸版本中最為精簡的一本。謝文光認為《康治本傷寒論》版本價值不可低估。因為它的一些

條文，更接近於《傷寒論》本來面目。從方劑方名的命名來看，康治本更符合張仲景本意。方名是生藥配列的反映。方名最前的生藥名即是生藥配列最早的藥物，方名最後的生藥名就是生藥配列最後的生藥。如黃連阿膠湯，就是由黃連、黃芩、芍藥、雞子黃、阿膠五味藥組成。又如柴胡桂枝乾薑湯，在康治本中，就是由柴胡、黃芩、牡蠣、栝樓根、桂枝、甘草、乾薑七味藥構成。而在宋本《傷寒論》中，排列順序則是柴胡、桂枝、乾薑、栝樓根、黃芩、甘草、牡蠣。雖然僅僅是排列順序的不同，但可以看出康治本更符合古意。〔註86〕

　　接著我們說一下宋本《傷寒論》。《傷寒論》自張仲景之後，到北宋治平二年（1065），八百多年間，歷經魏晉南北朝隋唐五代，流傳雖然不斷，然而一直衰微不興。至北宋校正醫書局成立，「以為百病之急，無急於傷寒」，張仲景著作得到空前重視。治平二年，刊行了 10 卷 22 篇 112 方《傷寒論》大字本。該書以荊南國國主高繼沖進獻本為底本，參照孫思邈「方證同類，比類相附」思想對原文進行了重新編排。宋本《傷寒論》應當源於某本《辨傷寒》十卷，並經過了孫奇校訂，刪去重複，同時對比玉函等版本，應當還有其他調整。該書與唐本同為方證同條，而非前論後方，又因書中已避隋諱，可知宋本當源於隋本。此書字形大，冊數多，售價高，一般士人及醫家無力購買，因此流傳不廣。元祐三年（1088）《傷寒論》小字本刊行。該書流傳廣泛。後來明代趙開美得到的宋本《傷寒論》就是這種元祐小字本。宋本《傷寒論》的出現，在中醫史上是個重大歷史事件。對於傷寒學來講，它具有劃時代的意義。它的出現，直接開啟了傷寒學派，引發了傷寒學研究的熱潮。宋本《傷寒論》版本價值極高。時至今日，中醫院校學生學習的《傷寒論》，還是以宋本《傷寒論》為底本。

　　不過，由於隨後金代成無己《注解傷寒論》的出現，宋本《傷寒論》逐漸為世人所拋棄了，至明代中後期基本已經不見。明萬曆二十七年（1599），趙開美歷經艱辛，終於找到流傳於當時的元祐小字本，並依之刊刻了《傷寒論》，使得命懸一線的宋本《傷寒論》得以流傳到今天。所以，我們今天看到的宋本《傷寒論》就是指趙開美翻刻本。

〔註86〕謝文光：《日本對〈傷寒論〉最早版本的發掘與研究》，《江西中醫學院學報》，1993 年第 3 期。

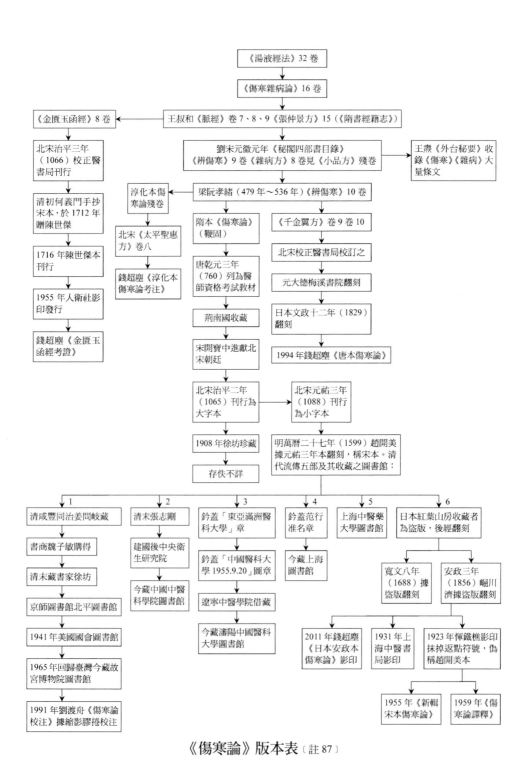

《傷寒論》版本表〔註87〕

〔註87〕轉引自錢超塵：《〈傷寒論〉版本表解》，《中醫文獻雜誌》，2011年第5期。

　　宋本《傷寒論》目前存世五部，它們分別是：臺灣故宮博物院文獻大樓三樓善本書室一部；中國中醫科學院善本書室一部；上海圖書館善本書室一部；上海中醫藥大學善本書室一部；中國醫科大學善本書室一部。五部之中，以臺灣故宮博物院藏本最為優良。今北京國家圖書館古籍部有縮微膠卷。劉渡舟教授以此縮微膠卷為底本，於 1991 年出版了《宋本〈傷寒論校注〉》。這是趙開美刊行《仲景全書》近 400 年後第一次出版的宋版《傷寒論》校注本。另外，日本國立公文書館內閣文庫也藏有一部。錢超塵教授在 2010 年作文，指出日本內閣本與臺灣本相較，錯訛較多，認為日本內閣本是趙氏初刻本，臺灣本是趙氏修訂本。〔註88〕但是在 2011 年，錢超塵又先後作文，先是指出中國現存五部宋本《傷寒論》皆是趙氏修訂本，日本內閣文庫所藏《仲景全書》不是趙本初刻本，而是據趙本初刻本之翻印本，訛誤甚多。〔註89〕而後他又認為，日本內閣本既非初刻本，亦非修訂本，實為盜版。〔註90〕

　　最後，我們再來說一下民國時期出現的桂林古本《傷寒雜病論》。民國時期，國內先後出現三種十六卷本的《傷寒雜病論》。這三種版本的《傷寒雜病論》皆稱源自張仲景。三個版本分別為長沙本、四川本、桂林本。

　　長沙本乃湖南瀏陽劉崑湘於民國初年，在江西山中得一張姓老者所授，計四冊。後人於 1932 年石印出版。四川本乃四川劉鎔經得於涪陵張齊五。據說是明代墊邑石洞中石匱所藏，為王叔和述，孫思邈校。計兩冊。1935 年劉鎔經石印出版。桂林古本《傷寒雜病論》，據書中左盛德序，此書為清代桂林左盛德氏得之於張仲景四十六世孫張紹祖，而張紹祖稱「吾家傷寒一書，相傳共有十三稿……茲所存者為第十二稿……叔和所得相傳為第七次稿」。光緒二十年（1894 年）左盛德將此書傳於同邑羅哲初並為該書作序，且冠以《桂林古本》名。張紹祖、左盛德，已不可考；羅哲初（1878～1943 年）字樹仁，號克誠子，廣西桂林人，出身書香門弟，民國時曾為南京中央國醫館編審，在寧滬二十餘年，與國內中醫名流周岐隱、黃竹齋至善。1934 年，黃竹齋將該書抄回陝西。1939 年，由陝軍將領張鈁（伯英）捐資刊印 250 部。1937 年羅哲初返桂，1943 年染疫痢病逝。期間將該書傳於次子羅繼壽，1956 年羅繼壽將該

〔註88〕錢超塵：《宋本〈傷寒論〉版本簡考》，《河南中醫》，2010 年第 1 期。
〔註89〕錢超塵：《〈傷寒論〉臺灣故宮本、日本內閣本、安政本比較研究（二）——內閣本是趙開美本翻刻本》，《中醫藥文化》，2011 年第 2 期。
〔註90〕錢超塵：《〈傷寒論〉版本表解》，《中醫文獻雜誌》，2011 年第 5 期。

書獻出，於 1960 年出版。1958 年，黃竹齋也將書版獻出，後保存於陝西省中醫研究院。1981 年，陝西省中醫研究院將此木刻版送至南陽醫聖祠。當時在南陽還舉行了隆重的歡迎儀式。由此可見今人對桂林古本的重視程度。甚至直到 2014 年，還有學者撰文稱桂林古本《傷寒雜病論》最符合仲景原意，或可能是張仲景的真傳本。

　　三種新出的《傷寒雜病論》中，我們重點辨析桂林古本的真偽。桂林古本之偽，主要體現在以下三個方面。首先在文辭上，桂林古本受明清白話文影響，漸趨通俗，不似仲景原文之古樸深奧。其次在內容上，《桂林古本》與通行本之差別，主要是增加了溫病學內容。該書直接襲用了溫病學說形成後的各種病名。清代吳鞠通在《溫病條辨》中首先論述了風溫、溫熱、溫疫、溫毒、暑溫、濕溫、秋燥、溫瘧等八種溫病，這些病名及論述全部出現在《桂林古本》中，可見該書出於吳鞠通《溫病條辨》之後。書中將大量溫病內容直接納入《傷寒雜病論》，足見其受溫病學影響至深。但也正因為如此，說明桂林古本是晚晴時期傷寒學與溫病學融合的產物。最後在作偽上，留下了蛛絲馬蹟。錢超塵教授等人還就前賢時彥很少論及的桂林古本《傷寒雜病論》中的兩個中醫文獻問題——「刪王叔和按語而暗用其義」「刪林億校語而暗用其義」進行論證，從而揭示該本的偽本屬性。見一知三，則三種新出《傷寒雜病論》為偽本之事實明矣。

第四章　晉唐醫學史

西晉—五代（265～960）

第一節　晉唐醫學理論與臨床的大發展

　　西晉至五代時期（265～960）是中國歷史上治亂相間的時期。在這近 700 年時間裏，治、亂時間之比大概為 2：5。西晉（265～316）在 280 年滅掉東吳之後，維持統一的時間不足 30 年，很快在內部鬥爭及五胡亂華下南遷了。中國由此進入東晉和十六國時期，隨後又進入南北朝時期。中國處在長達 300 年之久的動盪之中。直到隋朝 589 年再度統一中國，隨之而起的唐朝又將這種統一局面維持百餘年，將中國中古社會推向空前的繁榮，迎來所謂的開天盛世。755 年安史之亂後，唐朝的發展勢頭被攔腰截斷，中國又進入了 200 餘年的武裝割據狀態，一直到北宋重新消滅這些地方上的割據。

　　在這近 700 年的時間裏，儒學經歷了衰微到重新復興，佛道二教則建立或傳入，並以蓬勃之勢發展，其勢甚至有壓倒儒教之勢。但總體而言，晉唐時期的儒釋道三教如三駕馬車一樣並駕齊驅，他們分工嚴謹。儒教關注的是現實的、公共的制度名物；道教和佛教均注重個體的超越和解脫。道教把努力放在今生現世中，希望今生通過修行羽化昇天；佛教寄希望於來世他鄉里，或死後登上彼岸淨土。三教又有共同的追求，那就是都以超越污濁世間生活為教旨。這使得晉唐時期的人的生活空間不似戰國兩漢時期人那樣，只局限於現實功利計算爭奪上，他們的精神，更富於想像、超拔、浪漫和激情。晉唐人宗教情懷較重，他們容易突破肉身的限制，將自己的人生與天地、鬼神、三世輪迴聯繫起來。如果說先秦兩漢時期人的思想具有務實性、技術性的話，那麼晉

唐時期人的思想中浪漫主義色彩是最濃厚的。晉唐人的文學，多為詩賦。這是之後一千年間的中國人無法體會到的。

在社會政治文化發生巨變的同時，社會人群結構也在發生著微妙的變化。在先秦時期，社會結構曾經經歷過由貴族為主體向平民為主體的一次變遷，其體現就是禮崩樂壞與百家爭鳴。漢初政權建立，體現了一次平民的勝利。但是平民掌權之後，很快就貴族化了。東漢後期，貴族的統治陷入危機，曹操這樣的強人乘勢而起，他的政權既是依靠貴族扶持，但同時也在狠狠壓制貴族。曹魏政權由於不向地方貴族妥協，最終在建立 40 年後被司馬氏取代。五胡亂華、晉室南遷後，北方貴族被迫南遷，餘下則或被摧毀，或與少數民族政權合作。貴族文化在北方消失，而在東晉南朝境內連綿不絕。這些貴族世家，由於有世代相傳的經學訓習，有較好的精神教養，因此，中國的古典文化精神才能得到精心呵護。先秦兩漢時期的古籍的整理注疏也在他們的努力下代代相傳。至隋代重新統一中國，南方貴族重新與北方新興貴族合作，中國的文化重心又重新回歸北方。而經學訓習之風，重歸北方，並由此影響到隋唐兩代學術方向。

一、晉唐醫學「重方藥，輕理論」說新解

一般中醫學教材，一提到晉唐醫學，就有「重方藥，輕理論」之說，認為這一時期的方藥研究取得重大進展，而理論研究沒有取得什麼突破性進展。這種認識，是從與之前的秦漢醫學及之後的宋元醫學對比中得出的。秦漢時期，在中國元典文化形成的基礎上，中醫四大經典也陸續形成。其理論貢獻自不用多說。宋元時期，儒醫興起，醫家各派理論蜂起，自成一家者比比皆是，他們不拘古法，提出新說，對明清醫學乃至今日醫學影響深遠。故理論貢獻更為今人熟知。唯有晉唐醫學，除了對一些藥典的編纂和對中醫經典的整理注釋的貢獻，理論似無創新之處。那麼，事實果真如此嗎？

晉唐醫學創新特點不鮮明，在於晉唐醫學恰好處於中醫學發展範式形成之後的常規科學階段。美國科技史學家托馬斯·庫恩（T. Kuhn）在《科學革命的結構》一書中，將科技史分為不同的範式（paradigm）階段。不同範式之間並無優劣之別。「科學革命」的實質，一言以蔽之，就是「範式轉換」。在一個範式的初始階段，往往處於理論的突破期。突破期是範式建立的時期，是開學科風氣之先的時期。秦漢醫學便是因處於這一階段而輝煌燦爛。而晉唐醫

學則處於這一醫學範式的逐漸成熟階段，其研究乃在於澄清範式所已經提供的那些現象與理論，而非發現新類型的現象或者發明新理論。晉唐醫學的意義，在於它是一項高度累積性的事業，它擴大了秦漢醫學範式所能應用的範圍和精確性。晉唐時期醫學理論並非只有纂輯而無發明，只是處在這一階段的中醫學並不能像秦漢時期那樣取得劃時代的理論進展（如有，則意味著下一個範式的開啟）。晉唐醫家既沒有先秦兩漢醫家的開創之功，也不如宋元醫家革新之猛，故而後人看到的唐代醫學理論創新水平較之於唐代文化盛世黯淡不少。

這種黯淡，還可以體現在時人做學問的保守方式之上。上文提到，晉唐時期，中國貴族學者盛行經學訓習之風，習慣代代整理注疏先秦兩漢時期的中國古典文化書籍。如今日的《十三經注疏》，就是唐代流傳下來的。在這種學問方式下，晉唐人很多真知灼見都隱藏在了經文的注疏之中，讀之使人以為是經典之寓意。其實不然。流風所及，醫家也不能例外。如這一時期王叔和整理的《傷寒論》、王冰整理的《重廣補注黃帝內經素問》等巨著，無不透露出這一時期作者的醫學創新。但是後人往往將之視為經典本身的蘊涵，而忽略整理者本人的貢獻。所以，晉唐醫學創新成就雖大，但是留給後人的印象往往是拾人牙慧。晉唐醫家理論研究的形式也與後世宋元醫家迥然不同。前者博採兼收，崇尚實效，其理論多是據古典學說的極力闡發；後者側重於專題闡發，不拘前說，另立門戶。宋元人的這種研究形式，雖促進了醫學理論的深化和理論與實踐的結合，但是主觀意識強烈，門戶之分顯然。比較而言，晉唐醫家墨守成規，宋元醫家別開生面，自然世人認為前者輕於理論，後者更重理論。然而，不論何種學問方式，都有功於醫學的進展，只是二者醫風特點不同而已。

我們且來看如下的史實：先說對《內經》的注解。南朝齊梁間人全元起最早為《素問》注解，書名為《素問訓解》，共 8 卷，惜於南宋時逸散；隋唐人楊上善（585～670）是分類注釋《內經》的第一家。其整理注解的《太素》，是現存最早的《內經》注本。楊上善注文多據《說文》、《爾雅》、《廣雅》等著作，訓詁優雅，釋義精準。其特點主要是首創對《內經》的全面分類，即將《內經》兩個 81 篇次序打亂，重新分為攝生、陰陽、臟腑、經脈、腧穴、營衛氣、九針、診候、證候、補瀉、傷寒、寒熱、邪論、風論、氣論、雜病、身度、人合、設方 19 類，並予以解釋。從而加強《內經》理論的條理性、系統性。

　　《素問》注本中影響最大的是中唐人王冰（約 710～805）重新編次注釋《素問》而成的《重廣補注黃帝內經素問》。該書凡 24 卷 81 篇。王氏注本，不僅眉目清晰，內容系統，還突出治未病的預防醫學思想。另外，由其添加的運氣七篇大論，也直接導致後世運氣學說的興起。總之，王冰注本，對中醫理論和臨床治療均產生重要影響。

　　如上所述，這一時期的醫家，依據《內經》經文或者後人直接添入的偽經文，所闡述出的中醫理論成果豐碩。只是由於晉唐人是在漢代《內經》基礎上做的注疏，加之由於時代久遠，其注釋本身也被後人多摻入原文，因而這些理論貢獻，往往被人歸於兩漢的《黃帝內經》本身。但是，漢代《黃帝內經》原文必定少而雜亂，遠不如晉唐時期整理完備的《黃帝內經》那樣編排合理，闡釋精微。

　　我們再以對《傷寒雜病論》的整理為例。《傷寒雜病論》成書後，不久即已逸散。魏晉時期王叔和整理編次成《傷寒論》一書，計 10 卷 22 篇。後世醫家認為，《傷寒論》中重要的 11 篇文章，均非張仲景手筆，疑似王叔和添加。且王叔和在書中對治法的分類研究，較切合臨床實際。一些學者甚至指出，在張仲景《傷寒雜病論》原文中，尚未出現辨證論治思想。是王叔和將這一偉大思想注入《傷寒論》中的。雖然後世對王叔和之編次水平褒貶不一，但是王叔和對傷寒學的貢獻不容抹煞。王叔和的學術成就，即在於他通過整理《傷寒論》，闡發了自己辨證論治的精神。其在傷寒學中的貢獻，可以說，無論怎樣推崇都不為過。

　　唐代孫思邈以方類證，將《傷寒論》所有條文按照方證比附歸類。實為後世從方證角度探索《傷寒論》的先導。其研究成果收入《千金翼方》卷 9 至卷 10。孫思邈認為，《傷寒論》大意「不過三種：一則桂枝，二則麻黃，三則青龍。此之三方，凡療傷寒不出之也」。〔註1〕明代的方有執、喻嘉言將此學術思想發揮為三綱鼎立學說。三綱鼎立學說，簡單來說，就是傷寒以六經為綱，六經以太陽經為綱，太陽經以風傷衛、寒傷營、風寒兩傷營衛為大綱。孫思邈認為傷寒之正，乃在太陽，余陽明、少陽、太陰、少陰、厥陰都是失治、誤治，病邪不解而導致的。所以治傷寒，主要是搞懂太陽病。後來明代方有執在《傷寒論條辨》中以桂枝湯、麻黃湯、大青龍湯為三綱，解讀六經之病，重訂《傷

〔註1〕　（唐）孫思邈撰：《千金翼方》卷 9《傷寒上》，北京：中國醫藥科技出版社，
　　　　2011 年，第 107 頁。

寒論》。喻昌對此很是贊同。但是三綱病因病機的闡述又不僅僅限於太陽病，其他五經病也可以如此歸類。所以，他們認為整部《傷寒論》就是從三綱的病因、病機來闡述的。只有從六經立論，三綱編次，才能揭示仲景真旨。於是三綱學派把太陽病篇分為三章，按三綱的次序排列條文；其他五經沒有分篇，但是亦按照三綱的次序排列條文。〔註2〕三綱鼎立之說由唐代孫思邈首創麻桂青龍療傷寒的提法，經宋代成無己、明清方有執、喻昌等先後闡發，最終形成。其說名為復原張仲景辨證論治的本意，實為後世醫家的發揮。它事實上反映了傷寒學醫家對傷寒病的發生、發展、傳變、轉歸的新的認識。

　　總之，成書於兩漢的《黃帝內經》、《傷寒雜病論》，其理論應該還不是很豐富完善。直到晉唐時期，其理論才開始有顯著發展。我們甚至可以認為，醫經學、傷寒學的發展，就是肇始於此時。然而，要想證明這些理論的產生是在晉唐時期而非兩漢時期，確實非常困難。歷史學界有一句話，叫證有容易，證無難。一個東西或一種學說，如果有文獻的支持或考古發掘的支持，很容易證明它的存在；而如果一直沒有相關證據證明，我們也不能一口否定它的存在。〔註3〕所以，上文中我們關於《內經》和《傷寒論》一些理論出現時間的

〔註2〕三綱學說具體內容如下：1. 風傷衛：衛氣屬陽，而風為陽邪，陽則從陽，風邪侵入則傷衛氣，便形成太陽中風的病機。又，太陽中風誤治後的變證和傳變入裏的陽熱證，均從風傷衛注疏辨析。2. 寒傷營：營氣屬陰，而寒為陰邪，陰則從陰，寒邪侵入則傷營氣，便形成太陽傷寒的病機。又，太陽傷寒誤治後的變證和傳變入裏的陰寒證，均從寒傷營注疏辨析。3. 風寒兩傷營衛：有三類，一類是初感於寒，續中於風，脈象浮緩，似麻黃湯證；另一類是先中於風，再感於寒，似麻黃湯證反見煩躁；第三類是風傷衛入裏之熱證和寒傷營入裏之寒證相合而成的證候，即寒熱相雜證候。這三類證候均從風寒兩傷營衛的病機注疏辨析。

〔註3〕比如宋史學界便熱衷於一個話題的討論：《滿江紅》是不是岳飛所寫。從上世紀30年代起，余嘉錫率先提出《滿江紅》真偽問題。之後近百年，詞作真偽就成了文史學界爭論不休的一段公案。概言之，所有論爭皆分為「證真派」和「辨偽派」兩大陣營。「證真派」的代表人物：唐圭璋、程千帆、姚雪垠、鄧廣銘、王曾瑜、王瑞來、繆鉞、周汝昌等。「辨偽派」的代表人物：余嘉錫、夏承燾、錢鍾書、饒宗頤、劉子健、張政烺、楊鐮等。對陣雙方可謂旗鼓相當，詞學宗師、文史巨匠都一一出手，支持和反對的聲音都很響亮。孰是孰非？關於「辨偽派」的主張，目前現有的主要思路及觀點有三：一、此詞宋、元三百年不見載籍，突然在「土木堡之變」後的明代中葉出現（余嘉錫、夏承燾等）。二、此詞受到元雜劇《東窗記》的影響，在明初經元雜劇唱詞「怒髮衝冠」等改編而成（王霞等）。三、此詞雜糅了前人詞作如宋詞、元曲等相關詞作句法，在明代中葉另行創作而成（錢鍾書等）。但是自上世紀80年代起，一些知名

推斷，也很難確切肯定就不是出現在漢代。在接下來的晉唐時期醫學成就論述中，我們還要面臨這樣一些窘境。

二、晉唐醫學成就舉隅

脈學在這一時期正式確立。脈學起於先秦醫學之實踐，至王叔和《脈經》時，其理論發展已頗為可觀。《脈經》的主要成就：（1）確立「寸口脈法」。確立了左右兩手寸關尺臟腑分候，成為後世脈診的規範。（2）歸納脈象二十四種。規範了脈象名稱及指下感覺。如謂「浮脈：舉之有餘，按之不足」；「沉脈：舉之不足，按之有餘」。（3）總結脈學臨床意義。對脈象主病進行原則概括，如「遲則為寒，緩則為虛，洪則為熱」。

藥物學理論在這一時期紛紛奠定：《本草經集注》按藥物自然來源屬性分類（後皆仿此），由「三品」到分為玉石、草木、果、菜、蟲獸、米食、有名無實七類。之後《唐本草》按藥物自然屬性分類增至 11 類。《本草經集注》還創「諸病通用藥」分類法，以病證為綱，以「主治」分類。如治風通用：防風、防己、秦艽、獨活等；治腰痛：杜仲、狗脊；治黃疸通用：茵陳蒿、梔子、紫草、白蘚皮等；治溫症：常山、蜀漆。這種分類方法開創了按藥物功用分類的先河，給臨床處方用藥帶來方便。後《千金翼方》按藥物功用將藥物分為 65 類。

藥物炮製理論在這一時期被總結確立。中藥炮製是根據中醫藥理論，以採、製、存等用藥經驗為基礎的一項製藥技術。通過炮製可提高中藥的臨床療效，降低毒副作用，便於保存。我國第一部藥物炮製專書是南朝劉宋年間雷

宋史學者，比如時任宋史學會會長的鄧廣銘教授，發文明確表示《滿江紅》就是岳飛作品。1981 年在《文史知識》第三期上，鄧老發表《岳飛的〈滿江紅〉詞不是偽作》，1982 年在《文史哲》第一期上發表《再論岳飛的〈滿江紅〉詞不是偽作》。由於鄧老在學界的地位，一時反對聲小了很多。但是這件事，今天我們看來，還是不能蓋棺定論。因為鄧老也沒有直接的證據證明岳飛寫過《滿江紅》，他所運用的資料和論據都是間接的。這個論題，真正的難點在於——你不能證明《滿江紅》不是岳飛所寫。這就是證無難。正如王瑞來在《斷語不可輕下——也談岳飛〈滿江紅〉詞的真偽》（《寧夏大學學報》，1981 年第 4 期）所總結的：「綜上三點，能否就可以認為《滿江紅》詞確為岳飛所作呢？不能。因為迄今為止，還沒能找到一條毋庸置疑的確鑿資料來推翻余嘉錫先生提出的在明以前《滿江紅》詞不見任何記載的懷疑。而這一條證據恰恰是一切辨偽者論證的基石，有這塊基石在，就不能輕易肯定此詞。然而由於有以上三點疑問在，又不能輕易否定此詞。因此，對於這樣一首影響頗大、流傳甚廣的作品，在沒能找到確鑿的資料佐證之前，斷語是不可輕下的。」

敦編著的《雷公炮炙論》〔註4〕。其書共三卷，系統總結了公元五世紀以前我國中藥炮製的豐富經驗。是我國現存第一部炮製學專著，標誌炮製學從醫學獨立。該書集製藥大成，書中記載藥物 300 種，介紹了藥物的性味、炮炙、煮熬、修治的理論；還總結了藥物的 17 種加工炮製方法，如炮、炙、煨、炒、製、水飛、煆、浸。

製藥化學的先聲——煉丹術，在這一時期獲得重大發展。煉丹術如今世界公認起源於中國，並被視為近代製藥化學的先驅。晉代葛洪是煉丹史上最著名的人物，至今仍被西方視為製藥化學之父。其著作《抱朴子》記載眾多化學反應現象和實驗方法。南朝陶弘景著《合丹法式》，唐代孫思邈著《丹房訣要》，這些人雖重在討論道教煉丹術，實為製藥化學貢獻良多。

針灸、外科、傷科、婦科、兒科等臨床醫學在這一時期均出現早期重要著作甚至理論奠基性著作。針灸學的起源較早。《素問》、《針經》、《明堂孔穴針灸治要》三部古代醫書均有關於針灸的內容。魏晉皇甫謐吸取了三部古書的成就，對針灸學進行了首次大總結，寫成了我國現存最早、並以原本形式傳世的第一部專著——《針灸甲乙經》。全書共 12 卷，128 篇。《針灸甲乙經》的主要成就：（1）系統整理了人體腧穴：釐定腧穴 349 個，包括名稱，部位及取穴方法。（2）提出了分部劃線布穴的排列穴位方法。（3）闡明針灸操作方法和針灸禁忌。包括針刺手法、補瀉、取穴、針刺時機、禁針穴等。（4）總結了臨床針灸的治療經驗，按病論穴。

外科方面，南齊龔慶宣整理的《劉涓子鬼遺方》是現存最早的外科專書。該書記載了癰疽等外科疾病，治法包括止血、止痛、收斂、解毒等，載有外科病方 140 餘。《諸病源候論》提及腸吻合術〔註5〕、血管結紮術和創傷異物清

〔註4〕 然而是書的出現最早卻是在南宋年間，按照梁啟超古書辨偽法第六法：「後人說某書出現於某時，而那時人並未看見那書，從這上可斷定那書是偽。」見梁啟超著《中國歷史研究法》，《飲冰室合集》第 73 冊，中華書局，1936 年版。是故《雷公炮炙論》是否為南朝劉宋年間雷敩編著，尚待考證。不過按照前文「證有容易，證無難」的說法，即使一直沒有相關證據證明，我們也不能一口否定它的存在。

〔註5〕 《諸病源候總論》卷 36《金瘡病諸候·金瘡腸斷候》載：「夫金瘡腸斷者，視病深淺，各有死生。腸一頭見者，不可連也；腸兩頭見者，可速續之。先以針縷，如法連續斷腸；便取雞血塗其際，勿令氣泄，即推內之。」這說明彼時腸斷時若一端在腹內，仍無法開腹。至隋代，大型腹腔手術尚無開展的可能性。所以《三國志》言及華佗「若病結積在內，針藥所不能及，當須剖割者，便飲其麻沸散，須臾便如醉死，無所知，因破取。病若在腸中，便斷腸湔洗，縫腹

除等；《千金要方》更對丹毒、瘰癧、陰瘡等許多外科病，做了詳細觀察與描述。

傷科方面，我國現存第一部骨傷科專著是唐代的藺道人的《仙授理傷續斷秘方》。此書被譽為「中國創傷骨科之奠基石」。該書的成就：（1）對骨折復位固定，提出了「動靜結合」的治則。在保證骨折復位後有效固定的前提下，提倡患肢的適當活動。（2）系統地記述了骨折的治療常規。包括局部沖洗，診斷牽引、復位、敷藥、夾板固定等 14 個步驟。（3）對肩關節脫位，首次採用「椅背復位法」。（4）書中收載 40 餘方。有內服外用等多種用法，為後世傷科用藥奠定了基礎。

藺氏椅背復位法圖

婦科起源於先秦。甲骨文中有「育疾」之記載；戰國時有「帶下醫」；馬王堆漢墓出土有《胎產書》，然三代漢晉之時，婦科成就有限。至隋代《諸病源候論》始載婦科疾病病候 283 條。唐代孫思邈將婦產一門（婦人方）列於《千金方》卷首。唐末，公元 853 年，在以上著作基礎上產生了現存較早的婦產科專著《經效產寶》。該書對婦科、妊娠、難產、產後、帶下（經、帶、胎、產）等病的診斷和治療及產後血暈的急救均做了簡要的論述。

膏摩，四五日，差，不痛，人亦不自窹，一月之間，即平復矣」這段記載，應該為不實之描述。

　　兒科在晉唐時期也逐步發展起來而成為專科。兩晉南北朝時期已有一定成就，如《脈經》中論及小兒脈法。隋唐時期兒科理論漸趨成熟。《諸病源候論》載小兒疾病255候；《備急千金要方》有小兒專篇；唐太醫署於醫科中設兒科（少小科），則表明該專科的正式確立。現存最早的兒科專書《顱囟經》出現於唐朝。該書最早提出小兒體質屬「純陽」的學說〔註6〕，記載用烙法斷臍預防臍風的方法。

　　綜上所述，由晉入唐，不僅中醫臨床醫學第一次進入快速發展時期，而且基本理論創新亦有很大發展。傳統的「重方藥，輕理論」之說，實為後人對其所處醫學階段特點的忽略及醫學研究方式的誤解。

第二節　中醫蠱毒病的形成與興盛

　　晉唐時期，是中醫蠱毒病的形成與興盛期。中醫所謂蠱毒，一者是稱作「蠱」的疾病。此類疾病為數眾多，包括恙蟲病、血吸蟲病、肝炎、肝硬化、重症菌痢、阿米巴痢疾等。〔註7〕鄧啟耀的現代民族學田野調查也印證了這一點。〔註8〕二者是指民間的蓄蠱傳說。按照《諸病源候論》的闡釋，「蓄蠱」是指將多種蟲蛇聚集在一起，使其互相吞噬，最終剩下的毒蟲就是蠱蟲。蓄蠱者通過酒食對人下蠱，受害人誤服蠱蟲後會不治而亡。〔註9〕蓄蠱之說或起自漢代（尚無定論），形成於東晉南北朝，興盛於隋唐。此時期蓄蠱方式定型，雖後漸衰微，但實質不變，並延續至今。今之西南少數民族仍有不少蓄蠱傳說。甚至一些人士以此作為當地神秘文化的賣點，拉動旅遊開發。〔註10〕本節所講的中醫蠱毒病，主要是指後一種。

〔註6〕　《顱囟經》載：「凡孩子三歲以下，呼為純陽，元氣未散。」純，指小兒先天所稟之元陰元陽未曾耗散。陽，指小兒的生命活力。

〔註7〕　（日）丹波康賴：《醫心方》卷一注釋2，北京：學苑出版社，2001年。

〔註8〕　鄧啟耀曾記載一位雲南醫生的親身經歷。該醫生曾接診49例自稱患蠱病的患者，結果證實其所患皆為肺結核、風濕性心臟病、晚期胃癌、肝硬化、重症肝炎、胃及十二指腸潰瘍、慢性胃炎、腎炎、腸脹氣、胃功能紊亂，都是現代醫學可以確診的疾病。並且多數經過西藥治療，痊癒或好轉。參見鄧啟耀著：《中國巫蠱調查》，上海：上海文藝出版社，1999年，第340頁。

〔註9〕　（隋）巢元方：《諸病源候論》卷25《蠱毒病諸候》。《隋書·地理志》亦有類似闡述。

〔註10〕　趙玉燕：《旅游環境下巫蠱文化的變異——以湘西鳳凰山江苗族旅遊開發為例》，《廣西民族大學學報（哲學社會科學版）》，2007年第6期。

　　有關蓄蠱巫術的研究，凌純聲、芮逸夫、范行准、高國藩、馬新、賈靜濤、鄧啟耀、劉黎明、范家偉、榮志毅、傅安輝、高發元、朱和雙、潘文獻、杜香玉、于賡哲等前賢論述已詳。〔註11〕尤其是鄧啟耀、于賡哲兩位學者，分別從田野調查、歷史文獻學等角度對蓄蠱巫術的現實狀況、發展演變過程、歷史背景分析以及真偽辨析給予了充分的論述。本文在前賢的基礎上，將對中醫蠱毒病的發展脈絡和歷史背景進一步加以剖析。

一、中醫蠱毒病的起源、發展與定型

　　「蠱」字出現很早，甲骨文中已有之，且寫法有二。一者為 ，作器皿中蟲狀，但與後世將蠱蟲養在器皿中的巫術寓意不同，此處很可能指的是儲存糧食器皿中的蠹蟲（《左傳·昭公元年》中，醫和言「穀之飛亦為蠱」，即為此物）。二者為 ，其意或同於前者，或意為「腹中蟲也」（《說文》：「蠱，腹中蟲也。」）。此處腹中之蟲，應指人體內的寄生蟲，如蛔蟲、蟯蟲等。可以說，殷商時期的蠱，在醫學史中屬於疾病範疇。然而春秋以降，蠱的含義漸漸轉向巫術範疇，且愈到後世，蠱的巫術痕跡便愈發凝重。

　　春秋時期，蠱的巫術色彩漸濃。今人可以從 1965 年山西侯馬晉都新田遺址出土的公元前 5 世紀的盟書中體會到。〔註12〕此外，醫和在為晉侯診病之後，言晉侯所患之病近乎蠱病，並對蠱予以解釋：「疾不可為也，是謂近女

〔註11〕凌純聲、芮逸夫：《湘西苗族調查報告》，收入中研院史語所《亞洲民族考古叢刊》第二輯，臺灣南天書局有限公司，1978 年。范行准著：《中國預防醫學思想史》，華東醫務生活社，1953 年。范行准著：《中國病史新義》，中醫古籍出版社，1989 年。高國藩著：《中國巫術史》，上海三聯出版社，1999 年。馬新：《論兩漢民間的巫與巫術》，《文史哲》，2001 年第 3 期。賈靜濤著：《中國古代法醫學史》，群眾出版社，1984 年。鄧啟耀著：《中國巫蠱考察》，上海文藝出版社，1999 年。劉黎明著：《宋代民間巫術研究》，巴蜀書社，2004 年。范家偉著：《六朝隋唐醫學的傳承與整合》，香港中文大學出版社，2004 年。容志毅：《南方巫蠱習俗述略》，《湖北民族學院學報》，2003 年第 2 期。傅安輝：《西南民族地區放蠱傳說透視》，《黔東南民族師範高等專科學校學報》，2005 年第 1 期。高發元、朱和雙：《中國南方少數民族巫蠱文化中的性愛主題》，《民族研究》，2005 年第 2 期。潘文獻：《苗人、巫蠱：對於他者的想像和指控》，中央名族大學，2005 年碩士畢業論文。杜香玉：《古代文獻中「蠱」的歷史意象與變遷——歷史時期「蠱」的遷移流轉》，《昆明學院學報》，2016 年第 4 期。以上歷史研究回顧，主要整理自于賡哲：《唐代疾病、醫療史初探》，北京：中國社會科學出版社，2011 年，第 171、172 頁。

〔註12〕朱鳳瀚著：《商周家族形態研究》，天津：天津古籍出版社，1990 年，第 561 頁。

室，疾如蠱⋯⋯淫溺惑亂之所生也。於文，皿蟲為蠱。穀之飛變為蠱。在《周易》，女惑男、風落山謂之蠱。皆同物也。」〔註13〕

　　醫和口中的蠱，雖然仍為一種疾病，但並非腹中之蟲。范行准解釋道，這實際上是性生活過度引起的男性性機能障礙以及前列腺炎或腺漏等病。他也因此將作為疾病的蠱的含義分為兩種：一種是腹中蠱病，一如殷商舊意；一種是精神方面的變異，即從醫和處來。〔註14〕在這裡，我們能感受到春秋時期的蠱病，已漸向巫術範疇靠攏。〔註15〕至於古人為何選取「蠱」字來與巫術相涉，具體原因尚不能肯定。于賡哲認為，「也許是因為儲糧器皿中羽化的蠱蟲給了人們一種幻惑的感覺，導致『蠱』字與神秘的超自然力有了瓜葛」。〔註16〕

　　西漢初年，巫術性質的蠱毒的苗頭可能已經出現。《周禮・秋官司寇》載：「庶氏掌除毒蠱，以攻說禬之，嘉草攻之。」鄭玄注：「毒蠱，蟲物而病害人者。」〔註17〕雖然，有關這個毒蠱到底是傾向於自然界毒蟲，還是傾向於巫蠱，目前尚在爭議之中。〔註18〕不過，漢武帝時期的「巫蠱之禍」已證明了彼時黑巫術在中國社會早已不是暗流湧動。

　　東漢時期，我們又從「杯弓蛇影」的典故里發現了巫蠱的端倪：

　　　　予之祖父郴為汲令，以夏至日請見主簿杜宣，賜酒。時北壁上有懸赤弩，照於杯中，其形如蛇。宣畏惡之，然不敢不飲，其日便得胸腹痛切，妨損飲食，大用羸露，攻治萬端，不為愈。後郴因事過至宣家闚視，問其變故，云畏此蛇，蛇入腹中，郴還聽事，思惟

〔註13〕（戰國）左丘明撰、（西晉）杜預集解：《左傳》，第704、705頁。

〔註14〕范行准著：《中國病史新義》，北京：中醫古籍出版社，1989年，第125、126頁。

〔註15〕于賡哲仍將醫和所謂之蠱視作疾病的蠱。參見于賡哲：《蓄蠱之地：一項文化歧視符號的邅轉流移》，《中國社會科學》，2006年第2期。本文未從之，而將其視為巫術蠱的早期形態。至於醫和所謂「在《周易》，女惑男、風落山謂之蠱」之確切解讀，詳見本書第二章第四節第三小節「八卦學說在中醫中的應用」，此不贅述。

〔註16〕于賡哲著：《唐代疾病、醫療史初探》，第174頁。

〔註17〕呂友仁：《周禮譯注》，鄭州：中州古籍出版社，2004年，第499頁。

〔註18〕結合《周禮・秋官司寇》上下文意，此處所謂毒蠱應是帶有毒性的蟲子，時人以巫術和草藥驅蟲。但是其所言「攻說禬之」、「嘉草攻之」，卻與後世預防中醫蠱毒的手段不謀而合。由此推之，于賡哲認為西漢時期蓄蠱之風已然興起。參見于賡哲：《蓄蠱之地：一項文化歧視符號的邅轉流移》，《中國社會科學》，2006年第2期。

良久，顧見懸弩，必是也。則使門下史將鈴下侍徐扶輦載宣於故處設酒，杯中故復有蛇，因謂宣：「此壁上弩影耳，非有他怪。」宣意遂解，甚夷懌，由是瘳平。〔註19〕

此處杜宣之所以病倒，顯然係心理因素所致。但是唐代名醫許仁則認為，杜氏病倒，實則因畏懼蛇蠱：「人心妄識，畏愛生病，亦猶弓影成蠱耳。」〔註20〕確實如此，若以常理論之，人畏蛇蠱，本性使然，但是酒入口中，一飲而盡，並未觸碰到小蛇，何以畏懼致病？恐怕是因為他相信，自己是飲入了可以幻化而不易為人察覺的蛇蠱。不過以上僅為推測，我們尚不能肯定彼時蠱毒傳說已經定型。

兩漢時期，巫術性質蠱毒病在醫學文獻中已屢見不鮮。長沙馬王堆漢墓中出土的文獻《五十二病方》中，「蠱」已作為五十二種病中的一個病種，並列有5種治療方法：

　　□蠱者：燔扁（蝙）輻（蝠）以荊薪，即以食邪者。

　　一，燔女子布，以飲。

　　□蠱而病者：燔北鄉（向）並符，而烝（蒸）羊尼（眉），以下湯敦（淳）符灰，即□□病者，沐浴為蠱者。

　　……

　　一，蠱，漬女子未嘗丈夫者【布】□□音（杯），冶桂入中，令毋臭，而以□飲之。〔註21〕

另，在《神農本草經》中，明言有殺蠱毒功用的藥物即有42味，如：「赤箭，味辛，溫。主殺鬼精物，蠱毒，惡氣。」「蘪蕪，味辛，溫。主欬逆，定驚氣，辟邪惡，除蠱毒，鬼注，去三蟲。」「衛矛，味苦，寒。主女子崩中下血，腹滿汗出，除邪，殺鬼毒，蠱注。」〔註22〕雖然以上這些文獻載有殺蠱毒的方法

〔註19〕（東漢）應劭：《風俗通義》卷9《怪神篇》，上海：上海古籍出版社，1987年，第67頁。另，此故事亦見於《晉書·樂廣傳》：「樂廣字修輔，遷河南尹，嘗有親客，久闊不復來，廣問其故。答曰：『前在坐，蒙賜酒，方欲飲，見杯中有蛇，意甚惡之，既飲而疾。』於時，河南聽事壁上有角，漆畫作蛇，廣意杯中蛇即角影也。復置酒於前處，謂客曰：『酒中復有所見不？』答曰：『所見如初。』廣乃告其所以，客豁然意解，沉痾頓愈。」

〔註20〕（唐）王燾撰：《外臺秘要》卷5《許仁則療瘧方四首》，第168頁。

〔註21〕馬王堆漢墓帛書整理小組：《五十二病方》，北京：文物出版社，1979年，第125、126頁。

〔註22〕王子壽、薛紅主編：《神農本草經》，成都：四川科學技術出版社，2008年，第68、80、318頁。

和藥物，但是均沒有詳解蠱毒的概念及具體含義，我們因而不能完全確定其所涉蠱就是後世所謂之中醫蠱毒。不過，從字裏行間透露出的信息來看，此時「蠱」多與「食邪」、「鬼」、「毒」、「辟邪惡」等詞句並列，其性質必當與巫蠱相似，是一種外來的、通過口鼻而入的怪異的致病邪毒。而從《神農本草經》中殺蠱毒藥物所佔比例之大（其所收錄的 365 味藥中，言明有殺蠱毒功用的有 42 味，約占總數的 11.5%），亦可想見兩漢時期蠱毒病的流行之廣泛。

東晉南北朝時期，中醫蠱毒文化逐漸定型。干寶在《搜神記》中敘述的幾則巫蠱故事，顯示了當時蓄蠱文化及中醫蠱毒療法的成熟：

> 余外婦姊夫蔣士，有傭客，得疾，下血；醫以中蠱，乃密以蘘荷根布席下，不使知，乃狂言曰：「食我蠱者，乃張小小也。」乃呼「小小亡」云。今世攻蠱，多用蘘荷根，往往驗。蘘荷，或謂嘉草。

> 鄱陽趙壽，有犬蠱。時陳岑詣壽，忽有大黃犬六七群，出吠岑，後余相伯歸與壽婦食，吐血，幾死。乃屑桔梗以飲之而愈。蠱有怪物，若鬼，其妖形變化，雜類殊種。或為豬豕，或為蟲蛇，其人不自知其形狀，行之於百姓，所中皆死。

> 滎陽郡有一家，姓廖，累世為蠱，以此致富。後取新婦，不以此語之。遇家人咸出，唯此婦守舍，忽見屋中有大缸，婦試發之，見有大蛇，婦乃作湯灌殺之。及家人歸，婦具白其事，舉家驚惋。未幾，其家疾疫，死亡略盡。〔註23〕

從文中可以看出東晉時期的巫蠱特點：其一，蠱蟲是蓄養在盒中或缸中，甚至院中；其二，蠱蟲品種繁多，善於變換形狀，或為豬狗，或為蟲蛇；其三，常混跡於百姓中襲擊人，所中皆死；其四，治療中蠱者，世人多以祝咒兼蘘荷根（嘉草）這種傳統除蟲本草治療；其五，蓄蠱者若沒有處理好蠱蟲，會被反噬至死。顯然，這些蠱毒文化和後人認知的中醫蠱毒文化已經非常接近，但是也有一些明顯區別———一則後人所謂蠱蟲雖善於變換，但不至於變換為豬狗這種龐然大物，而多變換為一些肉眼難以得見之物；二則後人所謂蠱蟲，是通過飲食進入人體內並禍害人，非干寶所述直接行走在百姓之中而襲擊人。或許上述故事只是反映了當時蠱毒文化之冰山一角，不足以代表東晉時期蠱毒文化的全部特徵。例如在《抱朴子內篇》中，葛洪告誡世人若入「蠱毒之鄉」，蠱毒還是通過飲食害人；首選解蠱藥物非蘘荷根（嘉草），而是通天犀（一種

〔註23〕　（晉）干寶著、盧丹注釋：《搜神記》卷12，第218、219頁。

犀牛角，其研成粉末可解百草之毒）：「以其（通天犀）角為叉導，毒藥為湯，以此叉導攪之，皆生白沫湧起，則了無復毒勢也。以攪無毒物，則無沫起也。故以是知之者也。若行異域有蠱毒之鄉，每於他家飲食，則常先以犀攪之也。……通天犀所以能煞毒者，其為獸專食百草之有毒者，及眾木有刺棘者，不妄食柔滑之草木也。……他犀亦辟惡解毒耳，然不能如通天者之妙也。」〔註24〕這或許說明，早期中醫蠱毒文化演變的軌跡，很可能並非一途。但不管怎樣，東晉時期中醫的蠱毒文化正在逐漸成型之中。

南北朝時期，蓄蠱之風愈演愈烈。《宋書·顧覬之傳》、《魏書·序紀》皆有時人中蠱的記載。而到了北魏神䴥年間（428～431），北魏政府更是制定了針對蓄蠱者的嚴苛刑罰：

世祖即位，以刑禁重，神䴥中，詔司徒浩定律令。……為蠱毒者，男女皆斬，而焚其家。巫蠱者，負羖羊抱犬沉諸淵。〔註25〕

試想，究竟是怎樣可怕的巫術，能令政府不僅要對肇事者砍頭，還要焚燒住宅而後快？此時期雖無詳細的文獻記載蓄蠱之風俗，但是可以想像這種可怕的黑巫術已令百姓和官府聞之色變。結合隋代以後文獻對中醫蠱毒的描述，我們可以大膽猜測，彼時蠱毒文化應該已經比較成熟，與後世中醫蠱毒文化類同，所以「蓄蠱之風」才會愈演愈烈，而政府才會出臺相應的立法措施予以懲治。

隋唐時期，是中醫蠱毒病最終定型並「泛濫」的時期。《備急千金要方》卷24《蠱毒》說「蠱毒千品，種種不同」，是以知彼時蠱毒病之「泛濫」。「蓄蠱之風」盛行，迫使唐朝政府不得不制定嚴格法律條紋禁止民間「蓄蠱」：「注：造蓄蠱毒、厭魅。疏議曰：謂造合成蠱；雖非造合，乃傳畜，堪以害人者：皆是。即未成者，不入十惡。」〔註26〕那麼，彼時的蠱毒究竟是什麼？時人又是如何蓄蠱的呢？隋代的《諸病源候論》及正史《隋書》給了我們確切的回答：

凡蠱毒有數種，皆是變惑之氣。人有故造作之，多取蟲蛇之類，以器皿盛貯，任其自相啖食，唯有一物獨在者，即謂之為蠱。便能變惑，隨逐酒食，為人患禍。患禍於他，則蠱主吉利，所以不羈之

〔註24〕（晉）葛洪撰，王明校釋：《抱朴子內篇校釋》卷17《登涉》，第318、319頁。
〔註25〕（北齊）魏收撰：《魏書》卷111《刑罰志》，北京：中華書局，1974年，第2874頁。
〔註26〕（唐）長孫無忌撰：《唐律疏議》，北京：中華書局，1983年，第9頁。

徒而蓄事之。又有飛蠱，去來無由，漸狀如鬼氣者，得之卒重。凡中蠱毒，多趨於死。以其毒害勢甚，故云蠱毒。〔註27〕

其法以五月五日聚百種蟲，大者至蛇，小者至虱，合置器中，令自相啖，餘一種存者留之，蛇則曰蛇蠱，虱則曰虱蠱，行以殺人，因食入人腹內，食其五臟，死則其產移入蠱主之家。三年不殺他人，則蓄者自鍾其弊。累世子孫相傳不絕，亦有隨女子嫁焉。〔註28〕

結合以上兩段的敘述，大體可判，隋朝時，蓄蠱之人於每年五月五日，搜集蜈蚣、蛇虺、蜥蜴、壁虎、蠍蠆等種種有毒的動物，將它們盛在一個器皿之中，令其互相啖食。各種毒物自相吞噬後剩下的最後一個，就叫作蠱。〔註29〕蠱蟲通過飲食進入人體內，受害人最終會毒發而亡。受害人死後，他的資產會流入蓄蠱者手中。但是如果蓄蠱者三年不殺他人，則亦反被其蓄養蠱蟲所殺。所以，蓄蠱是一把雙刃劍，雖然它有極大的威力威脅他人，並有暴利可圖，但是對蓄蠱之人來說，同樣有很大的反噬風險。這是一種典型的黑巫術。這種蓄蠱方式成為後世中醫蠱毒說的規範，此後歷代沒有大的改變。〔註30〕

同時，在《備急千金要方》、《外臺秘要方》等唐代大型醫書中，都可以看到對蠱毒病症狀的詳細描述，以及相關治療經驗的總結。「蠱毒千品，種種不同，或吐下鮮血；或好臥暗室，不欲見光明；或心性反常，乍嗔乍喜；或四肢沉重，百節酸疼，如此種種狀貌，說不可盡。」「其死時，（蠱蟲）皆於九孔中或於肋下肉中出去，所以出門常須帶雄黃麝香神丹諸大辟惡藥，則百蠱貓鬼狐狸老物精魅永不敢著人。」「凡人中蠱，有人行蠱毒以病人者，若服藥知蠱主姓名，當使呼喚將去。若預知蠱主姓名者，以敗鼓皮燒作末，以飲服方寸匕，須臾自呼蠱主姓名，可語令去，則愈。」〔註31〕《外臺秘要》將蠱毒分為蛇

〔註27〕丁光迪主編：《諸病源候論校注》卷25《蠱毒病諸侯》，北京：人民衛生出版社，1991年，第716、717頁。

〔註28〕（唐）魏徵等撰：《隋書》卷31《地理志》，第887頁。

〔註29〕之所以選擇五月五日（一些書中強調午時），是因為該日為端午。此日陽氣極盛而百蟲出，於人危害最大。故民間有喝雄黃酒、插艾葉、佩香囊以驅蟲蛇，劃龍舟以送瘟神的習俗。毒蟲如此之盛，此日當然也就成為蓄蠱吉日。

〔註30〕如唐代陳藏器在《本草拾遺》中說：「古人愚質，造蠱圖富，皆取百蟲入甕中，經年開之，必有一蟲盡食諸蟲，即此名為蠱，能隱形似鬼神，與人作禍，然終是蟲鬼。」

〔註31〕（唐）孫思邈著、焦振廉等校注：《備急千金要方》卷24《蠱毒》，北京：中國醫藥科技出版社，2011年，第422頁。

蠱、蜥蜴蠱、蝦蟆蠱、蜣蜋蠱等,並載中蠱毒方 21 首、蠱吐血方 11 首、蠱下血方 9 首、五蠱方 12 首、蠱注方 3 首、蠱毒雜療方 5 首,合計 61 首。〔註32〕從這些描述和總結中,足以窺見隋唐兩代蠱毒致病的「普遍」及中醫蠱毒療法的「成熟」。同時亦應注意到,先秦時期原本屬於疾病種類的蠱,此時已被巫術意義上的蠱所代替。中醫的蠱毒病,至此徹底淪為巫術意義上的一種疾病。

二、從蓄蠱之地的變遷來看中醫蠱毒病的實質

(一)有關中醫蠱毒病的疑問

雖然中醫蠱毒病持續至今,其在各類文獻中的記載更是逾千年,但是文獻(尤其是中醫文獻)中對蠱毒描述的荒誕不經,卻讓後人不免對其真實性存疑。比如,蠱蟲是通過相互啖食而產生的。但是在現實中,種類不同的蟲蛇是否會相互啖食?如果會,那麼最終產生的蠱蟲是否就能聚齊百種毒素?又比如,文中對蓄蠱反噬風險的描述,有何依據?這似乎是古人為了引起恐慌而刻意編造的黑巫術謊言。更何況,各類中醫文獻對蠱毒病的治療往往也有悖醫理。總之,中醫蠱毒病顯然與現代醫學以及馬克思唯物主義相違背。其真實性確實值得後人去質疑。

不過問題在於,我們至今似乎也沒有直接的證據來對中醫的蠱毒進行證偽。其中原因也很複雜。比如,古人對蠱毒病的描述雖然荒誕不經,但是今人卻認為,蠱毒病實質類似於今日病毒性感染等症狀。比如,榮志毅推測蠱毒是從有毒動物的毒素中提取配置而成的。〔註33〕劉黎明也認為,「重要的蠱毒都有藥理方面的依據」〔註34〕。又比如,蠱毒在近 2000 年來的中醫文獻及其他文獻中大量存在。在今天的西南少數民族地區蠱毒文化盛行,甚至不少當地人對蠱毒的存在多少也持肯定態度。如果中醫蠱毒病只是一個謊言,那麼它不應具有如此強大而持久的生命力。反推之,能有如此強大而持久生命力的中醫蠱毒病,一定是有其存在基礎的,進而也就並非虛妄不實了。

最後,中醫蠱毒病還有一個無法證偽的原因,那就是千百年來,雖然我們對中醫蠱毒文化非常熟悉,但是卻沒有一本權威的文獻,記載有人能親眼得見並證實蠱蟲的存在。這本是不利於中醫蠱毒病存在的證據,但是支持者

〔註32〕 (唐)王燾撰:《外臺秘要》卷 28,第 761～770 頁。
〔註33〕 榮志毅:《南方巫蠱習俗述略》,《湖北民族學院學報》,2003 年第 2 期。
〔註34〕 劉黎明著:《宋代民間巫術研究》,成都:巴蜀書社,2004 年,第 228 頁。

則會反咬一口道：這麼神秘的東西，能讓你看到嗎？於是，無法得見，無法證偽，反而成了中醫蠱毒病本身自帶神秘性的最好體現。因為是旁門左道，所以不可備知也就在情理之中。唐代立法者也就默認了蓄蠱的真實及違法事實的存在。《唐律疏議》載：「蠱有多種，罕能究悉；事關左道，不可備知。」〔註35〕鄧啟耀在氏著《中國巫蠱考察》中也講述了其在西南少數民族聚集地進行田野考察時面臨同樣的「靈魂拷問」：「我調查過普米、納西、白、傣、怒、漢、彝、傈僳等民族，許多人都知道『蠱』是怎樣製作出來的，且說得頭頭是道。但一問『親眼見過沒有』，卻又全部搖頭，而且責難地反問：『做這東西，能讓你看麼？』」〔註36〕

那麼，中醫的蠱毒到底是否存在？中醫蠱毒病的實質是否真的如古書上所言，是一種帶有黑巫術性質的疾病？又到底是什麼原因，讓這種文化持續千年之久，直到今天還為人津津樂道？要想解開上述謎團，我們需要從歷史上蓄蠱之地的變遷說起。從蓄蠱之地變遷的軌跡上，我們會驚訝地發現，這些其實是千百年來對文化邊緣地帶的異文化「污名化」的產物，並非是真實存在的巫術。所謂的蓄蠱之地，就是主流文化圈對文化邊緣地帶的想像模式。〔註37〕

（二）「蓄蠱之地」變遷史

明清以來，已有不少有識之士注意到「蓄蠱之地」變遷的事實。〔註38〕建國以後，一些學者進一步指出古代中國「蓄蠱之地」存在不斷南遷的奇怪現象。〔註39〕近年來，于賡哲經過詳細論證，將「蓄蠱之地」的變遷劃分為四個

〔註35〕岳純之點校：《唐律疏議》卷18《賊盜》，上海：上海古籍出版社，2013年，第285頁。

〔註36〕鄧啟耀著：《中國巫蠱考察》，第56頁。

〔註37〕本節所述蓄蠱之地變遷及其背後原因的內容，主要參考自于賡哲《蓄蠱之地：一項文化歧視符號的遷轉流移》，及氏著：《唐代疾病、醫療史初探》第九章《蓄蠱之地──一項文化歧視符號的遷轉流移》，第171～199頁。但本節在敘述時，重新梳理了蓄蠱之地變遷的時間節點及背後歷史原因。

〔註38〕如明初楊慎《升菴外集》：「《隋書》志雲江南之地多蠱……今此俗移於滇中。」明代萬曆年間王臨亨《粵劍編》：「舊傳粵人善蠱，今遍問諸郡，皆無之。云此風盛於粵西。」清代屈大均《廣東新語》：「在今日，嶺南大為仕國，險隘盡平，山川舒豁，中州清淑之氣，數道相通。……則百蟲無所孳其族，而蠱毒日以消矣。」但由於歷史的局限性，古人不能理性認識「蓄蠱之地」遷移的規律及內在原因。

〔註39〕范行准最早注意到這個問題：「唐宋以後從各家文獻所載觀之，蠱毒已由長江流域蔓延到福建、兩廣、雲貴、四川等地，而蠱的名目繁多。」參見范行准著：

階段:「我們可以把傳說中『蓄蠱之地』變遷的過程劃分為四個階段:(1)南北皆有階段;(2)長江中下游、福建階段;(3)嶺南(兩廣)、巴蜀、長江中下游、福建階段;(4)廣西、雲貴、福建、湘西階段。」〔註40〕那麼,究竟是什麼原因讓這種巫術由南向北遷移,其背後蘊涵的歷史真相又是什麼?

首先應該承認,古代「蓄蠱之地」確實經歷了由北向南的變遷。不過更確切地講,其變遷軌跡應該是由北向南,繼而再轉移至西南。同時綜合文獻分析後本文認為,「蓄蠱之地」的變遷,大體可以劃分為以下五個階段:(1)北方為主階段(三國以前);(2)南北皆有階段(魏晉南北朝)(3)南方為主階段(隋至唐中葉);(4)南方擴展階段(唐中葉—明中葉);(5)西南為主階段(明中葉以後)。下面,我們依次進行梳理論證,並求證於方家。

1. 北方為主階段(三國以前)

先秦至東漢時期,蠱毒文化開始在中原大地孕育。前文講到的《周禮·秋官司寇》載「庶氏掌除毒蠱,以攻說襘之,嘉草攻之」的習俗,顯然係中原朝廷的制度。另一則「杯弓蛇影」的典故發生地,則是河南汲縣。不過,至少自漢代起,蠱毒文化已滲入南方。西漢初年漢文帝時期下葬在長沙馬王堆的漢墓中的《五十二病方》,已有關於中醫蠱毒病的防治方法。而東漢時期成書的《神農本草經》所述治療蠱毒的諸多良藥,亦分布南北。從這些藥物所佔比例之高,亦可想見彼時蠱毒病非北方所獨有,而是「遍布」南北。雖然,由於缺乏具體文獻的支撐,我們尚不能肯定彼時傳說有蠱毒文化的地區的具體分布。但是,因為南方的開發要到六朝以後,所以早期蠱毒文化的雛形只能孕育在中原地區(後文將論述中國古代經濟發展變遷與中醫蠱毒文化之間的必然關聯)。

2. 南北皆有階段(魏晉南北朝)

從魏晉時期開始,隨著江南的開發,東南地區逐漸成為蓄蠱傳說的故事發生地。東晉時期的葛洪,已經提到蓄蠱之地由中原移至南方的現象:

> 或問曰:「江南山谷之間,多諸毒惡,辟之有道乎?」抱朴子答
> 曰:「中州高原,土氣清和,上國名山,了無此輩。今吳楚之野,署

《中國預防醫學思想史》,上海:華東醫務生活社,1953年,第20頁。范家偉亦總結道:「在唐以後的史料,都顯示出南方多蠱毒,甚至北方無蠱毒。這種觀念固然受古人認為南方署濕而孕育毒物的想法有關,但是隋代以前,蠱毒基本上也在北方出現。」參見范家偉著:《六朝隋唐醫學的傳承與整合》,香港:香港中文大學出版社,2004年,第153、154頁。

〔註40〕 于賡哲著:《唐代疾病、醫療史初探》,第180頁。

濕鬱蒸，雖衡霍正岳，猶多毒蠱也。」〔註41〕

《搜神記》所記載的蠱毒故事中，就有發生在鄱陽湖地區的。〔註42〕《宋書・顧覬之傳》講到沛郡相縣居民中蠱而亡的事例。〔註43〕不過，這些零星的記載尚不能證明傳說中的蓄蠱之地在南方的密集程度已經壓倒北方。《搜神記》所載蠱毒故事中，亦有發生在河南滎陽地區的。北魏神䴥年間（428～431），拓跋燾政府制定的針對蓄蠱者的刑罰當然也是主要實施於其統治的黃河流域。看來，此時期蓄蠱的傳說地南北皆有。

3. 南方為主階段（隋—唐中葉）

至唐代，「蓄蠱之風」似在南方愈演愈烈。〔註44〕據《景定建康志》載，唐丞相韓滉（723～787）曾在溧水（今江蘇南京溧水區）、溧陽（今江蘇常州溧陽市）一帶移風易俗，以求根絕蠱毒。雖然這位地方大員「欲更其俗、絕其源」，但最終的結果還是以失敗而告終。〔註45〕由此不難想像，唐中葉時江蘇地區蠱毒文化盛行一時。此外，嶺南地區也已成為蓄蠱傳說的故事發生地。崔知悌曾言蠱有五種，其中「草蠱」下云：「術在西涼以西及嶺南人多行此毒。」〔註46〕唐初詩人宋之問（約656～約712）在論及瀧州（今廣東省雲浮市羅定市）風俗時云：「地偏多育蠱，風惡好相鯨。」〔註47〕看來至少在唐代前期，嶺南也已成為中原人心中恐怖的「蓄蠱之地」。

隋唐時期文獻的記載，讓世人真正意識到蓄蠱之風已經日漸成為南方特有之「陋習」。《隋書》卷31《地理志》載：「新安、永嘉、建安、遂安、鄱陽、九江、臨川、廬陵、南康、宜春，其俗又頗同豫章，而廬陵人彫淳，率多壽考。然此數郡，往往畜蠱，而宜春偏甚。」〔註48〕《隋書・地理志》所涉及的「蓄

〔註41〕（晉）葛洪撰，王明校釋：《抱朴子內篇校釋》卷17《登涉》，第311、312頁。

〔註42〕（晉）干寶著、盧丹注釋：《搜神記》卷12《犬蠱》，瀋陽：萬卷出版公司，2011年，第218頁。

〔註43〕（梁）沈約撰：《宋書》卷81《顧覬之傳》，北京：中華書局，1974年，第2080頁。

〔註44〕從唐孫思邈《備急千金要方》卷24《解毒並雜治》來看，書中論述的蠱毒多與南方有關，見422～425頁。

〔註45〕潘金陵：《唐代防治蠱毒史料一則》，《中華醫史雜誌》，1987年第2期。于賡哲認為，溧水、溧陽自古至今都是血吸蟲病重災區，文中所謂「蠱毒」極可能就是血吸蟲病。見于賡哲著《唐代疾病、醫療史初探》，第177頁。

〔註46〕（唐）王燾撰：《外臺秘要》卷28《崔氏療五蠱毒方》，第768頁。

〔註47〕（唐）宋之問：《入瀧州江》。

〔註48〕（唐）魏徵等撰：《隋書》卷31《地理志》，第887頁。

蠱地區」，包括了今江西省、福建省、安徽省、浙江省的大部或部分地區。隋代時，上述地區已經成為全國「蓄蠱」的重災區。《外臺秘要》引唐初名醫崔知悌的話部分印證了上述觀點：

> 凡蠱有數種，而人養作者最多也。郡縣有名章者尤甚，今東有
> 句章、章安故鄉。南有豫章，無村不有，無縣不有，而不能如此之
> 甚耳。非唯其飲食不可噉，乃至目色之已入人類。〔註49〕

文中句章、章安，是今日浙江省寧波、台州一帶。豫章則是今日之江西南昌。《外臺秘要》所載，雖然表明「三章」「蓄蠱」之普遍、瘋狂，但是文中所謂的「無村不有，無縣不有」等描述，則不免使後人生疑：此等地域之人似不養家禽家畜，而專蓄蠱。但是蓄蠱所帶來的經濟效益較之農牧經濟效益是否更高？細思之，則愈加覺得其所載之無稽，恐怕作者王燾此處也是道聽途說。但不管怎樣，南方蠱毒的「日趨泛濫」似乎已是不爭的事實，相較而言，此時期的北方已漸漸退出「蓄蠱」的歷史舞臺。

4. 南方擴展階段（唐中葉—明中葉）

唐中葉以後直至明朝中期，蠱毒故事的發生地仍聚集在南方，但又出現了新的特點。此時期文獻記載的「蓄蠱之地」除了仍保留有嶺南地區外，還漸次出現了福建、湖南以及西南三峽地區。而之前「蓄蠱泛濫」的長江中下游地區則逐漸與巫蠱傳說絕緣。

唐代中葉以後，有關嶺南蓄蠱之風的傳言越來越多。唐代韓愈（768～824）、元稹（779～831）、白居易（772～846）、陸龜蒙（？～約881）等文人的詩詞中，不乏對此時期嶺南地區「蓄蠱之風」的反饋。〔註50〕入宋以後，文獻反映的嶺南「蓄蠱之風」熱度不減。〔註51〕而該地區獨有的「挑生」術更是

〔註49〕（唐）王燾撰：《外臺秘要》卷28《崔氏療中蠱吐血方》，第765頁。

〔註50〕韓愈《赴江陵途中寄贈王二十補闕、李十一拾遺、李二十七員外翰林三學士》：「遠地觸途異，吏民似猿猴。生獰多忿很，辭舌紛嘲啁。白日屋簷下，雙鳴鬥鵂鶹。有蛇類兩首，有蠱群飛遊。」又《永貞行》：「湖波連天日相騰，蠻俗生梗瘴癘烝。江氛嶺祲昏若凝，一蛇兩頭見未曾。怪鳥鳴喚令人憎，蠱蟲群飛夜撲燈。雄虺毒螫墮股肱，食中置藥肝心崩。」元稹《送崔侍御之嶺南二十韻》：「瘴江乘早度，毒草莫親芟。試蠱看銀黑，排腥貴食鹹。」白居易《送客春遊嶺南二十韻》：「須防杯裏蠱，莫愛橐中珍。北與南殊俗，身將貨孰親。」陸龜蒙《奉和襲美寄瓊州楊舍人》：「人多藥戶生狂蠱，吏有珠官出俸錢。」

〔註51〕曾敏行於《獨醒雜志》卷九記載：「南粵俗尚蠱毒詛咒，可以殺人，亦可以救人，以之殺人而不中者，或至自斃。」

成為彼時蠱毒術的代表。周去非《嶺外代答》曰：「廣南挑生殺人，以魚肉延客對之，行厭勝法，魚肉能反生於人腹中，而人以死，相傳謂人死陰役於其家。」〔註52〕對於「挑生」，明代張介賓進一步解釋道：「世傳廣粵深山之人，於端午日以毒蛇、蜈蚣、蝦蟆三物同器盛之，任其互相吞食，俟一物獨存者，則以為蠱，又謂之『桃（挑）生』。」〔註53〕洪邁《夷堅志》丁卷一「治挑生法」記載了發生在肇慶和雷州的兩起中蠱事件。尤其值得醫學界關注的，是當地中醫給出的治蠱方案。這或許有助於今人理解彼時所謂蠱病，大體相當於今之何病：

> 莆田人陳可大知肇慶府，肋下忽瘇起，如生癭瘤狀，頃刻間大如碗。識者云：「此中挑生毒也，俟五更以綠豆嚼試，若香甘則是已。」果然。使搗川升麻為細末，取冷熟水調二大錢連，服之，遂洞下，瀉出生蔥數莖，根鬚皆具，瘇即消。續煎平胃散調補，且食白粥，經旬復常。雷州民康財妻，為蠻巫林公榮用雞肉挑生，值商人楊一者善醫療，與藥服之，食頃，吐積肉一塊，剖開，筋膜中有生肉存，已成雞形，頭尾嘴翅悉肖似。康訴於州。州捕林置獄，而呼楊生令具疾證及所用藥。其略云：「凡吃魚肉、瓜果、湯茶，皆可挑。初中毒，覺胸腹稍痛，明日漸加攪刺。滿十日則物生能動，騰上則胸痛，沉下則腹痛，積以瘦悴，此其候也。在上膈，則取之，其法用熱茶一甌，投膽礬半錢於中，候礬化盡，通口呷服，良久，以雞翎探喉中，即吐出毒物。在下膈，則瀉之，以米飲下鬱金末二錢，毒即瀉下，乃碾人參、白術末各半兩，同無灰酒半升納瓶內。慢火熬半日許，度酒熟取出，溫服之，日一杯，五日乃止，然後飲食如其故。」〔註54〕

此後，有關嶺南蠱毒泛濫的記載大約一直持續到明代前期。《江西通志》與《江南通志》載明初廣東境內仍有「俗蓄蠱毒」、「蓄蠱毒採生殺人」的野蠻現象。當地官府因此採取「誅徙其家」、「皆捕誅之」的嚴厲手段來制止。〔註55〕

〔註52〕（宋）周去非撰：《嶺外代答》卷 10《挑生》，北京：中國書店，2018 年，第 371 頁。

〔註53〕（明）張介賓著、李玉清等校注：《景岳全書》卷 34《蠱毒》，北京：中國醫藥科技出版社，2011 年，第 406 頁。

〔註54〕（宋）洪邁撰：《夷堅志》丁志卷 1《治挑生法》，第 541、542 頁。

〔註55〕參見于賡哲著：《唐代疾病、醫療史初探》，第 184 頁。

但在明代中期以後，隨著珠三角地區經濟的日漸發達，這種黑色巫術的記載漸漸消失。萬曆年間王臨亨說：「舊傳粵人善蠱，今遍問諸郡，皆無之。」〔註56〕清代屈大均也指出清代嶺南地區「蠱毒日以消矣」。〔註57〕

　　福建地區也是這一時期「蓄蠱」重災區。歐陽修在《居士集》卷35記有：「至和三年，以樞密直學士知泉州，徙知福州。……至於巫覡主病蠱毒殺人之類，皆痛斷絕之，然後擇民之聰明者教以醫藥，使治疾病。」〔註58〕《宋史‧陳居仁傳》載其「加寶文閣待制、知福州。……申蠱毒之舊禁」〔註59〕。南宋福州地方志《淳熙三山志》卷39《戒諭》亦有該地蓄蠱的相關記載：「有如疾溺於巫，喪溺於佛，婚溺於財，與夫僧胥之情偽，獄市之煩擾，下至遐鄉僻邑，牙儈、船戶及蓄蠱之家，所以傷害人者。自慶曆、嘉祐、元符以來，積觀長吏，誨敕裁革，其見於碑刻、榜諭者，今並存之。庶觀風宣化，倘猶有遺習可舉而行也。」〔註60〕是以知南北宋時期，福州一直是福建蠱毒的「聚集地」，而當地政府對「蓄蠱之風」的打擊也一直不遺餘力。「閩有蠱毒，法禁數嚴。」〔註61〕而《夷堅志》補志卷23《黃谷蠱毒》則詳細記錄了福建古田、長溪等地的蠱毒情況：

　　　　福建諸州大抵皆有蠱毒，而福之古田、長溪為最。其種有四：一曰蛇蠱，二曰金蠶蠱，三曰蜈蚣蠱，四曰蝦蟆蠱，皆能變化，隱見不常。皆有雌雄，其交合皆有定日，近者數月，遠者二年。至期，主家備禮迎降，設盆水於前，雌雄遂出於水中，交則毒浮其上，乃以針眼刺取，必於是日毒一人，蓋陰陽化生之氣，納諸人腹，而託以孕育，越宿則不能生。故當日客至，不暇恤親戚宗黨，必施之，凡飲食藥餌皆可入，特不置熱羹中，過熱則消爛。或無外人至，則推本家一人承之。藥初入腹，若無所覺。積久則蠱生，藉人氣血以活。益久則滋長，乃食五臟，曉夕痛楚不可忍，惟啜百沸湯，可暫息須臾。甚則叫呼宛轉，爬刮床席。臨絕之日，眼耳鼻口湧出蟲數

〔註56〕（明）王臨亨：《粵劍編》卷2《志土風》，北京：中華書局，1987年。
〔註57〕（清）屈大均：《廣東新語》卷1《瘴氣》，北京：中華書局，1985年。
〔註58〕（宋）歐陽修撰：《歐陽修集》，揚州：廣陵出版社，2011年。
〔註59〕（元）脫脫等撰：《宋史》卷406《陳居仁傳》，北京：中華書局，1977年，第12274頁。
〔註60〕（宋）梁克家修纂、福州市地方志委員會編纂整理：《三山志》卷39《戒諭》，福州：海風出版社，2000年，第632頁。
〔註61〕（宋）樓鑰：《玫瑰集》卷109《承議郎謝君墓誌銘》。

百，形狀如一。漬於水暴乾，久而得水復活。人魂為蠱祟所拘，不能託化，翻受驅役於家，如虎食倀鬼然。死者之屍雖火化，而心肺獨存，殆若蜂窠。〔註62〕

總之，有宋一代，福建「蓄蠱之地」可謂遍地開花，而尤以福州為甚。不過，元明以後，福建「蓄蠱之地」則日漸萎縮。至明中葉後，「蓄蠱之地」的區域更是縮至莆田、惠安及武夷山區。福州等發達地區再難見相關記載。

宋代以後，談到「蓄蠱之地」，湖南、三峽地區也漸次映入人們眼簾。《宋史・太祖本紀》載：「（乾德二年夏四月）徙永州諸縣民之畜蠱者三百二十六家於縣之僻處，不得復齒於鄉。」〔註63〕這大概是湖南第一次邁入「蓄蠱之地」的行列。與湖南一併為「後起之秀」的，還有蜀地的三峽地區。《宋史・陳貫附子安石傳》載：「安石字子堅，以蔭鎖廳及第。嘉祐中，為夔、峽轉運判官。民蓄蠱毒殺人，捕誅其魁並得良藥圖，由是遇毒者得不死。」〔註64〕《建炎以來繫年要錄》亦有「丁丑，左朝請大夫童邦直知峽州，還言湖北溪峒醞造蠱毒以害往來之人」的記載。〔註65〕上述兩條史料，均是對三峽地區「蠱風盛行」的描述。

南宋初年，蔡絛在《鐵圍山叢談》云：「金蠶毒始蜀中，近及湖、廣，閩、粵寖多。」〔註66〕此處所指金蠶為蠱毒的一種，即金蠶蠱。宋代以降，金蠶蠱一直是民間最為知名的「蠱蟲」。按蔡絛所言，此蠱源自蜀地，而後「泛濫」於兩湖、嶺南、福建等地。這算是對本階段「蓄蠱之風」遍布地區的一次總結了。

5. 西南為主階段（明中葉以後）

明代中期以後，史料所載蠱毒的發生地多集中在廣西、雲貴等西南少數民族聚集的地區。「蠱蟲北海所無，獨西南方有之」〔註67〕；「有挑生鬼，特滇黔粵西尤甚」〔註68〕。而這種聚集趨勢也幾乎一直持續至今日。與之形成鮮明對照的，是廣東、福建等地蠱風的消退。

廣西在此階段接過了廣東的大旗，成為「蠱毒盛行」的又一個代表。「舊

〔註62〕（宋）洪邁撰：《夷堅志》補卷23《黃谷蠱毒》，第1761、1762頁。
〔註63〕（元）脫脫等撰：《宋史》卷1《太祖本紀》，第17頁。
〔註64〕（元）脫脫等撰：《宋史》卷303《陳貫附子安石傳》，第10047、10048頁。
〔註65〕（宋）李心傳撰、胡坤點校：《建炎以來繫年要錄》卷159，北京：中華書局，2013年，第3010頁。
〔註66〕（宋）蔡絛撰：《鐵圍山叢談》卷6，北京：中國書店，2018年，第269頁。
〔註67〕《浙江通志》卷181，四庫全書本，第524冊，第77頁。
〔註68〕郝玉麟等修：《廣東通志》卷52，四庫全書本，第524冊，第475頁。

傳粵人善蠱，今遍問諸郡，皆無之。云此風盛於粵西。」〔註69〕《廣志繹·西南諸省》載：「蠱毒，廣右草有斷腸，物有蛇、蜘蛛、蜥蜴、蜈蚣，食而中之，絞痛吐逆，面目青黃，十指俱黑。」〔註70〕廣西人善於「蓄蠱」，又尤以壯族婦女為代表，「按下蠱多出於獞婦」〔註71〕。

　　雲南蠱蟲的「泛濫」不亞於廣西。明代楊慎在《升菴外集·雜說》云：「隋書志云江南之地多蠱……自侯景之亂，殺戮殆盡，蠱家多絕，既無主人，故飛游道路……今此俗移於滇中，每遇亥夜，則蠱飛出飲水，其光如星。」〔註72〕此處「移」字甚為精準，因為蓄蠱傳說確實是隨著主流文化圈的拓展而移植到雲南來的。此外，清代謝肇淛在《滇略》中記載了當地人蓄蠱的民風。《南中雜說》則將此俗精確到沅江等土司的身上。〔註73〕

　　貴州苗疆地區自明代中期後一直為蠱毒盛行的地區，境內苗人蓄蠱傳說影響力持續至今。明代中期何景明如此描繪苗族地區蠱風的陰森：「山南野苗聚如雨，饑向民家食生牯。三尺竹箭七尺弩。朝出射人夜射虎。砦中無房亦無堵。男解蠻歌女解舞。千人萬人為一戶。殺血祈神暗乞蠱。」〔註74〕聯想今日苗族地區蠱文化的「一騎絕塵」，看來是淵源有自。

　　其實，上述蠱風盛行地區，皆為少數民族聚集的地區。這也是本階段與前面四個階段顯著的區別。之前蠱毒故事的發生地，多為漢人聚集地，而自明代中期以後，似乎蠱毒只存在於西南少數民族地區（包括湘西地區），而漢人已逐漸與之絕緣。這到底又是怎麼回事呢？

（三）中醫蠱毒病的實質

　　事實上，于賡哲在其文章中已經明確指出，蓄蠱巫術並非一個簡單的巫術迷信問題，「其背後反映了主流文化圈對非主流文化的歧視，歷史上各階段

〔註69〕（明）王臨亨撰：《粵劍編》卷2《志土風》，元明史料筆記叢刊，北京：中華書局，1987年，第77頁。

〔註70〕（明）王士性撰、周振鶴點校：《五嶽遊草·廣志繹》，元明史料筆記叢刊，北京：中華書局，2006年，第313頁。

〔註71〕郝玉麟等修：《廣東通志》卷52，四庫全書本，第524冊，第475頁。

〔註72〕（明）楊慎：《升菴外集》卷52《雜說》，明萬曆刻本，崇禎十一年重修本。轉引自于賡哲《蓄蠱之地：一項文化歧視符號的邊轉流移》，《中國社會科學》，2006年第2期。

〔註73〕秦光玉：《續雲南備徵志》卷4，1929年。原文不及見，轉引自杜香玉：《古代文獻中「蠱」的歷史意象與變遷》，《昆明學院學報》，2016年第4期。

〔註74〕（明）何景明：《大復集》卷11《偏橋行》。

『蓄蠱之地』的變遷實際是主流文化圈拓展的結果」。〔註75〕從經濟發展的角度分析，中國的主流文化圈，往往是經濟較充分發展的地區。因此中醫蠱毒文化聚集地的轉移，其實質就是伴隨著古代中國經濟發展的東移南遷，蓄蠱傳說地區被不斷遷移至經濟欠發達地區的過程。

在中國古代史上，傳統經濟、文化的重心，自先秦至兩漢時期一直穩定在黃河流域的中原地區。可以說，在三國時期以前，中原地區一直是傳統經濟文化發展、興盛、繁榮的重心區。據上文所述，蠱毒文化之所以自先秦至東漢時期始在中原大地孕育，蓋其伴隨著中華早期文明於中原地區茁壯成長的歷程。

魏晉南北朝時期，北方地區因長期的戰亂破壞，導致社會經濟嚴重衰退。而東南地區由於社會相對穩定，加之區域政治中心的確立及北方人口的遷入，這裡被開發的地區日趨擴大，經濟發展速度日益加快。與之相伴的南方蓄蠱的傳說才會日益增多。所以此時期蠱毒文化的想像區域才會處在南北並重的階段。

隋唐時期，是我國南、北方經濟同時處於高度發展的時期。由於此時中國經濟重心尚未南移〔註76〕，長江中下游及嶺南地區的經濟尚處於開發中，這就為其「蓄蠱之風」的文化盛行製造了溫床。相較而言，北方由於開發的更為成熟，蓄蠱文化已經難有生存的溫床，故而此時期蠱毒的傳說愈來愈少，其影響已經不及南方。

唐玄宗時期，隨著大庾嶺的開闢和隨後安史之亂的到來，北方人開始了又一個南遷高峰，嶺南的開發步入快車道。隨之而來的，是蠱毒的傳言越演越烈。三峽地區，作為入蜀必經之路，是蜀地與長江中游的要津，唐玄宗入蜀之後，其經濟地位便持續上升。福建、湖南遠離北方戰火，成為唐中期後移民持續流入的地區。唐宋明之際，上述地區相對長期的繁榮穩定，為其經濟開發創造了良好的條件，但同時也為這些地區蓄蠱之風的盛傳不休準備了條件。更重要的是，如果以唐末為臨界點，我們可以清晰地發現中國古代經

〔註75〕于賡哲：《蓄蠱之地：一項文化歧視符號的邊轉流移》。
〔註76〕有關中國古代傳統經濟重心區的南移，在學術界，至今存在各種不同的意見。在其南移的時間上，有自秦漢至明清等不同時期多達十餘種觀點。本文採納張全明的觀點，也是學術界主流觀點之一，認為至南宋前期，中國傳統經濟重心區最終轉移到長江中下游地區，並對此後我國傳統社會的發展產生了重大的影響。參見張全明著《中國歷史地理學導論》，武漢：華中師範大學出版社，2006年，第252～275頁。

濟文化重心至此將徹底南移，中國經濟拓展的方向，將是廣大南方地區。這既是中唐以後「蓄蠱之地」在南方、西南方不斷湧現的原因，也是北方「蓄蠱之地」逐漸消失於歷史長河的原因。

宋元明清賦糧南、北方所佔比例表〔註77〕

紀元年號	公元紀年	名稱、單位	總　計	北方數	南方數	南方所占比例（%）	資料來源
宋熙寧九年	1076	二稅：貫、石、匹、兩	10017853	4414841	5603312	55.93	《宋會要輯稿·食貨》
元泰定二年	1325	歲入糧：石	12114704	5224393	6890311	56.88	《元史·食貨志》
明嘉靖二十一年	1542	二稅糧：石	29206733	11309801	17896932	61.28	章潢《圖書編·丁糧》
清乾隆十八年	1753	賦銀：兩	29610801	13857629	15753172	53.2	《清文獻通考·田賦》
		賦糧：石	8416422	1775155	6641267	78.91	《乾隆會典則例·戶部田賦》

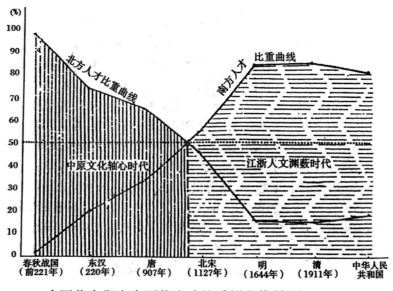

中國北方與南方歷代人才比重變化趨勢圖〔註78〕

〔註77〕轉引自張全明著：《中國歷史地理學導論》，第262頁。

〔註78〕轉引自王會昌：《中國文化地理》，武漢：華中師範大學出版社，1992年。

　　明清兩代，由於國家的統一，其社會經濟一直是在沿著一種平緩的上升曲線緩慢地向前發展。但是由於中國傳統經濟重心南移的影響，明清時期（尤其是明代中葉以後），社會經濟發展在地域的分布上存在較大的差異。南方地區的經濟重心地位被不斷強化。廣東、福建及東南地區日趨繁庶，其蓄蠱溫床不復存在。清代屈大均在解釋嶺南無蠱時這樣說到：「在今日，嶺南大為仕國，險隘盡平，山川疏豁，中州清淑之氣，數道相通。夫惟相通，故風暢而蠱少，蠱少則煙瘴稀微，而陰陽之升降漸不亂。……則百蟲無所孳其族，而蠱毒日以消矣。」〔註79〕屈大均雖不能從根本上認識到嶺南蠱毒消失的原因，但是他已明確指出嶺南隨著經濟發展，融入主流文化圈後，蓄蠱傳說日漸消亡的事實。而西南少數民族地區則被漸次開發，從明初雲南大量移民，到雍乾時期改土歸流，西南少數民族地區逐漸納入漢人文化圈，與之相伴隨的，還有他們蓄蠱的傳言。

　　最後，在梳理完蓄蠱之地變遷階段之後，我們會驚訝地發現，中醫蠱毒，是一種並非真實存在的巫術。它創始於久遠的中原地區，後隨著中原文明的擴張而不斷南遷。當新的殖民地逐漸融入中原文化之後，人們對當地蠱毒的想像便會消失。但由於中原文明數千年來持續的擴張，新的蠻荒地區會不斷湧現，因而這種想像模式並不會徹底消失。它會被一次又一次地照搬到文化邊緣地帶。這也是這種謊言能夠千年不衰的重要原因。

第三節　道醫的興起

一、道醫的概念

　　晉唐時期，佛道二教在中國勃興。二教對醫學也都產生過或多或少的影響。如佛教五明中，醫方明的四大學說，就得到世人的普遍接受。佛教文化中的柳枝刷牙、死後火化、金針撥障術、瑜伽養生術在中國也逐漸為百姓所接受。相比佛教而言，道醫，即道教醫學的興起，更是晉唐醫學的一大特色。

　　何謂道醫（Taoist medicine）？丁貽莊在《中國大百科全書·宗教卷》定義云：「道教為追求長生成仙，繼承和汲取中國傳統醫學的成果，在內修外養過程中，積累的醫藥知識和技術。它包括服食、外丹、內丹、導引以及帶有巫

〔註79〕（清）屈大均：《廣東新語》卷1《瘴氣》，北京：中華書局，1985年。

醫色彩的仙丹靈藥和符咒等，與中國的傳統醫學既有聯繫又有區別，其醫學和藥物學的精華，為中國醫藥學的組成部分。」〔註80〕蓋建民在丁貽莊定義的基礎上補充道：「道教醫學是一種宗教醫學，作為宗教與科學互動的產物，它是道教徒圍繞其宗教信仰、教義和目的，為了解決其生與死這類宗教基本問題，在與傳統醫學相互交融過程中逐步發展起來的一種特殊體系，也是一門帶有鮮明道教色彩的中華傳統醫學流派。」〔註81〕胡孚琛在其主編的《中華道教大辭典》之「道教醫藥學」條目中，指出「道教醫藥學是在道教文化中發展起來的醫藥學」；「道教醫藥學是以長生成仙為最高目標的醫學」；「道教醫學是一種社會醫學和宗教醫學，重視調節人的社會環境和心理因素，激發患者的宗教感情來抗病，有用精神療法治病的特點和人神交通的巫術傾向」。〔註82〕蓋建民歸納了道醫的四大特點：1. 道教醫學在性質上屬於宗教醫學的範疇，它不同於一般的醫學分支，帶有明顯的宗教神學特徵；2. 道教醫學在內容與形式上具有包羅宏富、多樣性的特徵。它與傳統醫學在基礎理論和臨床治療手段上既有相合之處，也有相異之點；3. 道教醫學具有精華與糟粕同在、科學與玄秘共存的雙重性；4. 道教醫學模式是一種融生理治療、心理治療、社會治療和信仰治療為一爐的綜合性醫學模式，建立在道教宇宙論、人天觀和身心觀基礎之上。〔註83〕總之，道醫一方面和中醫一樣，也是運用陰陽五行學說和氣化理論指導臨床實踐和科學養生的一門學科；另一方面，其包含的「神治」體系，神秘玄奧，具備道教濃厚的宗教特色。

　　道教是中國土生土長的宗教。它形成於東漢時期，在吸收了外來佛教、讖緯神學、老莊之學、方士巫師等諸多理論之後，雜糅而成。東漢至整個晉唐時期，道教與醫學的關係一直較為緊密。這一時期上工大醫多是修行有成的高道；但凡修行有成的高道也多為精通醫術的上工大醫。醫道相通、醫道同源是晉唐醫學的一大特點。漢代醫學屬於方技類，操於術士之手。這些術士後來成為道士的主要來源。因此東漢時期成書的道教第一部經典《太平經》中有許多醫學內容，也就不足為奇。加之《黃帝內經》、《神農本草經》等醫

〔註80〕丁貽莊：《中國大百科全書‧宗教卷》，北京：中國大百科全書出版社，1988 年版，第 73 頁。

〔註81〕蓋建民：《道教醫學概念辨析》，《宗教學研究》，1997 年第 1 期。

〔註82〕胡孚琛主編：《中華道教大辭典》，北京：中國社會科學出版社，1996 年，第 87 頁。

〔註83〕蓋建民：《道教醫學導論》，臺北：中華道統出版社，1999 年，第 328～413 頁。

家經典也往往被道藏吸收。因此，道醫自誕生伊始，即與中醫密不可分。如果強求二者之不同的話，道醫是以《道德經》中的「道」和《黃帝內經》的基本理論學說為形神兼治手段，中醫是依據《黃帝內經》等中醫經典為標本兼治手段。

葛洪云：「是故古之初為道者，莫不兼修醫術，以救近禍焉。」〔註84〕孫思邈曾這樣描述一位道醫應當具備的素養：「凡欲為大醫，必須諳《素問》、《甲乙》、《黃帝針經》、明堂流注、十二經脈、三部九候、五臟六腑、表裏孔穴、本草藥對、張仲景、王叔和、阮河南、范東陽、張苗、靳邵等諸部經方。又須妙解陰陽祿命、諸家相法，及灼龜五兆、《周易》六壬、並須精熟，如此乃得為大醫。若不爾者，如無日夜遊，動致顛殞。次須熟讀此方，尋思妙理，留意鑽研，始可與言於醫道者矣。又須涉獵群書。何者？若不讀五經，不知有仁義之道；不讀三史，不知有古今之事；不讀《內經》，則不知有慈悲喜捨之德；不讀《莊》、《老》，不能任真體運，則吉凶拘忌。觸塗而生。至於五行休王，七耀天文，並須探賾。若能具而學之，則於醫道無所滯礙，盡善盡美矣。」〔註85〕依照孫思邈的精神，道醫的體系應包括經方、術數、臨證、道德等四方面的系統：

（一）經方系統

1. 典籍類

《素問》、《黃帝針經》（以上二書即《黃帝內經》）、《針灸甲乙經》等。

2. 原理類

明堂流注、十二經脈、三部九候、五臟六腑、表裏孔穴、本草藥對等。

3. 醫家類

張仲景、王叔和、阮河南、范東陽、張苗、靳邵、孫思邈、李時珍等。

（二）術數系統

陰陽祿命、諸家相法、灼龜五兆、《周易》六壬等。

（三）臨證系統

熟讀經方，尋思妙理，留意鑽研。

〔註84〕（晉）葛洪撰、王明校釋：《抱朴子內篇校釋》卷15《雜應》，第276頁。
〔註85〕（唐）孫思邈撰：《備急千金要方》卷1《大醫習業》，第1頁。

（四）道德系統

五經仁義之道；三史古今之事；《內經》慈悲喜捨之德；《莊》、《老》任真體運，則吉凶拘忌；五行休王，七耀天文之宇宙原理。〔註86〕

二、道醫出現的原因

晉唐時期道教勃興，自是道醫興盛的先決條件。但是道醫在晉唐時期的興盛，卻不能僅靠道教勃興以概之。日本學者吉元昭治一針見血指出：「許多人出於對生的渴望而求助醫學，出於對死的恐懼而信奉宗教。可見，醫學與宗教的關係，就是這種渴望與恐懼的統一。」〔註87〕道教所以關注醫學，是因為二者都注重袪病延年。道為醫之體，醫為道之用。概言之，道醫的出現，主要有以下三個方面原因：一是採藥服食輕身成仙的目的促使道家重視方藥學；二是養生延年益壽的觀念促使道家重視養生學；三是借醫傳道的手段導致道教重視臨床醫學。

第一，先秦神仙家及後世道教素有採藥服食藥物以輕身成仙的傳統。不同於佛教追求彼岸來世的宗旨，道教一直以今世飛昇得道為至高理想。這也就決定了採藥服食昇天成為道教徒今世之首要任務。因此，古往今來的道教資料不乏採藥服食求仙的記載。道家名著《淮南子》載有神農嘗百草，一日而遇七十毒的傳說；《漢書‧郊祀志》載漢武帝「復遣方士求神人採藥以千數」〔註88〕。道教元典《太平經》對藥物的神化更是凸顯出道教對服食成仙的渴望：「草木有德有道而有官位者，乃能驅使也，名之為草木方，此謂神草木也。治事立愈者，天上神草木也，下居地而生也。立延年者，天上仙草木也，下居地而生也。治事立訣愈者，名為立愈之方；一日而愈，名為一日而愈方；百百十十相應愈者是也。此草木有精神，能相驅使，有官位之草木也；十十相應愈者，帝王草也；十九相應者，大臣草也；十八相應者，人民草也；過此而下者，不可用也，誤人之草也。是乃救死生之術，不可不審詳。方和合而立愈者，記其草木，名為立愈方；一日而愈者，名為一日愈方；二日而治癒者，名為二日方；三日而治癒者，名為三日方。一日而治癒者方，使天神治之；二日而治癒者方，使地神治之；三日而治癒者方，使人鬼治之。不若此者，非天神方，但

〔註86〕以上道醫體系內容參照祝守明主編：《道醫講義》，北京：中醫古籍出版社，2009年，第85頁。

〔註87〕吉元昭治：《道教與長壽不老醫學》，成都：成都出版社，1992年。

〔註88〕（漢）班固撰、（唐）顏師古注：《漢書》卷25上《郊祀志》，第1203頁。

自草滋治之，或愈或不愈，名為待死方。」〔註89〕雖然上述記載，從藥物學的角度來看並非嚴謹，但是道教對藥物的關注乃至神化，正是其信徒服食修仙的必然結果。漢唐時期，道教徒研究撰著本草著作者代不乏人。早期的《神農本草經》、《本草經集注》皆出於道家之手。陳寅恪先生曾說「本草藥物之學出於道家」〔註90〕，可謂灼見。

第二，漢唐時期道教重視養生延年以資升仙的觀點，促使道醫關注養生學。從道教元典《道德經》、《太平經》，到晉唐時期葛洪、陶弘景、孫思邈等道醫著作，無不關注養生之道。這其中，道醫孫思邈融攝了古代中醫（主要是《黃帝內經》）、道家思想、儒佛理論等於一身，孕育而成「可以濟物攝生，可以窮微盡性」的養生學。其養生之道包含有養性和養形兩方面。其內容大體包含精神養生、運動養生、食養食治、藥餌養生、環境養生、四時養生及體質養生諸多方面。如在精神養生方面，孫氏提倡「十二少」是養生之要。所謂「十二少」，即少思、少念、少欲、少事、少語、少笑、少愁、少喜、少怒、少好、少惡。他認為多思則神殆，多念則志散，多欲則志昏，多事則形勞，多語則氣乏，多笑則臟傷，多愁則心攝，多樂則意溢，多喜則忘錯昏亂，多怒則百脈不定，多好則專迷不理，多惡則憔悴無歡。因此孫思邈指出此「十二多」為「喪生之本」。又如在運動養生方面，孫氏繼承華佗養生思想，他不但提出了「勞形」是必要的，而且也提出要正確掌握勞形的「度」，也就是現在所說的正確掌握運動量。強調「養性之道，常欲小勞，但莫大疲及強所不能堪耳」。他指出「散步鍛鍊要量力行，但勿令氣乏氣喘而已」，並奉勸人們勞形適度，「莫久行、久立、久坐、久臥、久視、久聽」。再如在食養食治方面，他提倡合理搭配，勿偏食五味。「五味不欲偏多，故酸多則傷脾，苦多則傷肺，辛多則傷肝，鹹多則傷心，甘多則傷腎，此五味剋五臟，五行自然之理也。」主張少食多餐，「食欲數而少，不欲頓而多，則難消也」。強調食物治療。比如含碘豐富的動物甲狀腺（鹿靨、羊靨）治療甲狀腺腫，用動物肝（羊肝、牛肝）治夜盲症，用赤小豆、烏豆、大豆等治腳氣病。

漢唐時期道教相信房中養生可以延年益壽的觀點，促使道醫關注性保健問題，探討如何在男女性生活中獲得保健、優生、益壽延年。房中術又名「房

〔註89〕王明編：《太平經合校》卷50《草木方訣第七十》，北京：中華書局，1960年，第178、179頁。

〔註90〕陳寅恪：《天師道與濱海地域之關係》，載氏著《陳寅恪先生論集》（中央研究院歷史語言所特刊之三），臺北：商務印書館，1971年，第297頁。

術」、「房中」、「房內」、「玄素之道」、「黃赤之術」，是道教早期修持煉養方術流派之一。其術肇始於戰國，以秦國為顯宗，宗稱容成、彭祖。傳說古仙人素女、采女、彭祖、容成公皆明此道。

歷代道教宗師多重視房中術。《後漢書‧方術列傳》有冷壽光、甘始等，皆言此道。東漢末年天師張道陵亦曾說是法，稱男女合氣之術，或黃赤之道。東晉葛洪在《抱朴子》中倡導此術，認為不行房事，「雖服百藥，猶不得長生也」。南朝陶弘景亦對此道高度重視：「房中之事，能生人，能殺人。譬如水火，知用之者，可以養生；不能用之者，立可死矣。」〔註91〕唐代孫思邈更是對男女交合時間、地點、方法等諸多事項逐一探討。古代著錄的房中著作也不勝枚舉。馬王堆帛書有《養生方》兩卷，《漢書‧藝文志》著錄黃帝、容成等八家百八十卷，《隋書‧經籍志》載房中十三部三十八卷。南宋鄭樵《通志‧文藝略》載房中九部十八卷。宋以後，由於社會道德觀念的束縛，論及房中的書瀕於絕跡。

古時道家把性作為一種修身養生的方法，乃基於其陰陽和合思想。道教認為男女交合，是陰陽和合，有益身心健康及廣嗣；男女不交，是陰陽不交，必坐致疾生。不僅無益廣嗣，而且無益人壽；但縱慾無度，亦導致不壽，乃至速死。故古之道醫對房事研究十分深入，將健康的性生活當做養生及優生的重要方法。道醫指出，嗇精保氣是養生的重要原則，失精喪氣是短壽的罪魁禍首。故陶弘景云：「道以精為寶，施之則生人，留之則生身。」「凡精少則病，精盡則死。不可不忍，不可不慎。」而過度宣淫會導致不壽：「姦淫所以使人不壽者，非是鬼神所為也，直由用意俗猥，精動欲泄，務副彼心，竭力無厭，不以相生，反以相害。或驚狂消渴，或癲疒惡瘡，為失精之故。」〔註92〕

道醫的房事養生，不僅需要注意節欲保精，而且注重交合方法及交合時間場所。《素問‧上古天真論》警示世人房事時不重節欲保精、不知場合時間的危害：「今時之人不然也，以酒為漿，以妄為常，醉以入房，以欲竭其精，以耗散其真，不知持滿，不時御神，務快其心，逆於生樂，起居無節，故半百而衰也。」〔註93〕陶弘景提及無視房中禁忌時可能導致的疾病：「交接尤禁醉

〔註91〕（梁）陶弘景集、王家葵校注：《養性延命錄校注》卷下《御女損益篇》，北京：中華書局，2014年，第200頁。

〔註92〕（梁）陶弘景集、王家葵校注：《養性延命錄校注》卷下《御女損益篇》，第183、192、193頁。

〔註93〕《黃帝內經素問》卷1《上古天真論》，第2、3頁。

飽，大忌，損人百倍。欲小便忍之以交接，令人得淋病，或小便難，莖中痛，小腹強。大恚怒後交接，令人發痛疽。」〔註94〕陶弘景還指出房事生活要避開天忌（大寒、大熱、大風等氣候異常變化之日）、人忌（人的情緒沮喪、低落、恐懼之時）、地忌（環境惡劣的場所）。孫思邈細化了男女交合的理論，不僅規範了性生活的健康衛生等注意事項，而且加以延展到優生領域：「御女之法：交會者當避丙丁日，及弦望晦朔、大風大雨大霧、大寒大暑、雷電霹靂、天地晦冥、日月薄蝕、虹霓地動，若御女者，則損人神，不吉。損男百倍，令女得病，有子必癲癡頑愚、喑啞聾聵、攣跛盲眇、多病短壽、不孝不仁。又避日月星辰，火光之下、神廟佛寺之中、井灶圊廁之側、冢墓屍柩之旁，皆悉不可。夫交合如法，則有福德，大智善人降托胎中，仍令性行調順，所作和合，家道日隆，祥瑞竟集；若不如法，則有薄福、愚癡、惡人來托胎中，仍令父母，性行兇險，所作不成，家道日否，殃咎屢至。雖生成長，家國滅亡。夫禍福之應，有如影響。此乃必然之理，可不再思之！」〔註95〕

　　道醫的房事養生，雖講房中禁忌及祛病之道，但是其內容易引發社會偏見。加之良莠並存，更易被人認為是污穢之術，遭到政府查禁。因此，道醫房中術之書在南宋以後便基本不見於著錄。此道雖為道教的重要研究內容，但亦為後世道教所不容。北魏寇謙之認為，「大道清虛，豈有斯事」，堅決反對房中術。後世全真道主張禁慾，更是禁絕此術。從此道醫房中之術也就日漸湮沒。

　　第三，借醫傳教一直是漢唐時期道教傳播的有效手段。道教在剛形成階段，分為民間道教和貴族道教兩派，每一派都將治病救人作為傳播自己影響力的主要手段。民間道教主要以符水治病，是為符籙派前身；貴族道教煉丹服食以求長生不死，是為丹鼎派前身。

　　道教符籙派以符水治病。《大平經》認為，符水具有治病之功效。「丹明耀者，天刻之文字也，可以救非御邪。」〔註96〕所謂「天刻之文字」，指的是丹書之符（亦稱「天符」）。丹書，即以朱砂為原料書寫而成的天符。朱砂，古人亦稱丹砂、辰砂、汞砂等。朱砂的使用可追溯至上古時期。古人將其視作類同於生命的元素，是精力旺盛的標誌。故一些重要的文字符號要用朱砂來書寫，

〔註94〕（梁）陶弘景集、王家葵校注：《養性延命錄校注》卷下《御女損益篇》，第201頁。

〔註95〕（唐）孫思邈著：《備急千金要方》卷27《養性》，第478頁。

〔註96〕王明編：《太平經合校》卷50《丹明耀御邪訣第六十九》，第178頁。

認為如此才具特殊效力。故而古今道符均大多用朱砂書寫。袪除疾病甚至證道，都需要吞服含有朱砂寫就的丹書之符水。「欲除疾病而大開道者，取訣於丹書吞字也。」〔註 97〕

東漢末年，黃巾起義領袖、太平道創始人張角，擅於以「符水咒說以療病，病者頗愈，百姓信向之」〔註 98〕。「教病人叩頭思過，因以符水飲之。得病或日淺而愈者，則云此人信道；其為不愈，為不信道。」〔註 99〕總之，按照張角的理論，不管治癒率如何，都是患者的信仰問題，而不關符水之事。藉此途徑，太平道迅速成為東漢末年具有全國性影響的宗教流派，由其主導的黃巾起義更是沉重打擊了東漢王朝。不過，隨著黃巾起義被鎮壓，太平道也迅速凋零。

天師道的創始人張陵、張衡、張魯等人，也以治病為宣傳手段。除了符水治病外，他們還令病人獨處靜室，面壁思過。患者祈禱之後，將禱辭寫下，並署上自己名字，一式三份，曰三官手書。一份放置山中，上告於天；一份埋於地中，一份沉於水中。患者再出五斗米以為回報。因此，天師道也被稱為五斗米道。藉此治病手段，天師道在魏晉南朝時期曾傳播廣泛，連上層社會官員中亦不乏信徒。陶淵明不為五斗米道折腰而歸隱田園的著名典故，就是該道流傳廣布的側面證明。〔註 100〕

至於符水治病的功效如何，我們可以從正反兩方面論述之。從正面來看，除了心理療效外，含有朱砂的符水多少會對人的身體健康產生積極影響。朱砂作為一種礦物藥，《神農本草經》卷中《玉石部上品》對其介紹云：「主身體五臟百病，養精神，安魂魄，益氣，明目，殺精魅、邪、惡鬼。久服通神明，不老。」〔註 101〕另據現代醫學證實，朱砂具有健腦安神、清心鎮驚、解毒強身等藥理作用，可用於診治失眠、慢性精神分裂症、咽喉腫痛、皮膚潰瘍等諸多

〔註 97〕 王明編：《太平經合校》卷 108《要訣十九條第一百七十三》，第 526 頁。

〔註 98〕（南朝宋）范曄撰：《後漢書》卷 71《皇甫嵩傳》，北京：中華書局，1965 年，第 2299 頁。

〔註 99〕（晉）陳壽撰：《三國志》卷 8《張魯傳》，北京：線裝書局，2006 年，第 102、103 頁。

〔註 100〕 東晉王羲之有七子。王氏父子八人皆為天師道教徒。這從其名字中帶「之」字可以看出。其中次子王凝之曾任江州刺史。下屬督郵去彭澤縣視察工作時，因政聲極差，為彭澤縣令陶淵明所鄙視。陶淵明怒曰：「吾不能為五斗米折腰，拳拳事鄉里小人邪！」其語句直諷王凝之及其所信仰的五斗米道。

〔註 101〕 王子壽、薛紅主編：《神農本草經》，第 3 頁。

疾病。道醫通過令人服食朱砂寫就的符文，使這類微量元素被人體吸收、藥性得以揮發。但是從反面來看，符水不是包治百病的萬能藥。符水治病迷信色彩濃厚，是巫醫的常用手段，難登醫學之殿堂。

　　道教丹鼎派以煉就不死仙丹為宗旨。通過煉就不死靈丹，而使自己羽化登天、長生不死。《黃帝內經》之《素問·上古天真論》中描述的「昔在黃帝，生而神靈，弱而能言，幼而徇齊，長而敦敏，成而登天」就是道教丹鼎派羽化登天的寫照。晉唐時期的幾位著名道醫均為煉丹修行的實踐者。東晉葛洪是當時丹鼎派代表人物及集大成者。其著作《抱朴子》系統總結了東晉以前道教煉丹的經驗。他說到：「若夫仙人，以藥物養身，以術數延命，使內疾不生，外患不入，雖久視不死，而舊身不改，苟有其道，無以為難也。」〔註102〕南朝陶弘景從事煉丹活動長達 20 年之久，著《合丹藥諸法式節度》、《集金丹黃白方》、《太清諸丹集要》諸書，並發現許多重要化學反應現象和實驗方法。唐代孫思邈著《丹房訣要》討論煉丹術。他一方面煉丹服石，另一方面倡導積極養生，反對世人服石求長生之風氣。

　　在丹鼎派的大力鼓吹下，晉唐時期不少達官貴人也熱衷於服食丹藥。如梁武帝熱衷此道，曾大力資助陶弘景山中煉丹。後陶弘景果煉成著名的飛丹報效君王：「弘景既得神符秘訣，以為神丹可成，而苦無藥物。帝給黃金、朱砂、曾青、雄黃等。後合飛丹，色如霜雪，服之體輕。及帝服飛丹有驗，益敬重之。每得其書，燒香虔受。」〔註103〕丹鼎派迎合了貴族求長生不死的迷夢，因而在晉唐社會上層廣為傳播。

三、外丹術與醫學

　　丹鼎派煉丹有外丹、內丹兩種。外丹指黃白和金丹。中國人在先秦時期就已有服丹藥的傳統。《素問·腹中論》談到一種「石藥」，「氣悍」，服之使人「發瘨」。這種石藥，應該就是一種丹藥。長沙馬王堆漢墓中女屍含鉛汞含量超過正常數數十乃至數百倍。鉛汞在其各器官中有蓄積現象，這說明墓主人生前服用過丹藥。由上可知，早在道教誕生之前，中國人已有服石服丹的傳統。

　　道家無論是煉就黃金還是丹藥，都是為了服食成仙。其煉就出的黃金，稱為藥金。為什麼他們把服金看作長生不死的必由之路？這是因為中國古人具

〔註102〕（晉）葛洪撰、王明校釋：《抱朴子內篇校釋》卷 2《論仙》，第 20 頁。

〔註103〕（唐）李延壽撰：《南史》卷 76《陶弘景傳》，北京：中華書局，1975 年，第 1899 頁。

有一種取象比類的神秘互滲觀念在作祟。道家相信，只有自身不腐不敗的藥物才能使人身體不腐不敗。草藥、動物藥當然做不到這一點，惟有礦物藥才能擔當此任。黃金不朽、真金不怕火煉，所以服金之人也可以長生不死。「夫金丹之為物，燒之愈久，變化愈妙。黃金入火，百鍊不消，埋之，畢天不朽。服此二物，煉人身體，故能令人不老不死。此蓋假求於外以自堅固……」〔註104〕「金玉在九竅，則死人為之不朽。鹽鹵沾於肌髓，則脯臘為之不爛。況於以宜身宜命之物納之於己？何怪其令人長生乎？」〔註105〕魏伯陽說：「金性不敗朽，故為萬家寶。術士服食之，壽命得長久。」〔註106〕葛洪引《玉經》云：「服金者壽如金，服玉者壽如玉也。」〔註107〕

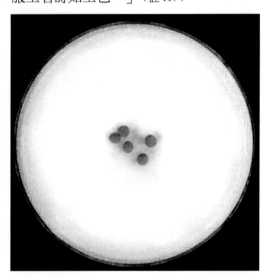

南京象山出土東晉丹丸〔註108〕

除了黃金之外，煉丹道士們還經常服丹砂、水銀和雄黃。丹砂，又稱朱砂，即紅色硫化汞（HgS）。其藥效前文已述。水銀，道家認為其可以養氣安魂。灌於屍體，可以延緩屍體腐爛。大概正因如此，《神農本草經》說它「久服神仙不死」〔註109〕。所以道家常服食水銀。葛洪很早就發現了硫化汞受熱

〔註104〕（晉）葛洪撰、王明校釋：《抱朴子內篇校釋》卷4《金丹》，第70頁。
〔註105〕（晉）葛洪撰、王明校釋：《抱朴子內篇校釋》卷3《對俗》，第60頁。
〔註106〕（漢）魏伯陽著、（宋）朱熹等注：《周易參同契集釋》，北京：中央編譯出版社，2015年，第28頁。
〔註107〕（晉）葛洪撰、王明校釋：《抱朴子內篇校釋》卷11《仙藥》，第212頁。
〔註108〕圖片採自上海中醫藥博物館編：《上海中醫藥博物館館藏珍品》，第99頁。
〔註109〕王子壽、薛紅主編：《神農本草經》，第206頁。

分解出水銀，水銀和硫黃不斷加熱又變成硫化汞的現象：「丹砂燒之成水銀，積變又還成丹砂。」道士們不懂得其中的化學原理，但是為這種化學現象所鼓舞。因為他們將丹砂視作「萬靈之主，造化之根，神明之本」、「大藥之祖，金丹之宗」。「硫黃本太陽之精，水銀本太陰之氣。」因此上述礦物質在同一化學反應中來回生成，道家常認為此乃取陰陽之精，法天地造化之功。

雄黃（As_4S_4），常與雌黃（As_2S_3）共存。古人認為雌黃千年化為雄黃，雄黃千年化為黃金。道士在煉丹過程中，發現雄黃和銅可以發生反應，其實就是雄黃加熱析出砷，砷再與黃銅化為砷黃銅。但是古人不知，認為雄黃與銅在一起就可以煉出金子。雄黃可以點銅成金。所以雄黃在丹鼎派看來地位崇高無比。雄黃的這一功能，也得到醫家的承認。陶弘景在《本草經集注》中說雄黃「得銅可作金」[註110]。明代陳嘉謨在《本草蒙筌》中云：「一說：雄黃千年化為黃金。又云：雄黃以草藥伏住者，煉成汁，胎色不移，若將製成藥成汁並添得者，上可服餌，中可點銅成金，下可變銀成金也。」[註111]

晉唐時期，在達官貴人養成服丹風氣之時，逐漸形成了服石之風。服石之石，是指五石散。因服用後身體煩熱，必須「寒衣、寒飲、寒食、寒臥，極寒益善」，故五石散又稱寒食散。一般來說，五石散是由石鍾乳、紫石英、白石英、石硫磺、赤石脂五味石藥合成的一種散劑。但是在不同時代和不同道醫著作中，其配方不止一種。比如，西漢早期南越王墓中陪葬的五石散實物，就是以綠松石、赭石、紫水晶、雄黃、硫磺為配方。又比如，唐代孫思邈一方面反對世人服石，一方面又自身服石，這種矛盾的記載下，隱藏的真相便是孫氏有其獨特的更為保健的五石散配方。

先秦時期，我國可能就有服石之俗。不過，在中國歷史上服石真正形成熱潮還是始自魏晉時期。其始作俑者是三國中魏國尚書何晏。《世說新語·言語篇》注引云：「寒食散之方雖出漢代，而用之者寡，靡有傳焉。魏尚書何晏首獲神效，由是大行於世，服者相尋也。」[註112]服石在魏晉以後形成熱潮，應與以下三方面原因有關：一是與道教的興盛有關。這也是最直接的原因。蓋

〔註110〕（梁）陶弘景編、尚志鈞、尚元勝輯校：《本草經集注》卷2《玉石三品》，北京：人民衛生出版社，1994年，第149頁。

〔註111〕（明）陳嘉謨撰：《本草蒙筌》卷8《石部》，北京：人民衛生出版社，1988年，第342頁。

〔註112〕（南朝宋）劉義慶著、（南朝梁）劉孝標注：《世說新語》卷上之上《言語》，上海：上海古籍出版社，2013年，第29頁。

五石散本道醫的發明。晉唐時期，是中國本土道教勃興的時代。道教在社會各階層的廣泛傳播，帶動了社會服石的風潮。

廣州南越王漢墓博物館陳列的五石散

二是與玄學的盛行有關。東漢末年經學流弊凸顯。神學化、繁冗化的今文經學被世人拋棄。在社會分裂動盪之際，統治者迫切需要新的哲學思想來統一民眾思想。佛道二教雖逐漸盛行於中國，但是中國畢竟不是宗教化國家，於是一種融合了老莊周易的玄理之學在當時興起了。魏晉玄學興起的深層次原因，我們在這裡不加討論。我們討論的是魏晉玄學所表現出的思想文化特徵。這種文化表現出三個特徵：鄙棄名教、酒神精神、寧作我。〔註113〕魏晉人服石，就要行散。行散時，必須冷食、冷浴、飲溫酒、行路以發散藥性。所以，這些名士服石之後，往往喝的酩酊大醉，必然寬衣大袍，甚至赤身裸體在街上行走。這恰恰與時人標注的魏晉風度不謀而合。服石增加了名士的名人效應。所以服石對於魏晉名士來說就是必不可少的時尚。今人往往認為魏晉名士的穿著很飄逸，行為放蕩不羈，將這種行為美其名曰魏晉風度。殊不知，魏晉人這麼做也是迫不得已。他們其實是在行散。

三是與五石散的藥效有關。五石散配方各不相同，但其藥性多燥熱，服後使人全身發熱，並產生一種迷惑人心的短期效應，實際上是一種慢性中毒。所以服用之人往往內熱蘊積，不久發為癰疽。這一點，早在皇甫謐時就已有論述。然而貴族還是對此樂而不疲，因為五石散也確實有它獨特的吸引人性

〔註113〕參見馮達文著：《中國古典哲學略述》，廣州：廣東人民出版社，2009年，第192～196頁。

之處。五石散最主要的藥效就是可以使人興奮和增強房事能力。《世說新語·言語篇》中何晏說過這樣一句話：「服五石散非唯治病，亦覺神明開朗。」何晏所謂的神明開朗，不會是身強體健狀態下的感覺，可能更像是服食鴉片、搖頭丸後飄飄欲仙的幻覺。所以，當人們為這種幻覺欲望所征服後，服石之風很快風靡當時的上層社會。「魏尚書何晏首獲神效，由是大行於世，服者相尋也。」除了飄飄欲仙的幻覺，服石給人帶來的另一大樂趣就是可以增強房事能力。隋代巢元方《諸病源候論》卷六《寒食散發候篇》引皇甫謐話：「近世尚書何晏，耽好聲色，始服此藥，心加開朗，體力轉強。京師翕然，傳以相授……晏死之後，服者彌繁，於時不輟，余亦豫焉。」〔註114〕這裡已提示此藥乃耽好聲色之徒的所愛。唐代《備急千金要方》更是明確記載：「有貪餌五石，以求房中之樂。」蘇軾在《東坡志林》裏也說這種藥就是春藥：「世有石鍾乳、烏喙而縱酒色，所以求長年者，蓋始於何晏。晏少而富貴，故服寒食散以濟其欲，無足怪者。」〔註115〕無論古今，這些貴族子弟恣意淫樂的需求從未改變。五石散這種兼有搖頭丸和春藥性質的藥品當然成了他們的必備藥品。

歷史上，服石中毒而死的案例數不勝數。《諸病源候論》專卷論述了26種服石中毒的病候。這也成為這一時期醫學發展中的一個特殊現象。五石散的毒副作用甚大，服石不僅不能「延年益壽」「羽化登仙」，反而造成了「石發」或「散發」之類新的疾病。許多人服石後大發燥熱，輕則傷殘，重則死亡。皇甫謐云：「服者彌繁，於時不輟，余亦豫焉。或暴發不常，夭害年命。是以族弟長互，舌縮入喉；東海王良夫，癰瘡陷背；隴西辛長緒，脊肉爛潰；蜀郡趙公烈，中表六喪。悉寒食散之所為也。遠者數十歲，近者五六歲；余雖視息，猶溺人之笑耳。而世人之患病者，由不能以斯為戒……」〔註116〕

道教外丹術歷經晉唐近七百年的發展，雖給世人帶來服石等消極影響，但是其積極成就亦足以矚目。其中代表葛洪甚至被英國劍橋大學的李約瑟博士尊為西方製藥化學之鼻祖。概言之，道教外丹術對醫學（尤其是製藥化學）的貢獻，主要分為以下兩點：

〔註114〕丁光迪主編：《諸病源候論校注》卷6《寒食散發候》，北京：人民衛生出版社，1991年，第177頁。
〔註115〕（宋）蘇軾著：《東坡志林》卷5《司馬遷二大罪》，瀋陽：萬卷出版公司，2016年，第227頁。
〔註116〕丁光迪主編：《諸病源候論校注》卷6《寒食散發候》，第177、178頁。

　　一是道醫在常年煉丹過程中，發現大量化學反應，並對一些礦物藥的性質、製法有更深刻認識。如葛洪發現「丹砂燒之成水銀，積變又還成丹砂」。陶弘景在長期煉丹實踐中認識到金、銀兩種金屬能和水銀化合成汞齊。〔註117〕他指出水銀「能消化金、銀、使成泥，人以鍍物是也」。陶弘景還明確說明胡粉（化學成分是堿式碳酸鉛）是「化鉛而作」，黃丹（化學成分是四氧化三鉛）是「熬鉛所作」，二者都是人工製造出來的。在煉丹實踐中，陶弘景還掌握了鑒別鉀鹽和鈉鹽的方法：硝石（即硝酸鉀）以火燒之，紫青煙起；而燃燒芒硝（硫酸鈉）就不會產生這種顏色的煙。

　　二是道醫所煉之丹藥，也不乏良藥。如葛洪用煉丹工藝製成的紅升丹、白降丹，時至今日仍是中醫外科常用外敷藥物。孫思邈煉製的水銀霜，外用可以殺蟲、提毒、拔膿，促進傷口的癒合。其在蜀中峨眉山煉製的太一神精丹（主要成分是氧化砷），用於治療瘧疾。這是世界醫學史上最早使用砒霜治瘧疾的良方。再如五石散，歷代名醫對其也不乏褒揚之詞。比如《千金翼方》載「五石護命散」功效時云：「治虛勞，百病羸瘦，咳逆短氣，骨間有熱，四肢煩疼，或腸鳴，腹中絞痛，大小便不利，尿色赤黃，積時繞臍切痛急，眼眩冒悶，惡寒風痹，食飲不消，消渴嘔逆，胸中脅下滿，氣不得息，周體浮腫，痹重不得屈伸，唇口青，手足逆，齒牙疼，產婦中風，及大腸寒，年老目暗，惡風，頭著巾帽，厚衣對火，腰脊痛，百病皆治，不可悉記，甚良。能久服則氣力強壯，延年益壽。」〔註118〕日人丹波康賴在《醫心方》中引數位中國古代良醫的話來證明此藥是「群方之領袖」、「上藥之流也」，食之可以「延期養命，調和性理」。因為五石散處方不同，所以我們也不能一概否認其確有治病、養生之功效。五石散有的極毒，如五石更生散；有的還是可以服用的，如單服的鍾乳、鍾乳散等。孫思邈、王燾都提倡服鍾乳。在唐代，服鍾乳成為一種時尚，而鍾乳又是當時五石散的主要處方成分。唐人服鍾乳之風之盛，使得許多道地鍾乳產地的鍾乳都被搜採一空。

　　然而丹藥的毒副作用也一直如影隨形，有唐一代更是如此。唐代服丹盛行，與唐統治階層鮮卑化的文化特點及尊老子為祖進而崇道有關。清代趙翼的《廿二史劄記》裏記載了唐太宗、唐玄宗、唐憲宗、唐穆宗、唐敬宗、唐武宗

〔註117〕　汞齊是補牙的材料，也是提煉金銀的工具。採礦時將汞倒進礦石中，能使礦石中的金銀溶於汞內。接著於蒸汞器中蒸餾汞齊，使汞從汞齊中揮發分離而獲得金銀。

〔註118〕　（唐）孫思邈著、焦振廉等校注：《千金翼方》卷22《飛煉》，第270頁。

皆因丹毒發作而死。〔註119〕韓愈作《故太學博士李君墓誌銘》，哀悼其兄的孫女婿、太學博士李於之死。李於四十四歲時遇方士柳泌，開始服用柳泌提供的丹藥。服之後，往往下血，四年後就慘死了。死時四十八歲。韓愈在這篇墓誌銘中也提到當時眾多官僚服丹中毒而亡的慘狀：

> 余不知服食說自何世起，殺人不可計，而世慕尚之益至，此其惑也；在文書所記及耳聞相傳者不說，今直取目見親與之遊而以藥敗者六七公，以為世誡：

> 工部尚書歸登、殿中御史李虛中、刑部尚書李遜、遜弟刑部侍郎建、襄陽節度使工部尚書孟簡、東川節度御史大夫盧坦、金吾將軍李道古，此其人皆有名位，世所共識。工部既食水銀得病，自說：若有燒鐵杖自顛貫其下者，摧而為火，射竅節以出。狂痛號呼乞絕，其茵席常得水銀，發且止，唾血十數年以斃。殿中疽發其背死。刑部且死，謂余曰：「我為藥誤。」其季建一旦無病死。襄陽黜為吉州司馬，余自袁州還京師，襄陽乘舸，邀我於蕭洲，屏人曰：「我得秘藥，不可獨不死，今遺子一器，可用棗肉為丸服之。」別一年而病，其家人至，訊之，曰：「前所服藥誤，方且下之，下則平矣。」病二歲竟卒。盧大夫死時，溺出血肉，痛不可忍，乞死乃死。金吾以柳泌得罪，食泌藥，五十死海上。此可以為誡者也。〔註120〕

正因為唐人對外丹術給人類健康造成的負面影響認識較為深刻，因而宋以後，我們在史書上就不再常見到服食丹藥的陋習了。宋以後外丹術趨於衰落，也與唐後期氏族的最終衰落和道教內丹術的興起有著密切的關係。

〔註119〕如雄才大略的唐太宗，早年不信神仙、丹藥之說，還嘲笑追求永生的秦始皇和漢武帝，到了晚年，因為身患重病，他開始相信丹藥有強身益壽、長生不老的神奇功效，從此，沉迷於丹藥無法自拔。唐太宗服食了天竺術士煉製的丹藥後，病情加重而亡。又如唐憲宗，作為唐朝最有作為的皇帝之一，登基後，立志於中興大唐，取得削藩的巨大成果，在位期間被後世譽為「元和中興」。遺憾的是，唐憲宗後來迷上長生不老之術，將長壽的希望寄託在丹藥上，因服食丹藥而中毒，最後被宦官殺死。根據史籍記載，唐憲宗中毒已深，即使不被宦官殺害，也將不久於人世。其繼位者唐穆宗在繼位後，處死和流放了為憲宗煉丹的術士，可惜的是，沒過多久，穆宗也迷戀上丹藥，30歲那年被丹藥毒死。唐武宗也像父親和爺爺一樣，迷上丹藥，中毒而死，據說，因為中毒很深，死前十幾天都不能說話。

〔註120〕（唐）韓愈著：《韓愈文集》卷7《故太子博士李君墓誌銘》，北京：北京聯合出版公司，2018年，第129、130頁。

四、內丹術與服氣之法

道教內丹術是由卻穀食氣、胎息之法發展而來。食氣，也稱服氣、行氣，是道醫常用的一種養生保健手段。不食或少食五穀雜糧，吸收自然精華之氣，是養氣修仙的道家之術。卻穀食氣、胎息之法在中國古代源遠流長。《大戴禮記·易本命》說：「食肉者勇敢而悍，食穀者智慧而巧，食氣者神明而壽，不食者不死而神。」〔註121〕其中，食氣、不食者稱為辟穀。傳統的辟穀分為服藥辟穀、服氣辟穀兩種主要類型。兩種辟穀皆講求卻穀食氣、胎息之法。其中服藥辟穀是在不吃主食（五穀）的同時，通過食氣和攝入其他輔食（堅果、中草藥、辟穀丸、辟穀湯等），對身體機能進行調節〔註122〕；服氣辟穀則主要是通過絕食、調整氣息（呼吸）的方式來進行。早在西漢初期，馬王堆漢墓中陪葬的帛書《卻穀食氣》即論述行氣以卻穀養生的理論與方法：

> 卻穀者食石韋。朔日食質，日加一節，旬五而止。月大始銑，日去一節，至晦而復質，與月進退。為首重、足輕、休軫，則呴吹之，視利止。食穀者食質而□，食氣者為呴吹，則以始臥與始興，凡呴中息而吹：年廿者朝廿暮廿，二日之暮二百，年卅者朝卅暮卅，三日之暮三百。以此數準之。春食一去濁陽，和以□光、朝霞，昏清可。夏食一去陽風，和以朝霞、行暨，昏清可。秋食一去□□、霜霧，和以輸陽、銑，昏清可。冬食一去凌陰，和以沆□、□陽，銑光，輸陽輸陰，昏清可……〔註123〕

其論指出，辟穀的人可以吃石韋來代替糧食。具體方法，初一（月缺）開始，每天增加一節，遞增至十五。從十六（既望）開始，每天遞減一節，一直到三十（晦日）。如此循環往復，周而復始，按照月亮的消長盈虛來調整服藥的劑量。文中曰初行辟穀時往往產生頭重腳輕、四肢乏力的飢餓現象，須用「吹

〔註121〕黃懷信譯注：《大戴禮記譯注》卷13《易本命》，上海：上海古籍出版社，2019年，第339頁。

〔註122〕服藥辟穀所服之藥，各家各流派也不盡相同，常用的雜食是芝麻、黑大豆、紅棗、栗子、胡桃肉、蜂蜜及酒類。至於藥物就更多了，有地黃、黃精、何首烏、枸杞子、天門冬、麥門冬、菊花、茯苓、白朮、松子、柏子、苡仁、山藥、杏仁、白芍、菖蒲、澤瀉、石韋等。宋朝官府修編的《太平聖惠方》中有「神仙辟穀駐顏秘妙方」，由茯苓、栗子、芝麻、大棗組成，熬成膏服用，要求每日2次，每次50克。

〔註123〕裘錫圭主編、湖南省博物館、復旦大學出土文獻與古文字研究中心編纂：《長沙馬王堆漢墓簡帛集成》（第六冊），北京：中華書局，2014年，第1～3頁。

呴」食氣法加以克服。這裡便將辟穀與行氣聯繫在一起。

　　道教在繼承古代服氣辟穀的基礎上，創制出許多內煉行氣的內丹術，用以療疾及養生保健。「夫長生得道者，莫不皆由服藥吞氣，而達之者而不妄也。」〔註124〕陶弘景在《養性延命錄・服氣療病篇》中簡要概述了練習內丹術的方法：「常閉氣內息，從平旦至日中，乃跪坐拭目，摩挼身體，舐唇咽唾，服氣數十，乃起行言笑。其偶有疲倦不安，便導引閉氣，以攻所患。必存其身、頭面、九竅、五藏、四肢至於髮端，皆令所在，覺其氣雲行體中，起於鼻口，下達十指末，則澄和真神，不須針藥灸刺。」「凡行氣，以鼻納氣，以口吐氣，微而引之，名曰長息。納氣有一，吐氣有六。納氣一者謂吸也。吐氣有六者謂吹、呼、唏、呵、噓、呬，皆出氣也。凡人之息，一呼一吸，無有此數。欲為長息吐氣之法，時寒可吹，時溫可呼。委曲治病，吹以去風，呼以去熱，唏以去煩，呵以下氣，噓以散滯，呬以解極。」「心藏病者，體有冷熱，呼吹二氣出之；肺藏病者，胸背脹滿，噓氣出之；脾藏病者，體上游風習習，身癢疼悶，唏氣出之；肝藏病者，眼疼，愁憂不樂，呵氣出之。腎藏病者，咽喉窒塞，腹滿耳聾，呬氣出之。」〔註125〕雖然服氣辟穀其效用目前缺乏科學依據，但是道醫相信，服氣內煉可以疏淤通滯，調暢氣機，達到愈病效果。

　　道醫內丹術的修煉主要是採用綿長柔細的呼吸方法，即胎息方法。這一方法來源於仿生吐納，就是仿烏龜的呼吸，所以又叫做龜息。道家認為，烏龜之所以長壽，是因為它「食氣」。氣在人體內循環不止，不可或缺。胎息練成後，不僅能抵禦斷食帶來的飢餓與虛弱，還能使人精力旺盛，益壽延年。

　　胎息屬道家密宗，是種極緩慢而深沉的呼吸，故也稱潛呼吸。在辟穀之前首先練習胎息。據說胎息練成後「謂之大定」，可達到食氣辟穀的神奇境界。胎息法在道教最早的經典《太平經》中已有論述：「服氣藥之後，三日小饑，七日微饑，十日之外，為小成無惑矣，已死去就生也。服氣藥之後，諸食有形之物堅難消者，以一食為度；食無形之物，節少為善。百日之外可不食，名不窮之道，名為助國家養民，助天地食主。少者為吉，多者為凶，全不食亦凶，腸胃不通。通腸之法：一食為適，再食為增，三食為下，四食為腸張，五食饑大起，六食大兇惡，百疾從此而生，至大饑年當死。節食千日之後，大小腸皆

〔註124〕　（晉）葛洪撰、王明校釋：《抱朴子內篇校釋》卷15《雜應》，第269頁。
〔註125〕　（南朝梁）陶弘景集、王家葵校注：《養性延命錄校注》卷下《服氣療病篇》，
　　　　　　第147、156、157、161頁。

滿，終無料也。令人病悉除去，顏色更好，無所禁防。」〔註126〕

至於道家是如何發現胎息法的，按照文獻記載，似乎其源於古人因偶然原因仿龜吞吐氣息而至斷穀不死的傳說。葛洪在《抱朴子·對俗》載潁川郡人「張廣定者，遭亂常避地，有一女年四歲，不能步涉，又不可擔負，計棄之固當餓死，不欲令其骸骨之露，村口有古大冢，上巔先有穿穴，乃以器盛縋之，下此女於冢中，以數月許乾飯及水漿與之而捨去。候世平定，其間三年，廣定乃得還鄉里，欲收冢中所棄女骨，更殯埋之。廣定往視，女故坐冢中，見其父母，猶識之甚喜。而父母猶初恐其鬼也，父下入就之，乃知其不死。問之從何得食，女言糧初盡時甚饑，見冢角有一物，伸頸吞氣，試傚之，轉不復饑，日月為之，以至於今。父母去時所留衣被，自在冢中，不行往來，衣服不敗，故不寒凍。廣定乃索女所言物，乃是一大龜耳。女出食穀，初小腹痛嘔逆，久許乃習，此又足以知龜有不死之法，及為道者傚之，可與龜同年之驗也」。〔註127〕

《藝文類聚》記載了一個類似的故事，三國時郤儉，「少時行獵，墮空冢中飢餓，見冢中先有大龜，數數回轉，所向無常，張口吞氣，或俯或仰。儉亦素聞龜能導引，乃試隨龜所為，遂不復饑。百餘日，頗苦極。後人有偶窺冢中，見儉而出之。後竟能咽氣斷穀。魏王（曹操）召置土室中，閉試之。一年不食，顏色悅澤，氣力自若」。〔註128〕這種古人因偶然原因仿龜吞吐氣息而至斷穀不死的傳說，對道家卻穀食氣的修煉有很大啟發，後來道經中屢屢引用上述兩個典故以證明胎息法養生延年的可靠性。

葛洪在《抱朴子》中根據師傳總結出一種胎息法，謂「抱朴子胎息法」。其法於唐宋間頗為流行。其特點是以逐漸延長所閉之氣在體內的時間為手段，最終達到「胎息」狀態。其具體練法如下：

> 初學行炁，鼻中引炁而閉之，陰以心數至一百二十，乃以口微吐之，及引之，皆不欲令己耳聞其炁出入之聲，常令入多出少，以鴻毛著鼻口之上，吐炁而鴻毛不動為候也。漸習轉增其心數，久久可以至千，至千則老者更少，日還一日矣。夫行炁當以生炁之時，勿以死炁之時也。故曰仙人服六炁，此之謂也。一日一夜有十二

〔註126〕 王明編：《太平經合校》卷120～136《太平經鈔辛部》，第702頁。
〔註127〕 （晉）葛洪撰、王明校釋：《抱朴子內篇校釋》卷3《對俗》，第49頁。
〔註128〕 （唐）歐陽詢撰：《藝文類聚》卷75《養生》，上海：上海古籍出版社，1982年，第1284頁。

時，其從半夜以至日中六時為生炁，從日中至夜半六時為死炁，死
炁之時，行炁無益也。〔註129〕

「抱朴子胎息法」姿勢為仰臥式，兩手握拳放置於腿的兩側，收斂心意，摒棄各種雜念。用鼻子緩緩吸氣，吸滿後閉氣不呼，心中默數，自一至百以上。閉氣直至難以堅持為止，可以稍微鬆氣，然後立刻吸滿再閉上，直到足心出汗，才可以慢慢地將所閉之氣吐出來，但吸氣與吐氣時必須極其微小，小到看不出呼吸的氣息才可以。隨著工夫的深入，每次閉氣默數的數值逐漸延長，通常如果可以每次閉息默數至 1000～2000，就可以不食五穀雜糧，期間可自然出現「胎息」狀態。若能於每次閉息默數至 5000，那就能達到一種出神入化的境界了。〔註130〕

進入胎息，就如同在體內建造了一個生命能量加工廠，生命之氣──元氣將被源源不斷地創造出來，不足的補充（損耗的內氣能量），多餘的去掉（體內的各種病氣和疾病隱患）。元氣增加到一定程度後，開始向生命的本根返歸，實現返老還童，其最高層次是天人合一，長生永恆。中國古代修道者，在數千年的修煉中發現，胎息是長生之徑，仙道之門，是人體消除疾病、返還青春，與宇宙之氣融為一體的修煉佳境。修道者，無不把胎息作為修煉的高層次目標。

古往今來，載於史冊的道醫服氣辟穀之案例不勝枚舉。如葛洪在《抱朴子內篇・雜應》中說：「餘數見斷穀人三年二年者多，皆身輕色好，堪風寒暑濕，大都無肥者耳。」並舉出數例以證之。如三國吳道士石春，在行氣為人治病時，常一月或百日不食，吳景帝聞而疑之，「乃召取鎖閉，令人備守之。春但求三二升水，如此一年餘，春顏色更鮮悅，氣力如故」。又「有馮生者，但

〔註129〕（晉）葛洪撰、王明校釋：《抱朴子內篇校釋》卷 8《釋滯》，第 151、152 頁。

〔註130〕至於長時間閉氣的可實施性，雖然古代文獻大量記載，但是現代科學尚未證實其可行性。著名的文化學者馬未都，在一次訪談中言，他年輕時下鄉當知青時就遇到過一次這樣的奇人。上世紀六七十年代的時候，馬未都曾去鄉下做知青，眾人在池塘邊幹活的是時候，一位女知青不慎掉入了水塘中。馬未都和眾人趕緊慌忙去撈人，但是幾人撈了半個多小時都沒撈著，那名女知青也一直都沒有浮上來。馬未都一行人向村里人求助，大家請來了當地專業的撈屍人。撈屍人下水後，長時間都沒有上來，大家急得像熱鍋上的螞蟻。馬未都當時說感覺 3 個鐘頭都過去了，都沒見池塘中有人影浮現。就在大家以為撈屍人可能也淹死了時，撈屍人忽然從水中冒出頭來，一手提著淹死的女知青的慘白的腳。相關訪談視頻可搜索 https://v.qq.com/x/page/i052714ni0e.html。筆者最後一次訪問是 2023 年 4 月 24 日。

單吞氣，斷穀已三年，觀其步陟登山，擔一斛許重，終日不倦。」〔註131〕《南史‧隱逸傳》載，南嶽道士鄧郁「斷穀三十餘載，唯以澗水服雲母屑，日夜誦大洞經」。〔註132〕《北史‧隱逸傳》稱陳道士徐則「絕粒養性，所資唯松術而已，雖隆冬冱寒，不服棉絮」。〔註133〕《魏書‧釋老志》載，北魏道士寇謙之託言太上老君授以導引辟穀口訣，弟子十餘人皆得其術。又謂東萊道士王道翼隱居韓信山，斷穀四十餘年。〔註134〕《舊唐書‧隱逸傳》載，唐道士潘師正居嵩山二十餘年，「但服松葉飲水而已」。其徒司馬承禎亦傳其辟穀導引服餌之術。〔註135〕《宋史‧陳摶傳》載，陳摶曾隱居武當山，「服氣辟穀歷二十餘年，但日飲酒數杯。」〔註136〕以上數例，雖尚未證實真偽，不可作信史視之，但是對於道教內丹術的研究，不無借鑒意義。

〔註131〕 （晉）葛洪撰、王明校釋：《抱朴子內篇校釋》卷15《雜應》，第267～270頁。

〔註132〕 （唐）李延壽撰：《南史》卷76《鄧郁傳》，第1896頁。

〔註133〕 （唐）李延壽撰：《北史》卷88《徐則傳》，北京：中華書局，1974年，第2915頁。

〔註134〕 （北齊）魏收撰：《魏書》卷114《寇謙之傳》，北京：中華書局，1974年，第3051頁。

〔註135〕 （後晉）劉昫等撰：《舊唐書》卷192《隱逸傳》，北京：中華書局，1975年，第5126、5127頁。

〔註136〕 （元）脫脫等撰：《宋史》卷457《陳摶傳》，第13420頁。

第五章　宋元醫學史

宋—元（960～1368）

第一節　唐宋變革說與宋元醫學的新氣象

宋代，是中國歷史上文明極為昌盛的時代。陳寅恪說：「華夏民族之文化，歷數千年之演進，造極於趙宋之世，後漸衰微，終必復振。」〔註1〕英國著名學者李約瑟說：「談到十一世紀，我們猶如來到最偉大的時期。」〔註2〕他認為這一時期中國的「文化和科學卻都達到了前所未有的高峰」〔註3〕。中國的文化，在這一時期，通過陸海兩路，向西、向東、向南傳播，對世界文明的影響極為巨大。中國古代四大發明其中之三，就是在這一時期登上歷史舞臺，並被中國人傳播至世界各地，大大推動了世界文明的進展。〔註4〕

與之對應的是世界文明在此時的落後。公元十至十三世紀，歐洲文化為神學控制，正處在黑暗的中世紀，農奴制莊園的生產力極低。在中東，拜占庭帝國和阿拉伯帝國相繼崩潰。在非洲，其文明發展還更為落後。因此，在當時的世界版圖中，中國不僅幅員遼闊，而且經濟文化的發展，制度的先進，都是首屈一指的。

〔註 1〕 陳寅恪著、陳美延編：《金明館叢稿二編》，北京：三聯書店，2001 年，第 277 頁。
〔註 2〕 《李約瑟集》，天津：天津人民出版社，1988 年，第 115 頁。
〔註 3〕 《中國科學技術史》第 1 卷第 1 冊，北京：科學出版社，1975 年，第 284 頁。
〔註 4〕 對於這三大發明，馬克思曾寫道：「這是預告資產階級社會到來的三大發明，火藥把騎士階層炸得粉碎，指南針打開了世界市場並建立了殖民地，而印刷術則變成新教的工具，總的說來變成了科學復興的手段，變成對精神發展創造必要前提的最強大的槓杆。」

中國古代的歷史，在宋代發生了巨大的變化，這是研究中國古代史的人很容易覺察到的事實。早在明代，歷史學家陳邦瞻在《宋史紀事本末敘》中寫道：「宇宙風氣，其變之大者三：洪荒一變而為唐虞，以至於周，七國為極；再變而為漢，以至於唐，五季為極；宋其三變，而吾未睹其極也。變未極則治不得不相為因，今國家之制，民間之俗，官司之所行，儒者之所守，有一不與宋近者乎？非慕宋而樂趨之，而勢固然已。」〔註5〕陳邦瞻顯然意識到宋代文明對明代文明影響之巨。近代的嚴復，在上世紀初「致熊純如的信」中這樣寫道：「若研究人心、政俗之變，則趙宋一代歷史最宜究心。中國所以稱為今日現象者，為善為惡姑不具論，而為宋人之所造就，什八九可斷言也。」在嚴復的言論中，我們看到宋代文明的影響亦及於近代。在近鄰日本，早在上世紀初即注意到此類變化，並形成了引發後世爭論百年的唐宋變革說。

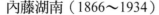

內藤湖南（1866～1934）　　　　宮崎市定（1901～1995）

在日本，最早提出唐宋變革說的，是京都學派的開創者內藤虎次郎（1866～1934，號湖南）。1910年，內藤湖南在《歷史與地理》第9卷第5號發表了《概括的唐宋時代觀》一文，指出唐代與宋代在文化上有顯著差異。〔註6〕內藤湖南的唐宋變革說的核心，是將唐代作為中國「中世社會」的結束，宋代是

〔註5〕（明）陳邦瞻撰：《宋史紀事本末》，北京：中華書局，1977年，第1191、1192頁。

〔註6〕（日）內藤湖南著：《東洋文化史研究》，上海：復旦大學出版社，2016年，第103～112頁。

中國「近世社會」的開始。其後另一位日本學者宮崎市定繼承並發展了內藤湖南的學說。現將二人學說中可能對中醫發展走勢產生影響的主要論點，摘錄如下：

第一，人民地位的變化。唐以前，人民（奴婢或部曲）實質上是貴族的奴隸。宋以後，人民的奴隸身份得到解放，不再隸屬於貴族，而成為國家的佃客。這就是佃戶制。佃戶制的本質就是自由農民和地主之間締結的佃耕契約關係。從部曲到佃戶的變化，反映出唐宋間的社會發生了極大的變化。新的勞動形態出現。人民與君主的關係，變得更直接、相對。在生產力得到進一步解放的基礎上，醫學等各個領域都迎來了發展的新機遇。

第二，官吏任用法的變化。魏晉南北朝時期，用九品中正制選官，選舉權和被選舉權把持在貴族手中。隋唐時期，雖然實行科舉考試，但是參與者基本上還是貴族，且錄取人數極少，很難改變整個官僚集團的成分構成。至宋代，科舉考試面向普通大眾，大家機會均等，以成績取人。應試者與錄取者人數都大大增加，常常是錄取幾百上千人，應試過萬人。以至於因科舉制度而新興出一批知識分子官僚層。這種新型的官吏任用法，刺激大量的平民讀書應舉。宋真宗曾有《勵學篇》鼓勵士子們辛勤讀書，以改變命運：

> 富家不用買良田，書中自有千鍾粟。
>
> 安居不用架高堂，書中自有黃金屋。
>
> 出門莫恨無人隨，書中車馬多如簇。
>
> 娶妻莫恨無良媒，書中自有顏如玉。
>
> 男兒欲遂平生志，五經勤向窗前讀。

因而宋代讀書人數激增，為後來儒醫群體的興起奠定了基礎。

第三，經濟上的變化。實物經濟終結，貨幣經濟開始。商品經濟的發展，促使人們的職業選擇更加市場化。社會地位的等級、職業的高下的評判標準不再是官本位的單一化，而是結合財富的多寡。合法且收入較多的職業，例如醫生，成為眾多讀書人的首選。「不為良相，便為良醫」之說自宋代不脛而走，鼓舞了一代又一代中國人將職業首選鎖定在醫生這個職業上。

第四，中國的社會，從宋代開始，貴族、官僚、富豪家族很難持續長久，不像晉唐時期中世貴族社會，一個顯赫家族可以延綿幾世紀不絕。〔註7〕宋代

〔註7〕山西聞喜裴氏家族，自漢魏至隋唐千餘年來久盛不衰。據《裴氏世譜》統計，裴氏家族在歷史上曾先後出過宰相59人，大將軍59人，中書侍郎14人，尚

以後，社會流動加快，世無常貴。尤其是門閥貴族的沒落和科舉出身的官僚的興起，是當時社會的一個最顯著變化。於是，無論貴族還是平民，都要現實地面對自己及其後代的生存問題。南宋袁采在設定子孫出路時認為：「士大夫之子弟苟無世祿可守，無常產可依，而欲為仰事俯育之計，莫如為儒。其才質之美能習進士業者，上可以取科第、致富貴，次可以開門教授，以受束脩之俸。其不能習進士業者，上可以事筆札、代箋簡之役，次可以習點讀，為童蒙之師。如不能為儒，則巫醫、僧道、農圃、商賈、技術，凡可以養生而不至於辱先者，皆可為也。」〔註8〕

　　第五，文學性質的變化。經學由重師法、疏不破注變為疑古、以己意解經。文學由注重形式的四六體演變為注重自由表現的散文體。總而言之，貴族式的文學一變而為庶民式的文學。其餘如哲學、藝術、自然科學等的發展，亦具有類似的性質。也是從宋代開始，人們對中醫文獻的解讀開始大量出現新的立意。中醫各家學派紛紛出現。例如宋人對《傷寒論》的研究，便突破前人的窠臼。在張仲景時代以及之後的整個晉唐時期，《傷寒雜病論》僅僅屬於眾多經方中的一種，並未引起世人重視。但是到了宋代，《傷寒論》研究專著層出不窮（當時專著多達70餘種），《傷寒論》和《金匱要略方論》逐漸被後人視為經（典之）方。隨著中醫第一家學派傷寒學派的崛起，張仲景的學術思想也被後人不斷挖掘和賦予新意。

　　第六，在宋代，火藥、印刷術、羅盤針的發明和應用以及煤鐵的大量使用，使宋代文明更具有近世文明的色彩。

書55人，侍郎44人，常侍11人，御史10人，節度使、觀察使、防禦使25人，刺史211人，太守77人；封爵者公89人，侯33人，伯11人，子18人，男13人；與皇室聯姻者皇后3人，太子妃4人，王妃2人，駙馬21人，公主20人等，中國「宰相村」由此而得名。正史立傳與載列者，600餘人；名垂後世者，不下千餘人；七品以上官員，多達3000餘人。僅隋唐二代活躍於政治舞臺上的名臣就不下數十人。其中著名的政治家有裴休、裴楷、裴蘊、裴矩、裴佗、裴讓之、裴政、裴寂、裴冑、裴度、裴樞等；軍事家有裴行儉、裴茂、裴潛、裴叔業、裴邈、裴駿、裴衍、裴寬、裴果、裴文舉、裴鏡民、裴濟等；法學家有裴政；外交家有裴矩、裴世清等。在各個學術領域中，裴氏家族卓有成就者更是朗若群星，閃耀古今，不勝枚舉。顧炎武認為，聯姻、世襲、自強三大因素造成了聞喜裴柏村裴氏名人不斷湧現的特殊歷史現象。然而這樣的一個世家大族，其家族的榮耀也止於宋代。

〔註8〕（宋）袁采撰：《袁氏世範》卷2《子孫當習儒業》，文津閣《四庫全書》第232冊，第207頁。

　　綜上所述，日本學者提出的唐宋變革說，實質上是要論證中國自宋代開始就已經跨入近世社會。無怪乎上文所列舉的中國學者均認為他們所生活的時代都受到宋代的強烈影響。而文化大家錢穆則直接將宋以後的中國史稱之為中國的近代史。「宋元明清四代約一千年，可以說是中國的近代史。」〔註9〕

　　宋代是一個文化昌明、經濟發達、科技進步的時代。但是，我們不能因為宋代具備了一些近代的現象特徵而認定它就是中國近代史的開端。這裡的一個根本判斷依據是，宋朝的經濟雖然發達，卻不能用以改革社會。因為從西方經濟學的觀點來看，一個社會，只有它的商業影響力遠遠超過農業影響力時，它的深層次社會變革才會發生。即如西方文藝復興的產生，就是最好的例證。宋代商業發展水平在中國整個封建時期雖然可以用空前絕後來形容，但是支撐中國社會發展的依然是廣大的小自耕農。這些小自耕農使中國長期保持著一種低水平的生產方式和傳統保守的性格。這種特徵甚至一直持續到 20 世紀下半葉。所以，我們不能過高評價唐宋變革說的內容。從這個角度擴展至托馬斯‧庫恩的範式概念，則大體可以肯定，宋元醫學的理論創新尚未達到範式轉換的高度。宋元時期並不是中醫學第二個範式形成的階段，因為「從一個處於危機的範式，轉變到一個常規科學的新傳統能從其中產生出來的新範式，遠不是一個累計的過程，即遠不是一個可以經由對舊範式的修改或擴展所能達到的過程」〔註10〕。

　　不過，宋元社會的發展雖然未能給中國帶來文藝復興，但是對醫學的影響確實深遠。中國醫學史在這一時期，翻開了嶄新的一頁。正是因為宋代社會發生了較為深刻的變革，因而宋代以後的醫學開始呈現出與之前迥然不同的特點。

　　「華夏民族之文化，歷數千年之演進，造極於趙宋之世」。經過漢唐一千多年的積累沉澱，至宋代形成了超級穩定的文化結構。這種穩定結構，使得之後一千年的中國文化的方方面面都無法擺脫宋代的影響。宋代醫學深刻影響了之後一千年的中國醫學史。至今我們的中醫，仍在很大程度上沿襲宋元明清以來的中醫思維和模式。從積極的方面來看，這種成熟的文化可以避免我們被野蠻的文明毀滅。宋代以後，中國曾兩度被外族完全征服，但是中華文明還能

〔註 9〕錢穆著：《中國文化史導論》，北京：商務印書館，1994 年，第 175 頁。
〔註10〕（美）托馬斯‧庫恩（Thomas S. Kuhn）著，金吾倫、胡新和譯：《科學革命的結構》，北京：北京大學出版社，2012 年，第 72、73 頁。

延綿不斷。而中醫在經歷了這一千年的風風雨雨，尤其是近代以來數次廢止的厄運後，還能屹立於東方，就是歸功於宋朝文化留給中醫的堅固盔甲。可是從消極的方面來看，當我們面對充滿活力的更為先進的西方文明時，這一超級穩定的文化結構，會表現出其頑強保守、堅決抵制的一面。宋代文化的結晶化，正如碳結晶為鑽石，堅固無比，可是它也從此失去彈性。中國文化從此時起，逐漸失去彈性，失去了吸收外來成分的能力。這使得中國的近代化歷程比起日本、俄羅斯等國要來地痛苦許多。而在醫學方面，則表現出其對西方先進醫學理論的消化吸收極為困難。這也是宋朝留給我們的難以消化的不良資產。

第二節　宋元時期醫生地位的提升與儒醫的形成

一、「不為良相，則為良醫」說的由來

說到宋元時期醫生地位的提升，尤其是儒醫的產生，很多教材或論文、著作首先會聯想到宋朝政府對醫學的重視。的確，醫學能在宋元時期得到較大發展，與宋元政府對醫學教育的重視及醫生地位的提高緊密相關。但是，從歷史發展的客觀規律來看，當時政府的所作所為更多是在順應歷史的發展要求，而不是主導歷史發展潮流。因此，從這個角度來講，宋元時期醫生社會地位能夠得到提升，儒醫能夠形成，首要因素是與當時社會對醫學的重新認識有密切關係。在此基礎上，政府的一系列醫學改革新政，又為醫學地位的鞏固，提供了制度上的保障。因此，欲知宋元時期醫生地位提升的原因，我們首先將目光投向當時社會層面。

宋代以降，大量讀書人進入醫生行列，這是前朝所不具備的歷史現象。唐朝以前，士人恥於為醫。宋朝以降，這種思想雖未消失，但是影響已大為降低。能為廣大讀書人由儒入醫提供心理依託、理論支持的，當然少不了宋范仲淹那句「不為良相，則為良醫」的名言。這句話流傳時間之長和流傳範圍之廣甚至不亞於范氏的另一名言「先天下之憂而憂，後天下之樂而樂」。我們就從這句話入手，來剖析宋元時代世人對醫生認識的更新。

至少從南宋以來，絕大多數人都認為「不為良相，則為良醫」這句話出自范仲淹之口，很少有人懷疑其真實性，更絕少有人考證此話的出處。今日學者余新忠考證，此話的出處應是來自南宋吳曾的《能改齋漫錄》。該書有一則關於范仲淹的記載，是為「不為良相，則為良醫」的源頭：

范文正公微時，嘗詣靈祠求禱，曰：「他時得為相乎？」不許。復禱之曰：「不然，願為良醫。」亦不許。既而歎曰：「夫不能利澤生民，非大丈夫平生之志。」他日，有人謂公曰：「大丈夫之志於相，理則當然。良醫之技，君何願焉？無乃失於卑耶？」公曰：「嗟乎，豈為是哉！古人有云：『常善救人，故無棄人；常善救物，故無棄物。』且大丈夫之於學也，固欲遇神聖之君，得行其道。思天下四夫匹婦有不被其澤者，若己推而內之溝中。能及小大生民者，固惟相為然。既不可得矣，夫能行救人利物之心者，莫如良醫。果能為良醫也，上以療君親之疾，下以救貧民之厄，中以保身長年。在下而能及小大生民者，捨夫良醫，則未之有也。」〔註11〕

概言之，該文包涵的主旨有三：一是君子當有利澤生民之志；二是良相和良醫都能有救人利物之效；三是君子在不能達則兼濟天下的時候，可以考慮行醫以實現自己救人利物之心願。文中范仲淹雖有為相不得便為醫的傾向，但是並未有「不為良相，則為良醫」的語句。所謂的「不為良相，則為良醫」是後人的總結。

該書是吳曾撰自 1154～1157 年間，此時離范仲淹去世已愈百年。今天我們在范仲淹的著作中，並沒有發現與之有任何聯繫的記載，看不到范仲淹與醫學有什麼聯繫（除了范氏生前曾於仁宗慶曆年間上過重視醫學人才培養的奏章）。但是在該文之後，范仲淹與醫學的聯繫莫名的增多起來，而且這種聯繫都是以這句話為主題的。如曾丰在《贈劉晉卿醫者序》中曰：「余惟范文正公得志為相，不得志為醫，為皆可活人故爾。」僧人居簡在《湖州寶雲彬文仲淨業記》中稱：「昔范文正公嘗願達則為賢相，窮則為良醫。」沈作喆在《寓簡》中說：「范文正公微時，嘗慷慨語其友曰：吾讀書學道，要為宰輔，得時行道，可以活天下之命。時不我與，則當讀黃帝書，深究醫家奧旨，是亦可以活人也。」章如愚則謂：「前輩（范仲淹）嘗謂：達則願為卿相，窮則願為良醫。」方大琮在《贈醫者范安常》中說：「昔文正公謂大丈夫不為宰相必為良醫，蓋活人之功相等耳。」《宋史·崔與之傳》記載了南宋宰相崔與之的父親崔世明年輕時（約南宋初年）的一則信息：「父世明，試有司連黜，每曰『不為宰相則為良醫』，遂究心岐黃之書，貧者療之不受直。」

〔註11〕 （宋）吳曾撰：《能改齋漫錄》卷 13《文正公願為良醫》，上海：上海古籍出版社，1960 年，第 381 頁。

　　除去上述南宋時人文集中的記載，在南宋詩詞中這一主題也開始表現出來。如謝枋得的「莫把眼前窮達論，要知良相即良醫」，「好看良醫作良相」，黎廷瑞的「古今良相即良醫」，熊禾的「古稱良醫即良相」。這些詩詞，莫不是「不為良相，則為良醫」的轉引。〔註12〕

　　宋代既已如此，元明清以後，范仲淹的這句名言更是家喻戶曉。於是，千百年來，多少讀書之人、落第舉子都以此激勵自己走上了從醫的道路。如晚明的著名醫家王肯堂自敘其學醫經歷時，稱很小就聽聞范仲淹這段故事，後因母病，遂立志學醫，並常以范氏精神勉勵自己。「雖萬萬不敢望文正公，然其志不敢不立，而其具不敢不勉，以庶幾無負父師之教。」〔註13〕而近代以來大量學醫之人，如郭沫若、魯迅等，雖從未言及范氏名言，但是這些人也是在范仲淹這句話的影響下走上的濟世救民之路。

　　由上可知，「不為良相，則為良醫」這句話對後世中國的影響的確不能低估。但是，若我們從文獻行成時間來考證，那麼，這種影響的發端似乎是在南宋。它與北宋中期的范仲淹似乎並沒有直接的聯繫。因此，早在上世紀八十年代美國學者韓明士（Robert P. Hymes）就懷疑此段故事有可能是南宋人的偽託。近年來，南開大學的余新忠教授也推斷此語可能並非來自范仲淹，而應是吳曾在南宋前期根據社會傳言或己意杜撰出的一則故事。

二、宋代儒醫背後的歷史湧動下的社會需求

　　一些人指出，范仲淹文集中雖無這則故事的記載，但是慶曆三年，他的確有針對醫學教育改革的建議，這則建議，就是對其年輕時願為良醫的志向的實踐。事實是否如此？若我們把目光放在宋代大的歷史背景下，就會發現宋朝政府歷來較為重視醫學事業，范仲淹作為改革家提出這一建言並不足為奇。況且，在范仲淹整體的改革方略中，他關於醫學的言論也僅此一則，實在是無足輕重。所以，後人據此推斷這是范仲淹對其年輕時諾言的實踐，實在是後人在既定觀念指引下對其的過度解讀。退一萬步來講，即便范仲淹確有此語，那麼，他的這句話在他生前及死後的幾十年中也沒有引起任何波瀾，至少在北宋時期我們沒有見到任何人將其與當時的醫學改革聯繫起來。從這個角度來

〔註12〕以上皆轉引自余新忠：《「良醫良相」說源流考論——兼論宋至清醫生的社會地位》，《天津社會科學》，2011 年第 4 期。

〔註13〕（明）王肯堂著：《證治準繩（一）：雜病》，上海：上海科學技術出版社，1959年，第 1 頁。

說，范仲淹究竟說沒有說過這句話，也就變得毫無爭論的必要了。

至於這句話為何一定要與范仲淹有關，余新忠教授的解讀是，很可能是在范仲淹去世後，在當時尚醫風氣漸趨增強和士人希望以醫謀生的社會背景下，坊間出現了類似的故事，並在流傳過程中被附會到范仲淹身上。當時人之所以選擇范仲淹，應該是因為范氏在當朝聲名特別顯赫，形象非常正面的緣故。以范氏之口來表達士人願為良醫的意願，非常符合那些科場失利無以糊口的士人想以醫謀生的心意。這樣，有關范仲淹良相和良醫的故事就應運而生，並很快被推上歷史舞臺。〔註14〕

所以，當我們回顧前文時就卻會發現，這句話在北宋時難以找到相應的歷史呼應，而在南宋之後產生的社會效應則難以估量。則考證范氏這句名言已不僅僅是一個歷史考據問題了，它其實已蘊含了宋代社會變革的內容。若我們再向前回顧之前提到的唐宋變革說諸多內容，比如裏面提到的人民地位的變化（主要是農民由部曲變為更具人身自由的佃戶）、知識分子官僚層的興起、貨幣的普及、科技的飛躍等內容時，就更能深刻地體會到這句話與時代的結合是多麼緊密。對於當時新興的知識分子們來講，擠破頭衝進官僚體系當然是首選。一旦失利，那麼退而在地方上發揮光和熱並且靜待時機也不失為明智的選擇。宋朝科舉所形成的知識分子階層包含非常廣泛，從朝堂之上的科舉出身的官僚到地方上的仕紳，都屬於這一體系。他們對宋朝中央和地方的聯繫及穩定發揮著關鍵作用。由於這一階層的人數在不斷擴大，尤其是廣大佃農在不斷加入知識分子行列，而能通過科舉進入官場的人數有限，所以越來越多的寒士科場失意之後的就業問題越發凸顯出來。尤其是隨著宋代社會變革的深入，到了北宋中後期時，這一問題已相當嚴重。於此同時，隨著近世文明特徵的逐漸顯現，當時社會上出現了醫學知識的普及化、人們對這一職業的逐漸認同和醫生職業逐漸開放的趨勢。在范仲淹生活的時代，社會上層對醫學的態度已有部分轉變，如校正醫書局（1057～1069）的林億在《新校正〈黃帝針灸甲乙經〉序》中這樣說到：「臣聞通天地曰儒，通天地不通人曰技。斯醫者雖曰方技，其實儒者之事乎。」〔註15〕宋代儒臣也不再輕視醫學，反而以不知醫為恥。兩宋時期官僚編撰醫書已成為一種時尚。我們試舉數

〔註14〕余新忠：《「良醫良相」說源流考論——兼論宋至清醫生的社會地位》，《天津社會科學》，2011年第4期。
〔註15〕（晉）皇甫謐編集：《針灸甲乙經》。

例，管中窺豹：陳堯叟《集驗方》、郎簡《集驗方》、錢惟演《篋中方》、洪遵《洪氏集驗方》、陸游《集驗方》、楊倓《楊氏家藏方》、蘇軾和沈括《蘇沈良方》、司馬光《醫問》、文彥博《節要本草圖》、《藥準》、高若訥《素問誤文闕義》、《傷寒類要》、程迥《活人書辨》、《醫經正本書》、鄭樵《本草成書》、《本草補類》、《食鑒》。

　　不過，即便如此，我們也不能斷言當時的政府及社會主流就能完全接納醫學。官方及主流的偏見還是一直存在的。《宋會要輯稿》記載，慶曆四年（1044）詔「國子監於翰林醫官院選能研醫書三五人為醫師，於武成廟講說《素問》、《難經》等文字，詔京城習學生徒聽學」，但是這條皇帝詔令，遭到國子監反對，認為武成廟乃儒生讀書之地，不容技術雜流玷污。可知在范仲淹變法前後，醫學仍為儒家士人所鄙視。這一情況，至北宋末年，似乎仍然很嚴重。《宋會要輯稿·崇儒三·醫學》提到，崇寧三年（1103），宋徽宗命講義司研究如何提高醫學教育水平問題，講義司在奏章中分析了當時存在的社會偏見問題對醫學教育產生的消極影響：「所有醫工，未有獎進之法。蓋其流品不高，士人所恥。故無高識清流，習尚其事。」〔註16〕所以，終北宋一朝，士人階層對醫學的態度可以說是褒揚和鄙視共存。如果我們細分來看，可能持褒揚態度者更多表現在上層官僚個人和民間，持鄙視態度者多是在上層社會世家大族中。

　　那麼，從民間的角度來看，當時社會對醫學的接納度還是不低的。面對廣闊的市場需求，越來越多的科場失意的寒士選擇行醫作為暫時的甚至永久的謀生之道。出於對自己的心理安慰，他們會認為醫道非鄙，如果能以良醫活人，那麼也不失為體現自己利濟天下理想的一種生活方式。南宋周守忠《歷代名醫蒙求》卷下《趙言沈羞》轉引的一則故事，就是這樣一個典型案例：

　　　　慶曆中有進士沈常，為人廉潔方直，處性寡合。後進多有推服，未嘗省薦。乃入京師，別謀生計。因遊看至東華門，偶見數朝士，躍馬揮鞭，從者雄盛。詢之市人：「何官位也？」人曰：「翰林醫官也。」常歎曰：「吾窮孔聖之道，焉得不及知甘草大黃之輩？」始有意學醫。次見市廛貸藥者巧言艱苦，復又恥為，疑貳不決。與同人共議，同人曰：吾輩學則窮達方書，師趣名公，且非常流也。是時趙從古為太醫醫師，常輒以長書請見。從古迎候非輕。常曰：「此來

〔註16〕《宋會要輯稿·崇儒三之十一》，北京：中華書局，1957年，第2213頁。

窮塞之人，因同人相勉令學醫。聞君名公也，故來師問。」從古曰：
「醫術比之儒業，然其次也。蓋動掌性命，非謂等閒。學者莫非性
好專志，方達其妙。足下既言窮塞，是志未得遂，復卻學醫，深恐
鬱滯之情，未能精研。」常慍色而曰：「吾然窮塞，乃自服儒，讀孔
孟之書，粗識歷代君臣治之道。今屈志學之伎術，豈為高藝？」從
古曰：「吾道非賤士能矣。未論上古有三皇著設醫教，且如漢之張仲
景、晉之葛洪、齊之褚澄、梁之陶隱居，非不服儒有才行輩。吾聞
儒識禮義，醫知損益。禮義之不修，唯昧孔孟之教；損益之不分，
最害命之至切。故晉有一才人，欲正《周易》及諸方藥，先與祖訥
共論。祖曰：『辨釋經典，縱有異同，不能以傷風教。祖至於湯藥，
小小不達，便致壽夭，所由則後人受弊不少，何可輕哉！』」常聞從
古之言，羞慚而退。〔註17〕

　　沈常的這種心路歷程很可能代表了當時相當一部分尚未及第的底層知識
分子的想法。他們迫於生計需要，想從事醫學，但是面對傳統的偏見，他們又
猶豫不決。在這種矛盾愈發尖銳的情況下，一種合理的解釋和理想的模板就逐
漸浮出水面了。上文中醫官趙從古的話就是這樣一種解釋，我們也可以認為它
就是對「不為良相，則為良醫」的另一種解讀。或許趙從古的這個故事比范仲
淹的故事出現地更早，但是作為一個或真實或虛擬的小人物，趙從古的身份決
定了他不具備廣泛的號召力。底層知識分子需要一個更具說服力、更為成功的
形象代言人。所以當時的宋人繼續尋找更理想的模板。經過不斷的嘗試後，他
們可能發現，最為兩宋士大夫接受的傑出代表是那個出身寒微，志向高潔並且
一度出將入相的范仲淹。於是，很可能最早在南宋初年，一則有關范仲淹良
醫、良相的故事便在南宋境內一夜走紅。在這則故事的持續發酵下，越來越多
的未能步入官場的讀書人（以社會底層出身者為主）開始進入醫生的行列，於
是，中國醫學史上一個特殊的群體——儒醫出現了。

　　可以說，儒醫的形成，是當時社會發展的必然結果。今日醫生社會地位的
確定，與宋代文明的轉型有著直接的繼承關係。由於宋代文明開始從中古向近
世發展，因此宋代諸多社會特徵開始逐漸向我們今天的社會特徵轉換。雖然這
種轉換很不成熟，但是這種苗頭是很強烈的。所以我們再重新品味本文開頭所

〔註17〕　（宋）周守忠撰：《歷代名醫蒙求》卷下《趙言沈羞》，《續四庫全書》第1030
　　　　冊，第216頁。

引用的嚴復那句話「若研究人心、政俗之變,則趙宋一代歷史最宜究心。中國所以稱為今日現象者,為善為惡姑不具論,而為宋人之所造就,什八九可斷言也」,就會發現嚴復對中國歷史發展的解讀切中要害。

第三節　宋廷對醫學的大力扶持

近代學者謝觀曾說過:「中國歷代政府,重視醫學者,無過於宋。」〔註18〕醫學在宋代能有突飛猛進的發展,除了決定於宋代社會變革的大背景外,也與宋朝政府的大力襄助密不可分。它不僅改進醫事管理,開辦賣藥所及太平惠民局,而且其對醫學教育的改革也為後世醫學教育提供了重要參考。兩宋政府還八次頒布國家藥典,推行三本重要醫方,成立校正醫書局修訂古代醫書,鑄造兩座針灸銅人……可以說,宋朝政府對中國醫學的影響力,較之前朝後代,真正可謂空前絕後。

一、改進醫事管理

宋朝政府為了加強對醫療事物的管理,對醫事管理制度進行了改進,設立翰林醫官院專職醫藥行政,將醫藥行政與醫學教育分離;創辦中國醫學史上第一所國家藥局;設立福田院、漏澤園、安濟坊、慈幼局等其他類型醫療、保健、慈善機構。〔註19〕

宋初置翰林醫官院,隸屬翰林院。與唐代太醫署總管行政、教學、醫療三部分職能不同,宋代翰林醫官院是醫療兼行政管理機構,掌管國家衛生行政,供奉朝廷醫藥,負責內廷、朝臣以及民間診療,並不主管醫學教育。宋初,翰林醫官院本無固定人員,寶元元年(1038)規定總額為 102 人,包括院使、副使、直院、尚藥奉御、醫官、醫學、祗候等。之後機構愈加臃腫,至宣和年間工作人員多達一千餘人。北宋滅亡後,翰林醫官院人數復又銳減,不復北宋之盛。由於宋代官、職分離,本官不管本職,醫官早年用武階,宋徽宗時為改善醫官待遇,改文階。醫官中官階最高者為從六品,最低者為從九品。

翰林醫官的選拔遵循嚴格的標準。一般而言,翰林醫官的錄用、升遷需遵循:選取 40 歲以上,經過考試本科經義或方脈用藥,以通六七分以上者為合

〔註18〕謝觀著:《中國醫學源流論》,福州:福建科學技術出版社,2003 年,第 33 頁。
〔註19〕以下內容主要參照自李燦東主編:《中醫醫政史略》,北京:中國中醫藥出版社,2015 年,第 48～66 頁。

格，才能予以錄用。翰林醫官的選拔範圍分兩種，一為學校培養的醫學生，一為民間選拔的醫生。宋仁宗時，范仲淹強調，「今後不由師學……不得入翰林院」，明確規定，凡未經太醫局學習的醫師，不得入翰林醫官院。不過後來的宋朝政府仍不時從民間選拔良醫增補翰林醫官。如紹興元年（1131）「命太醫局試補並募草澤醫人」，即是從各地區官府或民間選取優秀醫生。淳熙十五年（1188）九月，詔命文武大臣，從各州縣民間醫生中保舉推薦人才，經初試合格者，可以參加次年省試，合格者五人取一名，給帖補充習醫生，二次省試，五人取一名，成績八通補翰林醫學，六通補祗候。

宋朝政府還建立了中國醫學史上第一所國家藥局。王安石變法期間，將藥材與鹽、茶、酒等並列為國家專營項目。藥材被列入政府專賣，交由賣藥所經營。熙寧九年（1076）6月，隸屬於太醫局的賣藥所（亦名「修合賣藥所」）創立了，並委官監製和銷售成藥。這是中國醫學史上第一所官辦藥局。賣藥所的創立，是北宋政府理財措施之一。賣藥所掌管制作和出售中成藥，服用方便，易於攜帶，便於保存，且療效顯著。尤其在瘟疫盛行，兵荒馬亂之時，中成藥使用更加廣泛。另外，中成藥藥價比市場價低三分之一，也起到了一定的「惠民」作用，因此很受患者歡迎。官藥局創辦不久，即獲得豐厚的經濟效益，所以賣藥所越辦越多。至徽宗崇寧年間，開封賣藥所已增至七所。七個藥所中，有兩個是製藥工廠，名修和藥所，後改名為醫藥合劑局。五個是賣藥所，仍襲舊謂，後改名惠民局。南宋建立後，在臨安重新建立藥局 5 所，12 年後改名為太平惠民局。於此同時，地方上的賣藥所和惠民局也紛紛成立，並延續到元代。

宋代官藥局有較為嚴格的組織和規章制度。在生藥購買方面，由戶部派人負責。崇寧間又設「收買藥材所」，有「辦驗藥材」一職，確保收購生藥質量。另設專人從事藥物炮製、負責對膏、丸、丹、散各種劑型的製作，並規定具體制作方法，從而豐富了成藥的品種，提高了藥物療效，使宋代成藥的研製達到了空前水平。官藥局還制定了一系列有價值的制度。如輪值制度，官藥局須保證晝夜售藥，如因失職而影響急證病家購藥者，予以「杖一百」的處罰。又如檢驗制度，工作人員要經常檢查藥品質量，及時廢棄陳腐過時的藥物。還有施藥制度，官藥局遇有貧困或水旱疫癘，施給藥劑。如南宋時，「給散夏藥」以預防暑病，而後這幾成定例。

官藥局的設立，促進了宋代醫藥事業的發展，尤其是中成藥事業的發展。

這是我國藥學史上的一大進步。然而，由於其創立之初即含有強烈的經濟目的，再加上人事上的腐敗，官藥局後期逐漸變質。官藥局官吏們虧減藥料，以假亂真，囤積成藥，投機發財。因此，宋人諷刺惠民局為「惠官局」，和劑局為「和吏局」。

宋代除設立翰林醫官院、開設國家藥局外，還陸續設立了其他類型的醫療、慈善機構。如用來收養老疾孤寡者的國營機構福田院，安葬無名屍體、無地下葬者的公共墓地漏澤園，官辦平民醫院安濟坊，收養棄嬰的孤兒院慈幼局等。

福田院，始於唐代，本為寺院創辦的慈善組織。宋初，朝廷在京城開封設置東、西福田院各一，主要救濟那些流落街頭的年老之人，以及身有重疾、孤苦伶仃或貧窮潦倒的乞丐。福田院所需經費由官府撥給。然宋初福田院規模很小，接收救助者數十人而已。宋英宗嘉祐八年（1063），又增設南、北福田院。每院統一建制，各蓋房屋 50 間，能收容 300 人，規模較以前大有增加。福田院收養者分為兩種，一是長期被收養者，屬於「老疾孤窮」之人；另一種是臨時被收養者。福田院的設置，一直延續到北宋末年。

漏澤園，是國家用以安葬無名屍骨和家貧無葬地者的公共墓地。早在元豐年間，宋神宗曾詔令開封府以官地收葬屍骸。此為漏澤園之前身。崇寧三年（1104）宋徽宗下詔，命各地提供土地設置漏澤園，掩埋貧無以葬者或客死暴死者。漏澤園制定一定的規章，如應葬者登記，對葬穴面積、深度也有具體要求。如河南陝州發現的北宋漏澤園，共發掘墓葬 849 座，墓坑狹小不規整，僅容兩口套缸或一具屍體。多數墓葬埋藏很淺，幾乎沒有隨葬品，只有磚墓誌。磚墓誌上陰刻千字文編號、墓主姓名、年齡、身份、死亡地點和埋葬時間等信息。

安濟坊，由宋朝政府設立以收容窮困無依的患者，並給予醫藥照顧的最早官辦平民醫院。據《清波別志》記載，公元 1089 年，蘇軾出任杭州太守，由於當地疫病流行，他籌錢開設病坊，專醫貧苦病患。三年時間，共醫好一千多人。杭州百姓稱讚這種病坊為「安樂坊」。後蘇軾調任，病坊仍照常運行，並隨後被正式命名為「安濟坊」。宋徽宗崇寧元年（1102）朝廷詔令在各路設置安濟坊，由此這種平民醫院逐漸遍布全國。宋代安濟坊由僧人主持，政府給予政策和資金上的支持。政府對安濟坊的醫生和管理人員制定相應的獎懲條例，並有官員經常進行檢察。宋朝安濟坊已漸具今日醫院的雛形。如每家安濟坊

都備有病房、醫生和記錄治療效果的「手歷」（類似今之病歷記錄），以便年終考核。患者按照病情輕重被分到不同的房間居住，以防止患者之間的互相傳染。此外安濟坊還配有廚舍以調製湯藥飲食。

慈幼局，是宋代收養棄嬰的機構。南宋時期一些窮困家庭常常把嬰兒處死或扔掉。在南宋的都城臨安（今杭州市），這種生而棄之不養的現象也大量存在。淳祐九年（1249）宋理宗給五百畝官田，於臨安創建慈幼局，用以收養遺棄的新生兒，並置乳母餵養。這應該是中國最早的官辦孤兒院。

上述醫療、慈善機構的設置，多僅存於兩宋時期。宋亡之後，這些機構或不具，或名存實亡，可以說具備官辦組織人亡政息的典型特徵。雖然從大的醫學史發展來看，這些醫療、慈善機構的蓬勃發展只能說是曇花一現，但是它從一個側面證實了宋朝文明的昌盛。這種文明，不僅體現在政治、經濟、科技、醫藥衛生的發展上，而且體現在人文的關懷與社會文明的進步上。恰如我們本章開頭所引述的陳寅恪和李約瑟的話：「華夏民族之文化，歷數千年之演進，造極於趙宋之世……」「談到十一世紀，我們猶如來到最偉大的時期。」

二、發展醫學教育

宋代醫學教育的主導機構是太醫局。宋初設太醫署隸屬太常寺，尚未成為專門醫學教育機構。淳化三年（992）太醫署改名太醫局，主抓醫學教育。宋仁宗時，朝廷接受范仲淹建議，於太常寺建立學校性質的太醫局，用於培養醫師，明確學生學習內容，並規定，凡未經太醫局學習的醫師，不得入翰林醫官院。〔註20〕嘉祐五年（1060）太醫局學生人數以 120 人為額，分為九科（大方脈、風科、小方脈、產科、眼科、瘡腫、口齒兼咽喉、金瘡兼書禁、瘍腫兼折傷）。其入學資格、考試要求都相對較高。一年後，各道、州、府亦仿照京師太醫局之例設立地方醫學教育制度，並建立起由地方到中央的生源選拔制度。

王安石變法期間，宋廷於熙寧九年（1076）將太醫局從太常寺中獨立出來，開醫學教育獨立發展的先河。此時太醫局實際上已是一個較為獨立的高等醫學院校。科目（系）由九科合併為三科：方脈科、針科、瘍科。雖然只分為三個專業，但是每科的學生都要兼習相關學科知識。這種分科方法，為後來徽宗朝所借鑒。

〔註20〕（宋）范仲淹：《范文正奏議》卷下《雜奏‧奏乞在京並諸道醫學教授生徒》。

崇寧二年太醫局學科、人數設置表〔註21〕

分科（系）	學科（專業）	人 數	必修課	專業課
方脈科	大方脈 小方脈 風科 產科	120 20 80 10	《素問》 《難經》 《諸病源候論》 《嘉祐本草》 《千金方》	《脈經》 《傷寒論》
針科	針灸科 口齒咽喉科 眼科	10 10 20		《針灸甲乙經》 《龍本論》
瘍科	金瘡兼書禁 瘡腫兼折傷	10 20		《針灸甲乙經》 《千金翼方》

　　王安石變法後，太醫局又仿太學的三舍教育法，學員名額增為300人。其中外舍（低年級）200人，內舍（中年級）60人，上舍（高年級）40人。外舍生每月一私試，每年一公試，成績分優、平、否三等。其中優者可以補內舍。內舍生隔年一次舍試，成績優平者均可補上舍。

　　三舍法不僅強調理論學習，而且很注重臨床實踐。在校期間，上舍生、內舍生要輪流為太學、律學、武學學生和各營將士診療疾病。診療過程和療效都要真實記錄。年終根據療效將學生成績分為三等。十全為上，十失一為中，十失二為下。如果治癒率不及七分，就要降舍；如果不及五分，那麼學生就要被開除學籍。

　　宋神宗去世（1085）後，保守黨上臺，新法（含醫學三舍法）被完全廢除。宋哲宗元祐八年（1093），保守黨後臺高太后去世，哲宗親政，新法恢復。7年後，宋哲宗死，新法又被廢除。宋徽宗崇寧元年（1102），醫學三舍法再恢復。至宣和二年（1120），醫學三舍法再遭廢除。不久北宋滅亡。南宋建立後，仍襲醫學三舍法。受制於北宋後期新舊黨爭的消極影響，宋代醫學教育實施效果也打了不少折扣。

　　值得一提的是，宋徽宗崇寧二年（1103），為了進一步提高醫學地位，宋廷史無前例地將太醫局轉而隸屬北宋最高教育機構——國子監。第一次將醫學教育與儒學教育等而視之。此次改革源於講義司研究如何提高醫學教育水平後提出的改革方案：

　　　　徽宗崇寧二年九月十五日，講議司奏：「昨奉聖旨，令議醫學。

〔註21〕據《宋會要輯稿·崇儒三之十一》，第2213頁。

臣等竊考熙寧追適三代，遂詔（與）〔興〕建太醫局，教養生員，分
治三學諸軍疾病，為惠甚博。然未及推行天下，繼述其事，正在今
日。所有醫工，未有獎進之法。蓋其流品不高，士人所恥，故無高
識清流習尚其事。今欲別置醫學，教養上醫。切考熙寧、元豐置局，
以隸太常寺。今既別興醫學，教養上醫，難以更隸太常寺。欲比三
學，隸於國子監……」〔註22〕

我們應該記得，還在宋仁宗慶曆四年（1044），朝廷詔令國子監於翰林醫官院
選拔三五人於武成廟講說《素問》、《難經》等文字時，這一詔令還遭到國子監
的堅決反對。理由就是武成廟乃儒生讀書之地，不容技術雜流玷污。由此可知
當時醫學地位比之儒學不知相差多少。僅僅60年後，醫學不僅可以進入國子
監學堂，而且成為國子監主導的教育內容之一。由此不難想見，宋徽宗政府在
醫學教育改革上的魄力之大。這份奏章不僅提出要提高醫學教育機構的地位，
而且對畢業生的就業問題也做了更為優裕的安排：

宜視諸學賜出身，以待清流，庶有激勵。今欲試補考察充上舍
生，賜醫學出身。除七等選人，階官依格注授差遣，上舍生高出倫
輩之人，選充尚藥局醫師以次醫職。上等從事郎，除醫學博士、正、
錄；中等登仕郎，除醫學正、錄，或外州大藩醫學教授；下等將仕
郎，除諸州軍醫學教授。〔註23〕

簡單來說，就是上舍生中優秀畢業生在尚藥局工作，任醫師以下的職務。其餘
畢業生具體官職是：官為上等從事郎者，職為醫學博士（負責醫學教育）、醫
學正（負責糾正醫學生規矩）、醫學錄（佐助醫學正糾正醫學生規矩）；官為中
等登仕郎者，職為醫學正、醫學錄，或者任外州大藩的醫學教授；官為下等將
仕郎者，職為諸州、軍的醫學教授。宋代職官系統較為複雜，往往官、職分
離。官階用於定品、寄祿。職為實際差遣。宋朝通過保障畢業生的就業，提高
畢業生就業的條件，來提高醫學生乃至醫學的社會地位，吸引更多優秀學子
攻讀醫學。

崇寧二年推行的這一制度雖然在北宋晚期持續時間不足二十年，但是將
醫學與太學、律學、武學等同起來，對醫學和醫生社會地位的提高，無疑起了
極其重要的作用。一門學科知識能夠躋身正規教育體系之中，對於其生存和發

〔註22〕《宋會要輯稿‧崇儒三之十一》，第2213頁。
〔註23〕《宋會要輯稿‧崇儒三之十一》，第2214頁。

展具有重要的意義。如果今天的我們不能充分地理解宋朝這個問題，就難以充分認識到民國時期「教育系統漏列中醫案」對中醫未來存亡之決定意義。

　　北宋中後期對醫學教育的改革，雖屢遭挫折，然而改革者卻矢志不渝。屢次的政策反覆，雖然嚴重影響了醫學教育質量，但畢竟對北宋後期及南宋、金、元醫學產生了深遠影響。宋代醫學教育的發展，及大量儒醫的產生，使當時的醫學氛圍充滿經院習氣。談理之風漸行，也為金元醫家的爭鳴埋下了伏筆。

三、頒布國家藥典和權威醫方

　　中國醫學史上官修本草始由唐代。唐代《新修本草》是中國乃至世界醫學史上第一部國家藥典。唐高宗顯慶二年（657），唐政府組織了規模浩大的全國性藥物調查活動，通令全國各地選送道地藥材，彙集全國藥物資料，由蘇敬等20餘人歷時二年編寫完成此藥典。《新修本草》流行天下三百餘年，直至宋初方為《開寶本草》所取代。而在宋代，由政府出面組織修纂的藥典多達八部。平均每隔三十餘年宋廷就會重修一次藥典。其力度之大、次數之頻，超古越今。宋代八次頒行的國家藥典依次為：

　　開寶六年（973）：《開寶新詳定本草》；

　　開寶七年（974）：《開寶重定本草》（簡稱《開寶本草》）；

　　嘉祐六年、七年、元祐七年（1061、1062、1092）：三次刊訂《嘉祐補注神農本草》（簡稱《嘉祐本草》）；

　　嘉祐六年（1061）：《本草圖經》；

　　大觀二年（1108）：《經史證類大觀本草》（《證類本草》）；

　　政和六年（1116）：《政和新修經史證類備用本草》（《政和本草》）；

　　紹興二十九年（1159）：《紹興校定經史證類備急本草》（《紹興本草》）；

　　淳祐九年（1249）：《重修政和經史證類備用本草》。

　　《開寶本草》是我國第一部印刷的本草著作。之前本草著作都是抄寫。抄寫者往往以顏色區別抄寫的內容。如陶弘景在《本草經集注》中將《神農本草經》內容抄寫成紅色，將《名醫別錄》內容抄寫成黑色。宋代印刷條件具備後，印刷者將《神農本草經》內容刻為陰字，即白色字；將《名醫別錄》內容刻為陽字，即黑色字；《新修本草》內容，則注明「唐附」；宋代增加內容，注明「今附」。如此體例，為後來印刷者提供了樣本。

　　嘉祐二年（1057），仁宗詔令掌禹錫、蘇頌、林億等人，繼《開寶重定本草》後再次修訂。這也是校正醫書局成立後最早承擔的任務。這次修訂以《開寶重定本草》為基礎，同時參證了其他本草著作。修訂後的《嘉祐本草》計20卷，新補藥物82種、新定藥物17種，共收藥1082種，全書體例與《開寶重定本草》完全一樣。

　　《本草圖經》是我國第一部雕版印刷的藥物圖譜。該書與《嘉祐本草》同年編撰而成。宋仁宗時，仿唐高宗永徽年間做法，徵求各州、郡所產的動物、植物、礦物地道藥材，製成標本，繪成藥圖，注明文字，呈送開封，以供製圖之用。這是我國歷史上規模最大的一次藥物普查，也是世界藥學史的一次壯舉。

　　《經史證類備急本草》，本是北宋中期成都醫生唐慎微的個人著作。史載：

> 唐慎微，字審元，成都華陽人。貌寢陋，舉措語言樸訥，而中極明敏。其治病百不失一。語證候，不過數言，再問之，輒怒不應。其於人不以貴賤，有所召必往，寒暑雨雪不避也。其為士人療病，不取一錢，但以名方秘錄為請。以此士人尤喜之。每於經史諸書中得一藥名、一方論，必錄以告，遂集為此書。〔註24〕

該書在《嘉祐本草》和《本草圖經》基礎上，收集民間驗方、各家醫藥名著以及經史傳記、佛書道藏中有關本草學的記載，整理編著而成。是書載藥1558種，新增藥物476種，附有藥圖，更附醫方3000餘首，是一部集北宋以前本草學之大成的著作，代表了宋代藥物學的最高成就。該書流傳天下500年，是明代李時珍《本草綱目》問世之前研究本草學的重要文獻。之後徽宗大觀、政和年間，南宋高宗紹興年間，理宗淳佑年間，數次修訂的本草，皆是以唐慎微著作為底本，分別以《經史證類大觀本草》《政和新修證類備用本草》《紹興校定經史證類備急本草》《重修政和經史證類備用本草》之名作為國家藥典頒行全國。

　　如上所述，宋朝政府在近300年時間裏先後數次組織專家修訂頒行國家藥典，這在中國古代醫學史上是絕無僅有的。宋代醫藥事業能夠蓬勃發展，實與之密不可分。

　　晉唐時期，醫方著作層出不窮，著名者如葛洪《肘後備急方》、孫思邈

〔註24〕　（宋）宇文虛中：《〈政和新修經史證類備用本草〉跋》，選自（宋）唐慎微撰、尚志鈞校點：《證類本草》，北京：華夏出版社，1993年，第662頁。

《備急千金要方》、《千金翼方》、王燾《外臺秘要方》。但是上述醫方著作都是個人能力所為。到了宋代，大型方書的編纂工作，開始受到朝廷重視。宋廷多次組織學有專長的名家，專門從事此事。兩宋時期，經政府整理出的知名方書有《太平聖惠方》、《聖濟總錄》、《太平惠民和劑局方》。

《太平聖惠方》整理於太宗朝時期。在宋太宗即位之前，由於其健康欠佳，常留心醫藥，交往名醫，收集驗方。即位之初，其所收集的醫方已達千餘首。太平興國三年（978），詔令翰林醫官院院使王懷隱負責編纂一部大型方書。經過14年的編修，終於在淳化三年（992）完成。《太平聖惠方》是宋前期最大方書，該書共100卷，分脈法、處方用藥、五臟病證、內、外、骨傷等1670門，載方16834首。每證以巢元方《諸病源候論》冠於首，其後詳列處方和各種療法。

《聖濟總錄》是繼《太平聖惠方》後宋代官修的又一部大型方書。該書是宋代最大的一部方書，成書於宋徽宗統治末期。該書歷時七年編成，全書共200卷，錄醫方近2萬首，包括內、外、婦、兒、五官、針灸、養生、雜治等60餘門。北宋以來醫家臨床有效方劑無不網羅。書中前幾卷還大量論述了當時盛行的五運六氣學說。《聖濟總錄》成書後，還未來及刊印，開封城已被金人攻陷，北宋滅亡，其書版被金人擄掠。一直到半個世紀後，金人才刊行此書。由於宋金兩國時戰時和，南宋醫學家及百姓始終未見此書。直至元代大德年間（1297～1307）重新刊行，該書才在全國流通。

《太平惠民和劑局方》（原名《和劑局方》）是宋政府創辦的專營成藥的賣藥所（南宋後改稱「太平惠民局」）配置成藥的處方集，是我國最早的國家藥局的成藥處方集。元豐年間（1078～1085），熟藥所創辦之初，政府頒行《太醫局方》以為製藥之本，然而其所依之方質量參差不齊。大觀中（1107～1110），宋徽宗詔令陳師文等校正《和劑局方》。經過一年多的校訂規範，該書書成，含5卷297首醫方。其後，該書經過多次增補，內容日益豐富。紹興二十一年（1151），經許洪校訂，改名為《太平惠民和劑局方》。該書共10卷，載方788首。每方之後，除了詳載藥物組成和主治病症外，還錄有藥物炮製和藥劑配製方法，對推廣中成藥起到積極作用。由此，作為一種商品的成藥生產具有了國家認定的配製標準和質量保證。該書收載的方劑多為丸、散劑型，便於人們保存攜帶。所載方劑多療效卓著，如至寶丹、紫雪丹、牛黃清心丸、蘇合香丸、參苓白術散、四君子湯、三拗湯、藿香正氣散以及逍遙散等均出自此

書。局方長久以來一直深受群眾歡迎。該書主編許洪說:「洪襲父祖業三世矣。今古方書,無不歷覽。就其徑而神效者,唯《太平惠民和劑局方》為之最。」〔註25〕但是正是這些長處又給宋元時期的醫學帶來了不少消極影響。當時許多醫家唯《局方》是用。醫生患者往往按圖索驥,忽視辨證論治。在當時香料貿易盛行的背景下,該書頻頻使用溫燥之藥,這對宋元時期人們的健康產生不良影響。於是才有後來元代醫家朱丹溪著《局方發揮》,對局方用藥的嚴厲批判。

四、成立校正醫書局

　　歷史上,中國政府多次對醫學書籍校勘整理。西漢後期漢成帝時,侍醫李柱國曾主持校訂醫經七家二百一十六卷,經方十一家二百七十四卷,神仙家、房中家十八家三百九十二卷。隋朝統一全國後,也曾大規模收集整理古代及當時書籍,醫書自然也包括其中。《諸病源候論》就是當時政府的編輯之本。

　　宋朝建立後,宋朝政府一直較為重視醫學,加之政治的穩定、經濟的繁榮、雕版印刷術的成熟以及造紙業的發展,大規模整理刊行古代醫書的條件基本成熟。北宋初年,政府即多次整理古代醫書。至宋仁宗嘉祐二年（1057）,樞密使韓琦奏言:「醫書如《靈樞》、《太素》、《甲乙經》、《廣濟》、《千金》、《外臺秘要》之類,本多訛舛;《神農本草》雖開寶中嘗命官校定,然其編載尚有所遺,請擇知醫書儒臣與太醫參定頒行。」於是宋仁宗「乃詔即編修院置校正醫書局,命直集賢院、崇文院檢討掌禹錫等四人並為校正醫書官」。〔註26〕仁宗政府成立的校正醫書局,由韓琦、范仲淹等宰相級官員負責主持,掌禹錫、高保衡、林億等名家專職校正醫書,是世界上最早的國家醫藥出版局。於1057～1069年十餘年間,除了《嘉祐本草》等國家藥典的刊行以及時人的著作外,校正醫書局先後校注、整理、刊行了《素問》、《針經》、《傷寒論》、《金匱玉函經》、《金匱要略方論》、《脈經》、《針灸甲乙經》、《諸病源候論》、《備急千金要方》、《千金翼方》、《外臺秘要方》等十一部宋以前最具代表性的醫學巨著。雖然校正醫書局僅僅存在十二年時間,但是它對古典醫籍進行了較為系統的校正和刊刻印行,對醫學知識的傳播作出了很大貢獻。

　　宋以前醫籍流傳多賴輾轉手抄,因此訛誤、衍脫很多。雖然唐代初年已

〔註25〕　許洪:《太平惠民和劑局方自序》,載（日）丹波元胤著《中國醫籍考》,北京:
　　　　　　人民衛生出版社,1983年,第591頁。
〔註26〕　（宋）李燾撰:《續資治通鑑長編》卷186嘉祐二年條。

出現雕版印刷，但是雕版印刷術的技術並不成熟，因此唐代大部分時間，大部分書籍（尤其是醫學這類不入主流的書籍）的流傳只能靠手抄。長久以來，醫書的散佚情況相當嚴重。宋代雕版印刷術的成熟和造紙業的發達，為醫籍的流傳和醫藥知識的普及提供了強大的保障。校正醫書局設立後，搜求佚書，徵集眾本，進行嚴肅認真地校正，「正其訛謬，補其遺佚，文之重複者削之，事之不倫者緝之」〔註27〕。每完一書則作序陳述校正崖略並予以評價，隨即奉請皇帝親覽，然後交由國子監刻版刊行。宋代對古醫籍的校正和刊行，使許多瀕臨亡佚的重要醫籍得以保存。流傳至今的這些珍貴古籍，為古代醫學的研究提供了必要的前提。從古籍整理和推廣這個意義上來說，校正醫書局的確功不可沒。

然而校正醫書局對中國醫學史的貢獻，絕不僅限於對古代珍貴醫學文獻的整理刊行和推廣，其對當時醫學發展亦有繼往開來之功。比如，校正醫書局對醫籍的整理，直接促成了北宋傷寒學派的誕生。張仲景的醫書，雖然在其死後流傳不絕，但是在宋代以前，卻絕少有人看見。其書也從未得到醫家及世人的重視，一直被當做當時眾多方書的一種。校正醫書局將張仲景的《傷寒論》、《金匱玉函經》、《金匱要略方論》整理出版後，傷寒學始得到重視。尤其是《傷寒論》的出版，在當時醫界、學界引起極大重視，直接促成了傷寒學派的興起。而張仲景大名也從彼時開始逐漸被世人所知，歷史上第一波張仲景聖化運動由此興焉。與此同時，北宋熙寧年間太醫局教育的改革，將太醫局從太常寺中分離出來，成為獨立教育機構，定期招生。在必修教材中，《傷寒論》名列其中。由於上升到官方教材的地位，加之當時醫官待遇和醫生社會地位的提高，從事醫學的人越來越多，《傷寒論》因此能在較短的時間內自上而下流傳開來。在北宋之時，建立其著作之上的傷寒學派正式形成。

第四節　理學與金代醫學崛起之關聯

金代醫學流派肇興，新說紛呈，發揮經義，各有獨到。從治學方法到醫學理論，都達到了一個前所未有的高峰。中國醫學第一次出現百花齊放、百家爭鳴的嶄新局面。近代以來，諸多學者皆認為，北宋以來的理學對金代醫學影響

〔註27〕《新校〈備急千金要方〉序》，參見（唐）孫思邈著、焦振廉等校注：《備急千金要方》。

甚巨，是金代醫學崛起的重要因素之一。事實上，在北宋本非顯學的理學，至金代更趨衰微，在其自身難保的情形下，更無論對當時醫學的影響力。金代醫學的崛起，更多的是受惠於唐宋以來的社會變革，而非單純的理學影響。

一、理學與金代醫學關聯的表象與實質

《四庫全書總目提要》言：「儒之門戶分於宋，醫之門戶分於金元。」〔註28〕是書所論雖乃宋儒與金元醫學之發展脈絡，卻易使後人誤將理學與金代醫學聯想到一起。尤其近代以來，學術界更是習慣將宋明理學與金代醫學相關聯。民國時期謝觀云：「北宋之後，新說漸興，至金元而大盛，張劉朱李之各創一說，競排古方，猶儒家之有程朱陸王，異於漢而又自相歧也。」〔註29〕馮友蘭論及宋明理學與宋明醫學時亦言「宋明時期的醫學理論應該屬於宋明理學的組成部分」〔註30〕。建國以來的中醫學教材，無論《中國醫學史》還是《中醫各家學說》，也傾向於將金代醫學流派崛起的原因直接歸納為理學的示範作用，認為宋代理學對金元時期中醫學影響深遠，無論是河間學派抑或易水學派，其治學方法、學術思想乃至學派形成中皆蘊含著顯著的理學元素。近年來學者所論之根據，雖言之紛紜，但大體可歸類為兩種：一是金代醫家某些具體的理論思想受到宋代理學家思想的直接啟發；二是金代醫學的革新之學風受到宋代理學學術爭鳴之風的影響。

近年來，從河間、易水學派醫學思想出發探求理學痕跡者不乏其人。如有學者認為，劉完素在其著名的「火熱論」中，對火的性質的認識以及「動則屬陽」的觀點，吸收了張載、朱熹、周敦頤及二程的相關論述。〔註31〕亦有學者認為，張元素的「天地六位藏象圖」或受邵雍後天易學的啟發。〔註32〕且不論上述理學家的思想在金朝境內流佈之嚴重不足或完全闕失，即便諸位理學先賢論及於此，隻言片語的附會或者學術大類的近似，不僅不能證明宋代理學與金代醫學的先後繼承關係，甚至會使後人混淆二者產生的淵藪。如老一輩學者

〔註28〕（清）紀昀：《四庫全書總目提要》，石家莊：河北人民出版社，2000 年，第2592 頁。

〔註29〕謝觀著：《中國醫學源流論》，第 13 頁。

〔註30〕徐儀明：《理學太極論與金元明醫學》，《中州學刊》，1996 年第 2 期。

〔註31〕趙鴻君：《論宋明理學對金元時期醫學流派形成與創新的影響》，《中國中醫基礎醫學雜誌》，2005 年第 2 期。

〔註32〕吳昊天：《張元素生平之補正及其學術思想的探討》，北京中醫藥大學 2014 年碩士學位論文，第 40 頁。

丁光迪〔註33〕曾經指出，劉、張二人的悟道淵源很值得今人研究。劉河間宗黃老之學，以水火為性命。其以心腎水火理論為學術思想之中心，正合水火濟用、坎離交通之旨。以此推之，焉知劉氏之「火熱論」不為道家修真之要道？又，現代亦有學者認為，張元素之「天地六位藏象圖」應源於北宋初年道家陳希夷所創的「乾坤易龍圖」。〔註34〕如此說來，劉、張的上述醫學思想，乃由自道家而非由自理學。

金代醫學學風較之漢唐醫風有所轉變亦是不爭的事實。從單純的中醫文獻研究到金代結合臨床闡發醫理，從以往的治經考據到金代醫家的疑經改經，從之前的醫學學術沉寂到金代的醫學學術爭鳴，金代醫風較之漢唐醫家，確實發生不小的轉變。〔註35〕與之相對應，宋代的理學家也一改漢唐學者疏不破注，偏重考據的治學方法，突破傳統，疑經改經，紛立新說，學派爭鳴。兩相比照，金代醫學與宋代理學在學風上確有極大的耦合。但是，若將這種醫學學術新風的產生單純地認為是步宋代理學爭鳴與創新的後塵，顯然是忽視了宋學的學風特點乃至整個宋代社會風氣的特徵。考證金代醫風的形成，離不開唐宋社會變革的視角。自20世紀初日本學者內藤湖南發表其代表作《概括性的唐宋時代觀》〔註36〕後，百餘年來世界各國中國史研究者不斷致力於挖掘宋代以後中國社會風貌的轉變現象與原因。概括而言，宋代以後，中國在人民地位、社會流動、官吏任用、商品經濟、文學性質等諸方面均發生顯著變化。這些變化使宋代文明更具近世文明的色彩。在大的社會變革的背景下，宋代的經學由重師法、疏不破注變為疑古、以己意解經。文學由注重形式的四六體演變為注重自由表現的散文體。其餘如哲學、藝術、醫學、自然科學等的發展，亦具有類似的性質。因此，那些關注到宋元醫學與宋元理學近似性的學者，實質上忽視掉了更為重要的一點，即這種近似性不僅發生於醫學和理學的領域，而且發生在自然科學和社會科學的各個領域。

廖育群〔註37〕考證中國傳統醫學曾發生了三次大的革命，其中起於宋代

〔註33〕丁光迪：《金元醫學之崛起》，《中醫函授通訊》，1991年第5期。

〔註34〕吳昊天：《張元素生平之補正及其學術思想的探討》，第40頁。

〔註35〕薛益明、周曉虹：《論金元時期醫學學風的轉變》，《醫古文知識》，2004年第4期。

〔註36〕（日）內藤湖南著：《東洋文化史研究》，上海：復旦大學出版社，2016年，第103～112頁。

〔註37〕廖育群：《中國傳統醫學中的「傳統」與「革命」》，《傳統文化與現代化》，1999年第1期。

延至金元的第二次革命中，金元四大家的革命性尤為顯著。考金代劉完素、張從正、李杲諸人，皆以革新思想垂範杏林。〔註38〕表面看來，三家皆以己說鳴於當世，但深入發掘則會發現，三人均試圖以一個終極原理詮釋世間複雜的疾病現象，實質上是欲在醫理與治法上促成一場革命：劉完素認為六氣皆能化火，在病機證候上，他將《素問・至真要大論》病機十九條 50 餘證擴展至 80 餘證，且所有證盡從火化。在治法上主張以寒涼之藥直折火熱之邪；張從正認為病由邪生，攻邪已病，用汗、吐、下三法即可涵蓋治病的全部意義。「世人慾論治大病，捨汗、吐、下三法，其餘何足言哉。」〔註39〕李杲學說中心思想是脾胃元氣論。強調內傷脾胃，百病由生。在治療上以補中升陽之法遣藥製方。從本質上看，金代醫學大家們的醫學主張均是在普遍否定當時社會上流行的醫理與治法，因此在當時及後世人看來也不免偏激。難怪清代徐大椿斥「河間、東垣乃一偏之學」〔註40〕。但正是這種偏激的革新思想，恰與宋代社會變革之風相呼應。從這個角度來說，金代醫學學風的形成，或有金代理學的痕跡，但更多的應是受宋代以來醫學、宋學學風乃至整個宋代社會變革之風的深刻影響。

二、金代理學發展遲緩影響難及醫學

理學難以影響到金代醫學，首先在於理學在北宋並非顯學，延至金代更趨衰微。北宋的理學長期以來存在於非官方的民間思想世界中，由於沒有與權力結合成為絕對的「真理」，也就不能夠進而轉化成擁有話語霸權的政治意識形態。除了元祐（1086～1094）年間一度引人矚目外，這種學術思想並沒有佔據北宋思想世界的制高點，「甚至延續到理學體系建立的南宋理宗時代，它還一直是邊緣的、民間的，象徵著士大夫階層的理想主義思潮」。〔註41〕

明清以來盛極一時的理學在北宋時只是宋學當中並不起眼的一個學派。近幾十年來，學術界習慣將宋學（新儒學）與理學等同。對此，已故宋史學會會長鄧廣銘先生曾呼籲「應當把宋學與理學加以區別」〔註42〕。事實上，宋儒

〔註38〕趙德田：《金元醫學的革新思想》，《醫學與哲學》，1986 年第 4 期。
〔註39〕（金）張從正著：《儒門事親》，北京：中國醫藥科技出版社，2011 年，第 32 頁。
〔註40〕（清）徐靈胎著：《醫學源流論》，北京：中國中醫藥出版社，2008 年，第 90 頁。
〔註41〕葛兆光著：《中國思想史》（第二卷），上海：復旦大學出版社，2018 年，第 192 頁。
〔註42〕鄧廣銘：《應當把宋學與理學加以區別》，選自《福建省閩學研究會會議論文集》，上海：學林出版社，1987 年，第 25～27 頁。

所建立的宋學在發展過程中形成不少派別，包括王安石的新學，三蘇的蜀學，二程的洛學，張載的關學。其中新學為宋學中最大流派，長期為兩宋官方哲學；蜀學亦曾影響一時；反而是作為理學重要來源的洛學和關學，在北宋影響有限得多，直至南宋後期才逐漸確立為國家統治思想。〔註43〕聞名於後世的北宋五子（周敦頤、邵雍、張載、程顥及其弟弟程頤），因為其理學先驅的身份而在後世中國古代思想史上佔有濃墨重彩的一筆。但是在這五位哲學家的生前及身後相當長的一段時間內，他們的聲名和學說卻未曾如後人想像般顯赫。被朱熹推為理學開山宗師的周敦頤，不僅未能形成自己的學派，而且亦未揚名當時，連朱熹也承認：「濂溪在當時……無有知其學者。」〔註44〕鄧廣銘亦考證，「在其時（北宋）的儒家學派當中，（周敦頤）是根本不曾佔有什麼地位的」。〔註45〕二程創立的洛學，作為北宋理學的正脈，在其時的學術界也是一個較小的學派。由於其學術思想過於高遠，其學問道德的傳承，始終是少數人的追求。正如南宋袁采所言，其學「皆議論精微，學者所造未至，雖勤誦深思，猶不開悟，況中人以下乎」？〔註46〕張載所創立的關學，在當時影響更小，在張載死後，逐漸沒落，其門生大多轉投洛學，而後至南宋初年已不復存在。至于邵雍，生前生活困頓，依靠富弼、司馬光等人的接濟為生，其創立的象數學說，被二程諷為「空中樓閣」〔註47〕。直到南宋，其在理學家心目中的地位仍不高。

劉子健指出，由於北宋五子的貢獻主要在形而上學領域，這些並非當時知識界的興奮點，因此他們在生前身後的短時期內均未產生太大影響。十二世紀初，伴隨著北宋的滅亡，這個學派在中原地區最終衰亡，但在其後南傳的過程中蓄積待發。〔註48〕由此可見，理學在北宋末年已基本消失在中國北方，在宋金對立時期的金國境內不太可能影響廣泛。因此客觀地講，金代醫學的崛起如果確是受到宋學影響的話，那麼理學在其中的影響力，也會極為有限。

〔註43〕葛兆光著：《中國思想史》（第二卷），第195～200頁。

〔註44〕（清）黃宗羲、全祖望：《宋元學案》，北京：中華書局，1986年，第521頁。

〔註45〕鄧廣銘著：《鄧廣銘學術論著自選集》，北京：首都師範大學出版社，1994年。

〔註46〕（宋）袁采撰：《袁氏世範》卷2《子孫當習儒業》，文津閣《四庫全書》第232冊，第207頁。

〔註47〕（宋）程顥、程頤撰：《二程遺書》，上海：上海古籍出版社，2000年，第146頁。

〔註48〕（美）劉子健著：《中國轉向內在——兩宋之際的文化轉向》，南京：江蘇人民出版社，2012年，第133頁。

　　理學難以影響到金代醫學，還在於金代並不存在理學生長和推廣的社會土壤。宋元時期理學思想的擴張，除卻皇權的推動外，士紳階層的傳遞意義更為重要。宋元明清以來，社會上層的知識、思想、信仰往往通過士紳階層的家規、族規、鄉約之類的規定，或其編訂的童蒙讀物的傳播，甚至其主持的祭祀以及祭祀過程中伴隨的戲曲、說唱，來廣泛傳遞到民眾之中。〔註49〕宋代社會，一個重要的變化是士紳階層的膨脹。從宋太祖開始，宋廷大量選拔任用讀書人，開放取士途徑，優獎進士，重建官學（尤其是地方州縣學校），鼓勵私學興辦，常年以往，終於在北宋中期即形成一個從中央至地方的龐大士人集團。〔註50〕鑒於這些新興士紳階層在地方上的影響，中央文明的思想與風尚得以迅速地向地方推進和擴張。從北宋至南宋，隨著士紳階層的穩步發展，逐步滲透到民間，包括理學在內的整個宋學（或稱之為新儒學）的理念，也逐漸從城市推廣至鄉村，從少數士人擴展至整個社會。

　　相比於兩宋士紳階層的發展壯大，金代的士紳階層則長期處於萎縮狀態。由於北方常年的戰爭影響及女真統治者在文化建設方面的滯後，金代的讀書人以及由此構成的士紳階層較之南宋相形見絀。宋金之交北方的士紳階層多隨宋南遷，少數留存者「或遭屠割之慘，或抱種姓之痛，不願應試」，加之民族歧視政策所造成的漢人仕途被阻〔註51〕，這些均導致當時的北方中國人習俗粗陋，德行漸墮，不習詩賦。金世宗曾謂賀揚庭曰：「南人獷直敢為，漢人性奸，臨事多避難。異時南人不習詩賦，故中第者少。」〔註52〕按，金代將先歸附的遼地人稱為漢人，後歸附的宋地人稱為南人。金世宗時，金朝立國已半個世紀，但從上文描述中仍可見其在北部中國的文明教化事業尚未展開。如此，則金國境內士紳階層的發展更無從談起。在中國中古社會，如果缺少士紳的參與，那麼任何文明從中央向地方，從都市向鄉村的傳播都將失去保障。士紳的缺失，必將導致金朝理學在北部中國缺乏生長和擴張的路徑，以及由此帶來的思想觀念與社會生活的深刻變化。於是乎在宋金兩地呈現出迥然不同的發展面貌。這種面貌影響之廣泛，遍及醫學、文化、思想等諸多方面。一個顯著的例證，就是元代理學的北傳現象。相較於中國醫學界較早關注到的元

〔註49〕葛兆光著：《中國思想史》（第二卷），第244～246頁。

〔註50〕錢穆著：《國史大綱》，第541～546頁。

〔註51〕錢穆著：《國史大綱》，第639、643頁。

〔註52〕（元）脫脫撰：《金史》卷97《賀揚庭傳》，北京：中華書局，1975年，第2151頁。

代醫學南傳問題〔註53〕，元代理學北傳現象更為古今中國哲學界所矚目。宋金時期，因民族割據而導致的政治經濟文化的斷絕，使得「北方之為異域久矣，雖有宋諸儒迭出，聲教不同」〔註54〕。「道學之名，起於元祐，盛於淳熙。」〔註55〕相較於南宋理學的蓬勃發展，金代理學在這一時期則罕有記載。由於金代理學較之南宋發展滯後，故而從元初開始，理學思想逐漸向北方傳播。〔註56〕在這批負責傳播的理學家中，以宋代理學傳承者自居的趙復，堪為北傳理學第一人。正是在他的北上傳授下，程朱之學始於北方郁起。〔註57〕由此不難反推，金代之時理學在中國北方生存的艱難。

綜上所述，近代以來將理學與金代醫學崛起相聯繫的理由，主要在於二者在治學方法、學術思想、學派形成等方面的特點近似。然而二者發展軌跡雖有類似，卻並非具備先後承繼關係。考之金代理學生存既為艱辛，更遑論其對醫學的影響。金代醫學學派爭鳴盛況的出現，或有金代理學的痕跡，但更多的應是受到宋代以來醫學、宋學學風乃至整個唐宋時代社會變革之風的深刻影響。

〔註53〕鄭金生：《宋金元時期南北分裂對醫學發展的影響》，《醫學與哲學》，1989 年第2 期。

〔註54〕（清）黃宗羲、全祖望著：《宋元學案》，第 2995 頁。

〔註55〕《癸辛雜識》，北京：中華書局，1997 年，第 169 頁。

〔註56〕朱軍：《元代理學與社會》，西北大學 2015 年博士學位論文，第 66～73 頁。

〔註57〕（清）黃宗羲、全祖望著：《宋元學案》，第 2995 頁。

第六章　明清醫學史

明—清．鴉片戰爭前（1368～1840）

第一節　明清社會的變化與醫學的進展

　　明清兩朝，作為大一統中央政權，雖然維繫了中國社會的穩定，使得傳統科技文化在原有模式下得以繼續發展，但是發展的速度已大大減慢。而閉關鎖國導致國人未能及時接受西方先進的科學文化，使得中國與西方的差距愈來愈大。長久以來，在學界及我們的基礎教育階段的歷史教育中，明清社會從來是作為腐朽、停滯的典型出現的。比如黃仁宇認為，中國的明朝是一個內向和非競爭性的國家，尤其是晚明，那是一個停滯的時代。大致掃一遍明朝歷史，我們會發現，從第五位皇帝朱瞻基起，明朝的政策便是不斷在走向消極的一面。尤為我們熟悉的，便是閉關鎖國政策。即便是近代以來不少學者津津樂道的明朝中後期的資本主義萌芽說，黃仁宇也予以否認。他認為當時還未出現農業商品化。棉紡織業在江南似乎很發達，但是仍是一種家庭工業。社會上也沒有出現資本主義萌芽所必需的銀行、信用機構、保險機構，反倒是以放高利貸為主的當鋪數以千計。整個明清時期，我們更看不到法律、法庭出面保障現代型的商業，反倒是重農抑商的政策貫徹始終。科技文化方面，經歷了宋代科技文化的高峰後，明代缺乏繼續前進的動力。許多機械技術的改進依賴於底層技工的眼光。藥物學似乎有了進一步發展，但是因為當時中國人早已不重視探索知識，所以長久來看，他們也是處在停滯狀態。〔註 1〕至於清王朝，作為一個

〔註 1〕黃仁宇著：《中國大歷史》，北京：生活·讀書·新知三聯書店，1997 年，第
　　　　189、190、207、208 頁。

-215-

以少數民族貴族為統治集團的王朝，滿清貴族為了鞏固自身統治而採取了比漢族統治者遠為嚴酷的專制政策。加之持續的閉關鎖國及愚民政策，其對科技文化的發展阻礙更為嚴重。

雖然這種認定明清社會是腐朽、停滯的觀念在學術界是長期存在的。但是，最近數十年來，中國人逐漸意識到將這種觀點作為一種普遍認識存在，是一種誤區。因為從上世紀八十年代以來，國際中國史學界已經開始對這一論斷進行反思。上世紀八十年代初，美國學者柯文（Paul A. Cohen）出版《在中國發現歷史——中國中心觀在美國的興起》〔註2〕，已對明清社會停滯說予以反駁。八十年代末，日本學者溝口雄三出版《日本人視野中的中國學》〔註3〕，繼續深化這一反駁。而後，海內外探討此論題的學術專著如雨後春筍般湧現。這些研究成果旨在說明，明清以來，中國社會無論經濟、思想還是文化，都已出現相當深刻的變化，甚至出現一些現代化因素。正是這些變化，構成了中國今日社會的基礎。中國近代社會的轉型，不僅僅是受西方的影響，也是與中國自身的發展緊密相關。晚清東南沿海與廣東沿岸率先步入近代化，就是重要的例證。〔註4〕

事實上，明清時期中國科技發展的降速不能簡單歸咎於王朝的國策失誤，而應該從傳統科技體系內部找原因。近代中國科學技術的落後，其原因在於其依附的封建社會結構的實用性本質特性使然。因為自先秦以來，中國古代的科技體系一直以實用性為主，是直接滿足於封建王朝需要而存在的。由於它的極端實用性，當社會不再提出直接應用要求時，科技便沒有了發展的動力。這與希臘人開創的為理論而理論的科學體系完全不同。與西方的科學體系相比，中國的實用性科學目光短淺。加之封建社會本身為科技設定的發展空間有限，因此中國古代科技至明清時期已近於發展的極限。除非社會結構發生重大變化，否則這種實用性科技將只能停滯徘徊。這也是為何中國古代科技文化在宋代達到頂峰後就再難以取得突破發展的根本原因。因為中國的實用性科技體系在彼時已達到極限。

〔註2〕 （美）柯文著：《在中國發現歷史——中國中心觀在美國的興起》，北京：中華書局，1989年。

〔註3〕 （日）溝口雄三著：《日本人視野中的中國學》，北京：中國人民大學出版社，1996年。

〔註4〕 相關研究成果梳理，參見余新忠著：《清代江南的瘟疫與社會：一項醫療社會史的研究》（修訂版），北京：北京師範大學出版社，2014年，第11～13頁。

　　總體而言，明清社會發生了某些深刻但是又不普遍的變化，這種情況對醫學造成的影響便是明清醫學繼續向前推進，出現了新的理論、新的學派。尤其是溫病學派的出現，將中國傳統中醫推向了最高峰。然而，缺乏足夠的社會發展動力，又使得這一時期的醫學發展不得不放緩腳步。清中期後，溫病學也走向衰落，中醫似乎已是後繼乏力。這個自秦漢時期逐漸形成的醫學範式，至清中葉已極為成熟，這使得彼時中醫工作者的視野受到極大的限制，並使中醫範式變化受到相當嚴重的阻礙。中醫學已日益變得僵硬。如果沒有西方文明的闖入，或許中醫將處在一個長期停滯的狀態下。因為任何科學範式的轉換都是一種不可通約物之間的轉變。舊有的中醫範式與新式中醫之間的轉變不可能借助邏輯和中性經驗的推動逐步地完成。〔註5〕誠如之前緒論所言，由於16～17世紀中國的新興經濟形態十分脆弱，明清時期的早期啟蒙思想家們也生就種種先天不足。由於啟蒙思想的時代性缺陷，在早期啟蒙思潮的影響下，明清醫學雖然在藥物學、傳染病學以及解剖生理學方面開始出現革新趨勢，然而這種革新趨勢遠未像西方醫學一般徹底。從這個角度而言，中醫也好，中華文明也好，都需要現代文明的重新洗禮。無論中國人願意與否，中國重新納入世界的懷抱，在19世紀已是大勢所趨。因為世界潮流，浩浩湯湯，順之則昌，逆之則亡。

第二節　溫病學

一、溫病學概念及早期發展

　　明清時期醫學與之前醫學不同之處主要有兩點，一是醫學重心轉移至江南，二是傳染病學方面（主要是溫病學和人痘接種法）成績斐然。

　　中國的醫學重心，長久以來在北方，至元代開始移至江南。廣義的江南，可以包括蘇、皖南部，江西大部，浙江全部。狹義江南，則僅指蘇南平原、杭嘉湖平原和寧紹平原。我們這裡所說的醫學重心所在地江南，多指狹義江南。

　　明清時期醫學重心何以見得轉移至江南？這從當時名醫的產生地點統計上可以略窺一二。我們看《清史稿‧藝術傳》裏面提到的48位醫生，竟有30位是江南人氏。我們再看甄志亞主編的《中國醫學史》，在「公元1368～1840

〔註5〕　（美）托馬斯‧庫恩（Thomas S. Kuhn）著，金吾倫、胡新和譯：《科學革命的結構》，第126頁。

年（明—清鴉片戰爭前）」這一章中，書中共提及醫生 86 人，其中 81 位是南方人，而江浙兩省人數為 47 人。很明顯，名醫的誕生地以南方為主。而在南方，江南地區誕生的名醫數量又首屈一指。所以，明清醫學的中心在江南地區這一事實是較為明顯的。江南地區，自南宋始，就逐步成為全國經濟、文化最繁盛的地區。醫學重心在元明清時期轉移至江南，這表明它和經濟、文化重心的分布是一致的。

明清醫學取得的兩項最大成就，就是溫病學的興起、發展和人痘接種法的發明、推廣。

溫病學是研究溫病的發生發展規律及其診治和預防方法的一門臨床學科。溫病，又稱溫熱病，是人體感受溫邪所引起的一類外感急性熱病的總稱。溫病與瘟疫在今天有著明確的區分概念，但在古代則是相互混淆的。溫病中具有強烈傳染性、病情危重兇險並具有大流行特徵的疾病則稱之為瘟疫。但是吳有性在《溫疫論》中認為溫病、瘟疫、溫疫之間並無實質區別。此外，作為一種外感疾病，溫病與傷寒在歷史上也往往一概論之。在明末以前，人們將認識到的外感疾病多稱之為傷寒，對疫病的診斷、治療也多以傷寒論之。直到明末吳有性《溫疫論》發表之後，人們才較為明確地將溫病與傷寒分而論之。

溫病在中國歷史上多次爆發，且種類繁多。由於史書記載不詳，很多溫病我們今天已經不能確定到底為何種疾病。像大頭瘟，人們認為與流行性腮腺炎類似。蝦蟆瘟，范行准懷疑為猩紅熱。羊毛瘟，與帶狀皰疹類似。有些溫病，古今同名，但實則相異。比如霍亂，在古代文獻中，霍亂是一個古老的名詞。早在《黃帝內經》中就有記載。「土鬱之發，民病霍亂」，「太陰所至，為中滿，霍亂吐下」。現代一般認為，嘉慶二十五年（1820）之前中國的所謂霍亂，實指夏秋二季爆發的急性腸胃炎或細菌性食物中毒。這種霍亂我們今天稱為類霍亂或假霍亂。類霍亂初起時較急，患者先感覺腹部不適，繼之發熱，同時伴有噁心、嘔吐、腹部絞痛、腹瀉等症狀。類霍亂雖具有傳染性，但是極少大流行。而現代醫學所指霍亂，是由霍亂弧菌引起的一種烈性傳染病，當它爆發時，會有極劇烈的腹瀉和嘔吐。真霍亂自 1817 年在印度大流行後，曾先後引發 6～7 次世界範圍內的霍亂大流行，肆虐時間長達一個多世紀。中國也不能幸免。中國爆發的真霍亂很可能是嘉慶二十五年由海路從印度傳入的。真假霍亂在判定上有兩個重要的依據。一是類霍亂傳染性不強，而真霍亂傳染性極強；二是類霍亂伴有腹痛，而真霍亂基本沒有腹痛。從症狀上來看，類霍亂症

狀較之真霍亂要輕。真霍亂病人往往在數小時之後就會嚴重脫水，危及生命。所以，傳統的霍亂和當今霍亂也不是同一種疾病。

溫病學萌芽於兩漢，早在《內經》、《傷寒論》中就有關於溫病的記載。如《傷寒論》記載「太陽病，發熱而渴，不惡寒者為溫病」。書中不少處方如白虎湯、諸承氣湯等，實為後世溫病治法的基礎。但是在整個漢唐時期，溫病皆隸屬於傷寒範圍。溫病學未能擺脫伏寒化溫和傷寒學說體系的束縛，因此在理論上和臨床上都沒有重大突破。

宋元時期，溫病學開始脫離傷寒學說體系，並且在治療上出現新的見解。龐安時在《傷寒病總論》中，正式提出寒溫分治的觀點，認為傷寒與溫病是性質不同的兩類外感熱病，對後世溫病學說的創立和發展具有重要啟示作用。後來朱肱的《南陽活人書》延續了龐安時的論點。至金代劉完素，他有感於當時熱性病流行而局方多用溫燥之藥，方不對病，多致誤死的現象，提出火熱是溫熱病病機根本。他從運氣理論中的病機十九條出發，得出六氣皆從火化的結論，創立了火熱病機學說。據此，劉完素在傷寒證的治療中，明確提出熱病初起不可一概用辛溫解表和先表後里的習慣治法，不可竣用辛溫大熱之藥，而改用辛涼解表藥物，以清熱通利為主。他配製的雙解散等方劑在當時常能立起沉痾。也因如此，他創立的河間學派在當時聲名鵲起，劉氏本人也被後人稱為金元四大家之一。他的學術思想對後世溫病學有重要影響。劉完素雖未直接以《傷寒論》為攻擊對象，但是確已奠定了溫病學說的基礎。

如果說宋金元時期，溫病學經過變革發展，始脫離傷寒藩籬，那麼至明清，溫病學才逐步總結出一套完整的理論體系和診治方法，從而形成一門新興的臨床學科。隨著明末吳有性《溫疫論》的刊行，溫病學派正式形成。所謂溫病學派，是以研究外感溫熱病為中心課題的學術流派。吳有性的貢獻，首先是較為系統地區分了傷寒與溫病的區別。

《溫疫論》中溫病、傷寒區分表

	溫　病	傷　寒
病因	原無感冒之因，感受天行疫癘之氣。	必有感冒之因，或單衣風露，或冒雨入水，或臨風脫衣，或當簷洗浴，感受四時不正之邪。
初起表現	忽覺寒凜之後，但熱而不惡寒，多為淹纏二三日，漸漸加重，或淹纏五六日，忽然加重。	肌膚寒栗，四肢拘急，惡風惡寒，繼而頭身疼痛，發熱惡寒脈浮，感發甚暴。

侵犯途徑	自口鼻而入。	自毫竅而入。
邪伏部位 及傳變	邪伏膜原，表裏分傳，或出於表，犯及三陽，或入於裏，犯及胃腑。	自表入裏，首犯太陽，然後入裏傳入陽明、少陽，及至三陰。
治療法則	初起以疏利為主，傳變後先裏後表，先下後汗。	初起可一汗而解，發表為先，先汗後下。
傳染性	有傳染。	無傳染。

　　吳氏的另一重大貢獻，是他提出的戾氣學說。傳統觀念認為，傷寒、溫病等瘟疫的病因乃是外感六淫。但吳氏認為，「夫溫疫之為病，非風、非寒、非暑、非濕，乃天地間別有一種異氣所感」。這種異氣，吳氏稱為雜氣、戾氣、癘氣或者疫氣。吳氏的戾氣學說，其所揭示的病原體特徵已非常接近顯微鏡觀察下的致病微生物。雖然吳有性還看不到這些物質，但是他的闡述已非常接近真實。其實，早在吳有性之前的東晉葛洪就已經提出了與之類似的「癘氣說」。他在《肘後救卒方》中說：「其年歲中有癘氣兼挾鬼毒相注，名為溫病。」葛洪的癘氣說，實際上已將外感病病因理論提高到相當高明的高度，可惜的是，他沒有在這一理論指導下繼續深入研究，因而他的癘氣說行之未遠。直至明末，吳有性才重拾癘氣致病的旗幟，並將其發揚光大。至清代，隨著溫病學說逐漸走向成熟，吳氏的戾氣說也得到進一步補充。清人認為，所謂疫氣，乃是六淫外加屍氣、病氣及大地穢濁之氣和合而成。這也部分消除了吳有性的戾氣說與六淫學說的牴觸之處。

二、明清時期溫病學興起的原因

　　溫病學在明清時期能夠興起，尤其是在清代的江南地區興起，原因是多方面的。首先來講，是明清時期的江南地區瘟疫肆虐。張志斌〔註6〕、張劍光〔註7〕曾對明清以來江浙地區的瘟疫做過統計，認為該地區這一時期疫情的嚴重程度，要高於其他省份。這種狀況的形成，大致說來，有以下幾方面原因：一是環境因素。江南溫暖濕熱的氣候，密布的水網，為溫病的流行提供了良好的環境保障。不少病菌在水中存活時間較長，比如引起晚清江南地區霍亂大流行的霍亂弧菌，在河水中可存活兩周左右，是在蔬菜和水果上存活期的 3 到 5 倍。江南豐富的水源為病菌存活提供了優越的環境。再加上江南地區水網密集，這就為溫病的迅速蔓延提供了便利。而氣候的濕熱，十分有利蚊蠅的生

〔註6〕 張志斌：《古代疫病流行的諸種初探》，《中華醫史雜誌》，1990 年第 1 期。
〔註7〕 張劍光著：《三千年疫情》，南昌：江西高校出版社，1998 年，第 424 頁。

長。蚊子是傳播瘧原蟲的元兇，蒼蠅是傳播腸道傳染病的重要媒介。正是由於蚊蠅的肆虐，瘧疾和霍亂、傷寒、痢疾等腸道傳染病時常出現在江南的夏秋時節。

二是社會人口因素。明清以來，江南地區一直是全國的經濟文化重心所在。人口激增，人口密度居全國各地區之首。而許多傳染病病毒要在某一地區長久存在下來，必須依靠一定的人口規模。比如牛天花病毒，在千人以上的聚落才能傳播開來；皰疹病毒，要在 2000 人以上的聚落才能傳播；麻疹病毒要在 50 萬人的聚落中傳播。許多溫病也必須在人口聚集的城市中才能爆發。而人口規模的擴大，在當時來說，又必然導致城市生活垃圾的增多。生活垃圾的增多，又為病毒的繁衍創造溫床。溫病爆發的幾率與人口密度的高低有著相當高的機密性。人口密度越高，人口流動越頻繁的地區，往往也是溫病肆虐越頻繁的地區。而交通閉塞的山地丘陵地區則溫病難以波及。所以，經濟發達、人口稠密、交通便利的江南地區溫病較多。尤其是清代咸豐年間以後，由於江南地區門戶開放，近代化進程加快，這裡爆發的瘟疫數量占整個清代江南地區瘟疫總數的三分之一以上。〔註8〕這較充分地證明了溫病的嚴重程度與該地區經濟發達程度有一個正向比例的關係。余新忠總結認為，「江南擁有其他地區難以比擬的自然條件和社會基礎，不過這些優勢在構成江南繁榮富庶的促進因素或具體表徵的同時，也為致病微生物的滋生、肆虐提供了便利。顯而易見，溫暖濕潤的自然環境勢必會成為各種微生物滋生繁殖的溫床，而密集的人口、便利的交通、頻繁的人口流動則又為那些致病微生物尋找宿主和擴散流傳準備了便利條件」。〔註9〕

溫病學在明清時期，尤其是清代能夠興起的第二個原因，也是最根本的原因，是清代社會發展水平的提高而促成的社會應激能力的提升。瘟疫從古至今都在發生，至明清尤為頻繁。既然如此，那麼孕育溫病學的溫床始終存在。然而溫病學成熟於清代江南地區，說明清代江南擁有穩定的社會環境和富足的社會醫療資源。可以這麼說，瘟疫是衡量一個國家文明程度的試金石，如果一個國家不能有效防治瘟疫，說明這個國家沒有穩定的社會環境和先進的社會文明。因此，從這個角度而言，傷寒學也好，溫病學也好，還是近年的新型冠

〔註 8〕 余新忠曾做出清代江南瘟疫分期布局表，從其統計的數據來看，咸豐以後瘟疫爆發次數，占瘟疫總數三分之一強。參見余新忠著：《清代江南的瘟疫與社會：一項醫療社會史的研究》，北京：北京師範大學出版社，2014 年，第 67 頁。
〔註 9〕 余新忠著：《清代江南的瘟疫與社會：一項醫療社會史的研究》，第 52 頁。

狀病毒感染肺炎的研究也罷，這些疾病學說的產生、發展、成熟和完善，除了研究對象——疾病的大量存在以外，更重要的是要依託於一個文明穩定的社會環境。宋代傷寒學的興起和清代溫病學的發展，就有力說明了這個問題。面對今日新型冠狀病毒肺炎疫情的肆虐，我們堅信中國政府採取的有力舉措，中國人民同舟共濟的民族精神和所有醫療衛生工作者的無私奉獻，必將讓中國打贏這場疫情防控阻擊戰。

三、溫病四大家

至清代，溫病學說走向成熟。以研究溫病學為中心課題的一大醫學流派——溫病學派正式成立。在當時的江南地區，先後出現了溫病四大家。他們的研究，大大豐富了中醫診治外感病的內容，因而後人往往將他們稱為溫病學派四大家。四人中，葉桂倡導衛氣營血辨證論治理論體系；薛雪闡發濕熱病證治；吳瑭創立三焦辨證論治綱領；王士雄集諸家之長，尤有發揮。〔註10〕

首先是葉桂（1667～1746），其代表作《溫熱論》為溫病學說理論體系的形成奠定了基礎。作為溫病學的奠基人之一，葉桂闡明溫病感染傳變的總綱，創造性提出溫病衛氣營血辨證綱領。在診斷上重視查舌、驗齒、辨斑疹白㾦，大大豐富了溫病的診斷方法。在治療上對清熱解毒、護養津液、芳香開竅諸法尤有發揮。

葉桂在《溫熱論》中開明宗義指出溫病的發病機理和病邪的傳變：「溫邪上受，首先犯肺，逆傳心包。」〔註11〕溫熱之邪，由口鼻而入，首犯肺衛。這種感染途徑補充了《傷寒論》邪從皮毛而入的論點。葉桂同時還揭示了溫邪傳變有順傳和逆傳之不同。所謂「順傳」，即上焦肺衛之邪不解，依次傳遞中焦氣分；「逆傳」是肺衛之邪不經氣分，迅速陷於心營，導致病情惡化，出現神誌異常等證候。所以順傳是病情緩進性的發展，逆傳是病情急劇變化、驟然加重的一種病理表現。

葉桂創立的衛氣營血辨證綱領，豐富了中醫學對外感熱病的辨證論治。按照葉桂的觀察，溫病病變過程中會出現四種證候類型：衛分證是溫病初起，屬表，病情較輕；氣分證是溫邪由表入裏，邪勢熾盛；營分證和血分證是邪熱深

〔註10〕 以下關於溫病四大家論述主要參照盛增秀主編：《溫病學派四大家——學術精華、診治經驗》，北京：中國中醫藥出版社，2012年。

〔註11〕 （清）葉桂撰：《溫熱論》，選自張志斌、劉悅校點：《溫熱濕熱集論》，福州：福建科學技術出版社，2010年，第5頁。

入，陰血耗損、心神受病的嚴重階段。溫病的傳變，一般由表入裏，由淺入深，即由衛入氣，再入營血。但也有衛分病不久，不傳氣分，直入營血的。這就是所謂逆傳心包；也有初病即見裏證，傳變自裏而達外，表現為氣分證或營分證；也有衛氣同病或氣營同病。

葉桂還發展了溫病的診斷和治療方法。在溫病診斷上，他重視查舌、驗齒、辨斑疹白㾦。《溫熱論》三分之二的篇幅討論上述內容。在治療上，他制定了溫病傳變過程中不同階段的治療原則和大法。他指出「在衛汗之可也，到氣才可清氣，入營猶可透熱轉氣，如犀角、元參、羚羊等物。入血就恐耗血動血，直須涼血散血，如生地、丹皮、阿膠、赤芍等物」〔註12〕葉桂對初期衛分證的汗法，提出「在表初用辛涼輕劑」，這較之《傷寒論》太陽病之麻桂辛溫解表法，形成鮮明對比。後世治療風溫初起所採用的銀翹散、桑菊飲一類方劑，均承自葉氏這一治療法則。

另一位溫病大家薛雪（1681～1770），系統地論述了濕熱病的辨證論治，對濕熱發病機理、證候演變、審證要點及辨證論治全面論述，開溫病學說中專門病證研究的先河，為溫病學說深入發展做出貢獻。在其著作《濕熱條辨》中，薛雪闡明了濕熱病的發病機理乃是：「太陰內傷，濕飲停聚，客邪再至，內外相引，故病濕熱。」一般而言，濕熱病的產生離不開受濕感暑，濕鬱化熱的外部原因。但是在書中，薛雪指出濕熱病的產生是內外因聯合作用的結果，而內因則起主導作用。

薛雪認為，濕熱病的感染途徑不同於一般外感，尤與傷寒大異。他認為「風寒必自表入」，而「濕熱之邪，從表傷者，十之一二，由口鼻入者，十之八九」。他又指出該病傳變途徑為：「邪由上受，直趨中道，故病多歸膜原。」因為邪歸膜原，所以發病之後，既可出現寒熱如瘧的半表半裏證（即邪阻膜原證），又可見邪氣發越於表的濕熱表證，更易內潰於裏而見脾胃濕熱的氣分證等。

薛雪明辨了濕熱病與傷寒、溫病之異，「濕熱之病，不獨與傷寒不同，且與溫病大異」。他指出濕熱病的辨證之要領：「濕熱證，始惡寒，後但熱不寒，汗出，胸痞，舌白，口渴不引飲。」〔註13〕此乃濕熱病辨證之提綱，明乎此，便能在錯綜複雜的病情變化中，抓住辨證的關鍵，確立診斷。而他對濕熱傷

〔註12〕（清）葉桂撰：《溫熱論》，選自張志斌、劉悅校點：《溫熱濕熱集論》，第6頁。
〔註13〕（清）薛雪著：《濕熱論》，選自張志斌、劉悅校點：《溫熱濕熱集論》，第55頁。

表、邪阻膜原、邪滯三焦、邪犯臟腑、邪入營血、邪入少厥二陰等證型的辨證用藥，均有詳盡的論述，對於今天的濕熱證治也有很強的臨床指導意義。

第三位溫病大家吳瑭（1758～1836），首創三焦辨證論治理論。吳瑭以三焦為綱，在臨床上歸納了溫病發展過程中的三種不同證候類型，以及病邪傳變所涉及的主要臟腑。在其代表作《溫病條辨》一書中，吳瑭以心肺、脾胃、肝腎劃分上、中、下三焦，對溫病傳變規律進行了新的概括。「溫病自口鼻而入，鼻氣通於肺，口氣通於胃，肺病逆傳，則為心包。上焦病不治，則傳中焦胃與脾也。中焦病不治，則傳下焦肝與腎也。始上焦，終下焦。」〔註14〕邪在上焦為溫病初起，病變主要在肺，屬衛分或氣分範圍。若逆傳心包，屬營分或血分範圍；邪在中焦為溫病的中期，病變主要在胃、腸、脾、膽等，屬氣分範圍；邪在下焦為溫病之末期，病變側重在肝、腎，多為血分範圍。傳變的一般情況是「始上焦，終下焦」，但也有一病即見中、下焦病證者。

在治療上，吳瑭提出治上焦如羽、治中焦如衡、治下焦如權的學術觀點，並確定溫病的治療原則為清絡、清營、育陰。他在溫病不同階段使用的處方亦頗具匠心：在衛用銀翹散、桑菊飲；入氣服白虎湯、承氣湯；在營施以清營湯、清宮湯；入血則飲犀角地黃湯。這一系列治療方劑，至今仍在臨床廣泛應用。

衛氣營血辨證與三焦辨證之區別，葉桂的衛氣營血辨證主要是反映衛、氣、營、血的生理失常及其損傷，適宜溫熱類溫病；而吳瑭的三焦辨證主要是揭示臟腑的生理失常及其損傷，適宜濕熱類溫病。此外，就溫邪傳變而言，衛氣營血傳變是橫向的傳變，為由外至內的，病情由輕到重，層次由淺至深；三焦傳變則是由上至下的縱向傳變。兩種辨證方法的側重面及所起的作用不同，不能相互取代。吳瑭創建的三焦辨證體系，把溫病傳變與臟腑病機聯繫起來，補充和完善了葉桂的衛氣營血辨證。兩者的辨證方法，一縱一橫，相得益彰。二人皆為溫病學說的理、法、方、藥系統化做出了突出貢獻。

第四位溫病大家王世雄（1808～1867），其代表作《溫熱經緯》，博采《內經》《傷寒論》、葉桂、薛雪、余霖、陳平伯等有關溫病的論述，以按語方式表達自己的觀點。原書資料豐富，彙編了有關溫病學說的論述，是診治溫病的重要臨床參考書，可謂集溫病學說之大成。他對伏氣溫病有深入認識，將溫

〔註14〕（清）吳瑭著：《溫病條辨》卷2《中焦篇》，北京：人民衛生出版社，2005年，第63頁。

病分成新感和伏邪兩類，強調兩者的不同。有關溫病的傳變規律，吳鞠通說，凡溫病，始於上焦，在手太陰。肺病逆傳，則為心包。上焦失治，傳中焦，終下焦。王氏對此沒有贊同，他指出新感溫病始在上焦，其傳變有順逆之異；伏氣溫病，自內而發，病起於下，不在上焦。「伏氣溫病，自裏出表，乃先從血分，而後達於氣分⋯⋯不比外感溫邪，由衛及氣，自營而血也。」王氏揭示了伏邪不同於新感由外而內、由淺入深，而是由內而外、由深而淺的病變特點。基於這種特殊的傳變規律，王士雄總結了伏邪溫病的症狀及治法，補充了前人之不足。

道光年間，江浙一帶霍亂流行。此次霍亂是從印度傳來的，與中國古時的類霍亂並不一致。王士雄由此做《霍亂論》。在該書中，王氏認為霍亂有時行的真性霍亂與尋常的吐瀉霍亂之分。前者多屬熱霍亂，後者則屬寒霍亂。他說：「熱霍亂流行似疫，世之所同也；寒霍亂偶有所傷，人之所獨也。」寒霍亂是一般六氣為病，陰陽二氣亂於腸胃而成；熱霍亂則是一種「臭毒」疫邪，是由於暑穢蒸淫、飲水惑濁所致。王氏這裡將泛指熱氣、濕濁、穢惡合邪之「臭毒」認定為熱霍亂的病因，注意到了自然條件、地理環境對人體健康的影響。

在預防霍亂方面，王士雄提出疏濬河道、潔淨水源、改善室內外衛生條件等諸多方法。王氏通過長期的實踐觀察，認識到霍亂發病原因主要是由於水源不潔，孳生臭毒穢氣：「人煙稠密之區，疫癘時行，以地氣既熱，穢氣亦盛也。必湖池廣而水清，井泉多而甘冽，可藉以消彌幾分，否則必成燎原之勢。」於是他提倡：「平日即宜留意，或疏濬河道，毋使積污，或廣鑿井泉，毋使飲濁。」王士雄把清潔水源視為「御亂首策」，其潔水的方法有：「食井中，每交夏令，宜入白礬、雄精之整塊者，解水毒而辟蛇虺也。水缸內宜浸石菖蒲根、降香。」王士雄對室內和環境衛生也十分重視，有鑒於「人煙繁萃，地氣愈熱，室廬稠密，穢氣愈盛」的特點，他提出「住房不論大小，必要開爽通氣，掃除潔淨。設不得已而居市廛湫隘之區，亦可以人工幹旋幾分，稍留餘地，以為活路」。〔註15〕他還介紹潮蒸天氣，室中宜焚大黃、茵陳之類，或以艾，搓為繩燃之，以解穢氣。在今日看來，以上這些方法均是行之有效的防疫措施。

〔註15〕 （清）王孟英著：《隨息居重訂霍亂論》，北京：中國中醫藥出版社，2008年，
　　　第62、67、63頁。

第三節　人痘接種法

一、天花的肆虐

天花，古代中國稱之為痘疹、痘瘡、天瘡、虜瘡。紅色斑疹，後變為丘疹，2～3天後丘疹變為皰疹，以後皰疹轉為膿皰疹。膿皰疹形成後2～3天，逐漸乾縮結成厚痂，約1個月後痂皮開始脫落，遺留下瘢痕，俗稱「麻斑」。天花是瘟疫的一種，卻堪稱中國古代最恐怖的瘟疫。天花是由天花病毒引起的烈性傳染病，主要表現為嚴重的病毒血症。患者皮膚大量出現斑疹、丘疹、皰疹和膿皰。天花主要通過呼吸傳染，未獲免疫者吸入天花病毒後，病毒大約在體內潛伏12～14天後開始發作。初起與感冒症狀類似，會發生發冷、發熱、頭痛等症狀。大約再過3～5天出疹。如果是順症，紅色斑疹會變成丘疹，丘疹再變成皰疹、膿皰。膿皰在2～3天後結痂脫落，患者病癒，並獲得永久免疫力。但是這些免疫者的皮膚上都會留下淤痕。

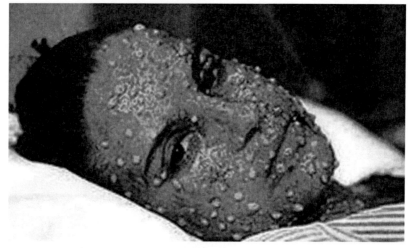

天花患者

天花傳染性極強，感染者死亡率極高。王清任說：「出花正盛時，非止一人出花，少則一方，多則數省。」[註16] 道光、咸豐年間，杭州天花流行，王士雄記載當地兒童「十不救五，小兒殤於是者，日以百計」[註17]。僅在清代，

〔註16〕（清）王清任著：《醫林改錯》卷下，北京：中國中醫藥出版社，1995年，第46～47頁。

〔註17〕（清）王士雄著：《王孟英醫案》卷1，北京：中國中醫藥出版社，1997年，第125頁。

　　根據梁其姿的估算，大約有四分之一的兒童死於天花。〔註18〕由於天花痊癒的人們基本上都能獲得永久免疫力，所以這種疾病主要威脅兒童的生命。宋初《太平聖惠方》開始將其專屬小兒科病類。

　　天花在中國是一種古老的疾病，但是它並非起源於中國。天花病的起源難以稽考，其最初病例可追溯至 3000 年前。在古代埃及法老拉美西斯五世的木乃伊上，考古學家就發現他的臉部有天花的印記。通過考古學家和古代病理學家研究，證明了這可能是人類歷史上現在所找到的最早的一個天花病例。

　　中國古代典籍中最早有關天花的記載始於東晉。據葛洪（283～363）的《肘後備急方》記載：「比歲有病時行，乃發瘡頭面及身，須臾周匝，狀如火瘡，皆戴白漿，隨決隨生，不即治，劇者多死。治得差者，瘡瘢紫黑，彌歲方滅，此惡毒之氣。」這種被稱為「虜瘡」的瘟疫來自東漢初年的境外。「以建武中於南陽擊虜所得，仍呼為虜瘡。」建武（25～56），是東漢開國皇帝光武帝劉秀的年號。南陽是劉秀龍興之地，並非域外，這當是葛洪或當時之人誤傳「南疆」為「南陽」。事實上，這個域外是指交趾（今之越南北部）。建武十七年（42），交趾地區的徵側、徵貳姐妹反對漢朝，割據自立。光武帝命伏波將軍馬援南征交趾。馬援率軍士 20000 餘人平定交趾，重新將之劃為漢朝邊地。然而在平定叛亂後返回洛陽時，軍隊卻發生嚴重瘟疫。據《後漢書·馬援傳》記載：「二十年秋，振旅還京師，軍吏經瘴疫死者十四五。」雖語焉不詳，但是我們大致可以判定，這就是葛洪所謂的虜瘡，即天花。故中國有天花，始自東漢初年，乃由越南傳入。葛洪是最早詳記天花症狀及傳入中國情況之人。阿拉伯累塞斯 10 世紀方有對天花的記載。相比葛洪，他要晚六個世紀。

　　對於從未感染過天花的地區人們來講，天花病毒的傳入可以給原住民帶來毀滅性的打擊。當歐洲人發現美洲新大陸後，他們攜帶的天花病毒也隨之來到美洲。在與殖民者接觸之前，美洲原有 2000 萬～3000 萬人口，而到 16 世紀末，只剩下 100 萬人。這幾乎造成美洲印第安人的絕跡。「重症天花在西班牙征服墨西哥的過程中起了很大作用。」「這樣驚人的死亡還有另外的作用，美洲印第安人一般都把抵抗看作是無用之舉。能夠造成如此規模死亡的入侵者不會是凡人，而是復仇的天神。」〔註19〕明末清初之時，東北地區未有天花

〔註18〕梁其姿：《明清預防天花措施之演變》，《國史釋論——陶希聖九秩榮慶祝壽論文集》，臺北：食貨出版社，1987 年。

〔註19〕（英）弗雷德里克·F·卡特萊特、（英）邁克爾·比迪斯著，陳仲丹譯：《疾病改變歷史》，北京：華夏出版社，2020 年，第 80～82 頁。

流行，故滿人對關內天花極為恐怖。《清史稿·趙開心傳》載：「滿洲兵初入關，畏痘，有染輒死。」〔註20〕《清世祖實錄》載清太宗長子肅親王豪格奉命入關征戰時，曾憂心忡忡道：「我未經出痘，此番出征，令我同往，豈非特欲我死乎？」天花自東漢初傳入中國以來，所造成的危害亦不可計量。故自葛洪起，中國醫生對天花的治療研究，就從未間斷。近兩千年來，其研究專著數量之多，除去傷寒外，無可匹敵。據《中醫文獻辭典》條目統計，傷寒專著有二百五十餘種，痘症專著有近百種，溫病專著約五十餘種，其他病症專著多在十種以下。〔註21〕天花的中醫治療經驗可稱豐富，然而除了種痘法這一免疫療法外，中醫治療療效後人罕有提及，可知其病甚難治癒。事實上，直至今日，此病在世界範圍內也沒有很好的治療手段，只能以牛痘種植預防為主。而牛痘種植法的前身——人痘種植法，就是明代中國人所創。

二、人痘接種法的發明與推廣

　　關於中國人痘接種法的出現時間，清代以來文獻記載不一。董玉山《牛痘新書》（1884年刊）說「考上世無種痘，諸經唐開元間，江南趙氏，始傳鼻苗種痘之法……」康熙御醫朱純嘏在《痘疹定論》之《種痘論》中說北宋初四川峨眉山一帶出現種痘法，有當地道醫為宋真宗時期的宰相王旦之子種痘。此二說在後世均有一定影響力。然而無論是唐開元說還是宋初說，都是孤證，難以成立。清代俞茂鯤《痘科金鏡賦集解》則說種痘法起於明朝隆慶年間寧國府太平縣，乃得之異人丹家之傳，由此蔓延天下。這種說法亦屬孤證，雖未必準確，但基本上吻合種痘法出現的時間。由於後兩種說法均提到道醫，所以李約瑟博士認為人痘接種法是道醫的發明。

　　最早記載人痘接種法的醫書始見於明代，但是共有三本醫書涉及到種痘法。一是萬全的《痘疹心法》，該文收於氏著《萬密齋醫學全書》，內有三處提及種痘；二是明代佚名所著《種痘法》，書名見於董其昌《玄賞齋書目》；三是明末清初方以智《物理小識》，其中論及「神痘法」。明末醫書、筆記、書信中多有提及種痘之事。根據馬伯英教授的考證，人痘接種法很可能在明代中後期的成化（1465～1487）至隆慶（1567～1572）年間江西一代最早出現。〔註22〕

〔註20〕趙爾巽等撰：《清史稿》卷244《趙開心傳》，北京：中華書局，1977年，第9605頁。

〔註21〕余瀛鰲、李經緯主編：《中醫文獻辭典》，北京：北京科學技術出版社，2000年。

〔註22〕馬伯英著：《中國醫學文化史》，第490～495頁。

　　總之，明末之時，種痘法在中國已有廣泛的流傳。

　　人痘接種法在明朝後期底層人民中出現，並非偶然。古時，貧苦百姓家庭將一個孩子養大成人，付出成本極高。若痘疫來襲，十室九空，往往前功盡棄。為了降低養育成本，他們寧願選擇讓孩子小時候就接觸天花，用以毒攻毒的方法挑選出能夠在天花肆虐的環境下成長的孩子。久而久之，在不盡百姓哀怨中，抗擊天花的人痘接種法產生了。

古人取痘和種痘示意圖

　　據史料所載，人痘接種法分為痘衣法、痘漿法、旱苗法和水苗法四種。痘衣法最為原始，將天花患者穿過的內衣拿給未出天花的人穿。但是這種傳染接種的成功率極低。痘漿法是用棉花蘸天花患者痘瘡裏的漿液，然後將棉花塞到未出天花的人的鼻腔內。旱苗法，是取下處於痊癒期的天花患者的痘痂並研碎，用銀管吹至未出天花的人的鼻腔內。水苗法，是取下處於痊癒期的天花患者的痘痂並研碎，然後用水調勻，用棉花蘸後塞入未出天花的人的鼻腔內。《醫宗金鑒・幼科種痘心法要旨》比較四種種痘法，認為以水苗法最佳，旱苗法次之，痘漿法危險性最大：「然即四者而較之，水苗為上，旱苗次之，痘衣多不應驗，痘漿太涉殘忍。故古法獨用水苗，蓋取其和平穩當也。近世始用旱苗，法雖捷徑，微覺迅烈。若痘衣、痘漿之說，則斷不可從。」〔註23〕

〔註23〕（清）吳謙等撰：《醫宗金鑒》卷60，北京：人民衛生出版社，1973年，第1543～1544頁。

不過，上述方法實際都有一定危險性。因為用天花痘痂製成的疫苗很可能會導致病毒感染。因此每一次接種都等同於一次賭博。清代時，人們把用最初天花患者痘痂製成的疫苗，叫做「時苗」。後來改用經過接種多次的痘痂作疫苗，叫做「熟苗」。熟苗的毒性已減，接種後比較安全。《種痘心法》中說：「其苗傳種愈久，則藥力之提拔愈清，人工之選煉愈熟，火毒汰盡，精氣獨存，所以萬全而無害也。若時苗能連種 7 次，精加選煉，即為熟苗。」從這段文字看，清代人民在人痘苗選種培育方法上完全符合現代疫苗的科學原理。

清代康熙年間，種痘法被清廷大力提倡，用於滿蒙上層及旗民。康熙皇帝在位期間，非常重視種痘，就與滿人懼怕天花的背景及其自身經歷密切相關。當他八歲（1661）時，其父順治皇帝因天花去世，年僅二十四歲。順治彌留之際，曾與湯若望（1591～1666）商議繼承人問題。湯若望提議皇三子玄燁繼位，理由是玄燁已出過天花，今後生命有了保障。而其他幾位皇子尚未出過天花，隨時有夭折可能。康熙因之繼位。今天的康熙畫像上，我們看不出他有出過天花的痕跡，這應該是因為畫師為尊者諱。但是據他身邊的傳教士南懷仁寫給外國友人的信中透漏，中國皇帝是個麻子。這也證明了康熙早年的確出過天花。

康熙二十年（1681），他派欽差到江西選兩名種痘師至京師種痘。在進行了成功的人體試驗後，他命令在滿蒙上層及旗民中推行種痘法。很快，他的推行收到了實效，種痘大獲成功。康熙皇帝在《庭訓格言》中不無得意地說到：「國初人多畏出痘。至朕得種痘方，諸子女及爾等子女，皆以種痘得無恙。今邊外四十九旗及廓爾廓諸藩，俱命種痘。凡所種皆得善愈。嘗記初種時，年老人尚以為怪。朕堅意為之。遂全此千萬人之生者，豈偶然耶！」〔註24〕

康熙年間清廷於滿蒙間推廣種痘法收到的療效是顯著的。然而，清廷並沒有將這一技術推廣民間，惠及廣大漢民。清代，人痘接種法在民間的推行都是自發的。由於沒有政府主導保障，很多貧民仍無力種痘，每年死於天花的兒童仍不計其數。

三、人痘接種法的傳播及牛痘接種法的發明

人痘接種法很快傳向世界。康熙二十六年（1687），俄羅斯派人至北京學習種痘術，並為在京俄羅斯商人種痘。通過俄羅斯，種痘法很快傳至土耳其和

〔註24〕董海鵬譯注：《庭訓格言》，北京：中華書局，2021 年，第 429、430 頁。

歐洲。而一百年後，英國醫生琴納（Edward Jenner，1749～1823）在人痘接種法基礎上發明了牛痘接種法。

清代人痘接種法傳播路線圖

　　彼時的歐洲，「天花」這一可怕的瘟疫就像幽靈一樣，在各地游蕩。以至於當時的法國，要麼是死人，要麼是滿臉麻子的活人。唯有擠奶姑娘和牧牛姑娘大受歡迎，因為她們沒有麻子，面孔漂亮。幾百年來歐洲民間一直有一種說法，放牛郎和擠奶姑娘從來不得天花。英國鄉村醫生琴納在他居住的鄉村觀察到一個有趣的現象：凡是和農場牲畜打交道的人，大多不得天花，尤其是那些擠牛奶的女工，從未患過天花。經過仔細觀察後，琴納發現，牛也跟人一樣會感染上天花，凡是感染天花的牛，就會長出牛痘。所謂牛痘，就是一種溫和的天花病，因為是在牛及其他牲畜體內發現的，故叫牛痘。牛痘是牛的一種輕型傳染病，發病時除體溫上升、食欲減少外，還會在牛的乳房及奶臍間發生水皰和膿皰，擠奶時可經破口處傳染至人的手指部位。所以擠奶女工往往會感染上牛痘，只不過症狀很輕，手上長了一兩個水皰，有時連自己都不知道。更奇怪的是，不管是誰，只要得過牛痘後，從此再也不會患上天花。琴納由此聯想到，這些擠奶女工一定獲得了對天花的免疫力。他進而聯想到，能不能給人接種牛痘呢？如果人能接種牛痘，那麼，人類就可以像擠奶女工一樣獲得對天花的免疫力了。

　　琴納為了驗證自己的想法，他先後做了兩次真人實驗。1796 年 5 月 4 日，

在自己47歲生日這天，琴納從一個正患牛痘病的擠奶女工的身上取下一些水皰裏的痘漿，接著把這些痘漿注射到一個名叫詹姆斯·菲普斯的8歲健康小男孩手臂兩個淺淺的切口內。這個男孩以前從未患過牛痘或天花。種完牛痘後，隨後幾天，琴納對接種的男孩進行周密的觀察：「到第七天這個男孩抱怨腋窩處不舒服，第九天他有些畏寒，沒有食欲，頭有點疼。在整個一天中，他都感覺不適，整夜沒睡，但到第二天就感覺不錯。切口出膿漿的情況和發展與出天花的結果差不多一樣。」〔註25〕兩個月之後，琴納確信，菲普斯身上的抵抗力已建立起來，現在的任務是：用實驗證明菲普斯對天花有抵抗力。琴納又從正患天花的病人的痘痂上取出一些膿液，注射到小男孩的身上。一個月過去了，小男孩仍舊安然無恙，他沒有感染上天花。琴納第一次證明了，在健康人身上接種牛痘可以預防天花。兩年之後，琴納又先後給23個試驗對象「種牛痘」，他把上述實驗重做了一遍，結果再次證明，接種牛痘可以預防天花。

1798年，琴納的《牛痘來源及其效果研究》一書問世，一時極大地震撼了社會各界，但也招來了社會各界的合力攻擊。醫學同行指責琴納用人體做試驗「不人道」；教會人士攻擊他「違背了上帝的旨意」。英國皇家學會不相信一位普通的鄉村醫生能制服天花，他們把他當作沽名釣譽的「騙子」。更有不少人認為，接種牛痘會像牛一樣長出尾巴和犄角。

諷刺牛痘接種術的漫畫

〔註25〕（英）弗雷德里克·F·卡特萊特、（英）邁克爾·比迪斯著，陳仲丹譯：《疾病改變歷史》，第90頁。

　　然而數年後，越來越多的人開始認識到牛痘接種法對天花的防疫效果。十九世紀，牛痘接種法很快傳播到世界各地，並且取代了人痘接種法。嘉慶十年（1805）春，澳門葡商將這一技術帶入中國，當年廣東就設立了牛痘局推廣此術。之後，牛痘法由南向北逐漸傳遍中國，至道光初年，南北多省都已設立牛痘局。與對待人痘接種法的消極態度不同，清廷地方政府對牛痘接種法都表現出極大的熱情。許多地方的牛痘局都是官府主導建立的，並且免費為百姓施種。正因為官方的積極介入，牛痘法在中國被迅速的推廣和被接受。至於清廷對於兩種種痘法為何採取迥然不同的態度，我們目前還不知確切的原因。有一種猜測，認為清廷地方官員熱衷於在地方推行牛痘法，很可能與牛痘較之人痘更加安全、有效有直接關係。地方官施種牛痘，很容易贏得政聲、取得政績。故其樂此不疲。

　　肆虐人類數千年的天花終於即將走到生命的盡頭。1979 年，世界衛生組織宣布天花被徹底消滅。盤旋在中國人頭頂近 2000 年的噩夢，至此結束。天花是目前為止人類唯一消滅的傳染病。明清時期中國的人痘接種法是現代免疫學的先驅，是英國琴納牛痘接種法的濫觴。它是明清時期中國人對世界人民衛生健康事業做出的最大貢獻。

第七章　近代醫學史

鴉片戰爭——中華人民共和國成立（1840～1949）

第一節　西醫的進入

　　今日西醫的源頭是古希臘醫學。始自希波克拉底時代的西醫和中醫類似，也是哲學和經驗的醫學。被譽為醫學之父的希波克拉底認為世界是由「地、水、火、風」四大元素組成，並將四元素理論引入到醫學當中，提出四種體液的病理學說。這類似於中醫對五行學說的引入。簡而言之，體液論的疾病觀認為身體是由四種體液構成：黑膽汁、黃膽汁、黏液和血液。體液過多、過少都不好。如果體液失衡，疾病和不適便會發生。體液的平衡受到氣候、季節和生活方式的影響。古希臘醫生會尋找體液（眼淚、鼻涕、汗水）的徵象和表現，以此作為體液失衡與否的指徵。比如流鼻涕預示可能感冒了，尿液或糞便顏色異常則是體液失衡的表現。希波克拉底強調，疾病不是由超自然力量左右的，而是由自然因素導致的。因此，自然具有修復體液平衡的方法。《希波克拉底箴言》中有這麼一句話：「我們體內的自然力量，是治療疾病的真正良藥。」遵循正確的養生方法是保持體液平衡和身體健康最自然的方式。如果病人的體液已經變質，而健康的生活方式無法使病人恢復健康，那才考慮用更為峻猛的干預措施。比如，放血就被認為是去除變質體液最理想的方式。〔註1〕

　　希波克拉底的醫學思想和傳統中醫思想非常類似，也傾向於用整體觀來認識生命，注重環境和人的關係，注重形神的統一。同時在治療和養生上，也

〔註 1〕以上體液論知識參照（英）瑪麗·道步森（Mary Dobson）著、蘇靜靜譯：《醫學圖文史》，北京：金城出版社，2016 年，第 10～13 頁。

與《黃帝內經》的倡導幾乎一致。但是文藝復興之後，一種以解剖實驗獲取醫學知識，重視形式邏輯的醫學精神重被西方醫學拾起。一切疾病以生物學原理加以解釋。馬伯英教授將這種醫學模式稱為「生物醫學模式」，將這個時代稱為實驗醫學時代。〔註2〕我們所謂的西醫，通常指的是這種生物醫學或實驗醫學。西醫重解剖的原因即在於此。長久以來的中醫缺乏解剖，更沒有解剖學。這種生物醫學模式是中醫缺乏的。

　　傳統中醫發展到晚晴時期，開始面臨一個陌生的、始微終著的對手——西醫。鴉片戰爭前後，西醫隨著西方文明的滲透和堅船利炮的脅迫，開始逐漸深入到中國民間。在隨後的百餘年間，西醫經歷了從零到有，從弱小到強盛，並幾度近乎取代中醫的發展歷程。

　　西醫傳入中國歷史較為悠久。早在明代，葡萄牙人佔領澳門，澳門第一任主教卡內羅開設聖拉斐爾醫院和麻風病院。此為西方人在我國創辦西醫院之始。稍後，意大利傳教士利瑪竇來到中國，並將西方神經學和解剖學知識一併帶入。明朝醫家王肯堂在《瘍科準繩》中清晰描述人體骨骼形狀和數目，其資料就是通過他與利瑪竇的多次討論交流得來的。明末天啟年間，瑞士傳教士鄧玉涵來到杭州，他將瑞士教授包因的《解剖學論》翻譯出來，分為《泰西人身圖說》和《泰西人身說概》兩部書。這兩部書也是中國第一部真正意義上的西方解剖學譯注。但是，由於明清時期中國奉行閉國鎖國之策，西醫及西方文明對中國影響極其微弱。以《泰西人身圖說》和《泰西人身說概》為例，這兩部代表了當時西方解剖學發展水平的著作在明末譯出後並未出版。因為在當時中國人看來，解剖圖裏赤裸的人體是有傷風化的。而且，受內容的限制，一般中國民眾也不會去閱讀這類書籍。書商出版也無利可圖。

　　這種情況一直到19世紀前期。隨著英國鴉片的流入及西方傳教士的日漸滲入，西醫始在中國影響力日顯。當時行醫的西醫，很多就是來華傳教士。〔註3〕這其中最有影響力的傳教士西醫，就是美國人伯駕（Peter Parker）。

〔註2〕馬伯英著：《中國醫學文化史》，第 794 頁。

〔註3〕為什麼來中國的傳教士多為醫生？與伯駕同一時期來華的東印度公司醫生兼傳教士郭雷樞（T. R. Colledge）在 1935 年撰文指出：「中國人經常表現出對世俗的或身體上的利益，比對任何旨在提升他們的道德和智慧狀況的努力更有興趣。」因而呼籲教會「雇請開業醫生作為傳教士來華」。參見 The Mddical Missionary Society in China. Pamphlet, pressed by Chinese Repository, 1838: 23~24。轉引自鄭洪、陸金國著《國醫之殤》，廣州：廣東科技出版社，2010 年，第 4 頁。

　　1834 年伯駕從美國耶魯大學畢業，獲醫學博士學位。1835 年，受美國教會派遣，伯駕搭乘美國商船「莫禮遜」號來到廣州。到達廣州後，在美國教會和美國商人的鼎力資助下，伯駕租下了位於廣州新豆欄街豐泰行第七號的樓房，建立眼科醫局（即後來博濟醫院的前身）。眼科醫局是近代中國第一家西醫院。伯駕之所以選擇眼科，是因為他當時注意到中醫對眼科疾病基本上是無能為力的。眼科是中醫的薄弱環節，傳統中醫治療眼科的一些方法也是從印度醫學學來。而西醫在治療眼科疾病方面較為有效，尤其是它可以實施一些眼科手術。比如白內障，通過手術復明非常迅速有效。這是中醫所無的。〔註4〕

　　眼科醫局建立伊始便實施免費醫療制度，再加上西醫治療眼病的優勢，因此很快眼科醫局就患者盈門。前來就診的老百姓經常排起長龍。為了病人能夠按序就醫，伯駕製作帶編號的竹牌分發給就診病人。病人只需按照竹牌上編號按序就醫。這就是中國最早的掛號制度。這種制度一直持續到今日。

　　此時西醫在消毒術、麻醉術方面已經取得長足進步。1846 年，美國醫院首先使用乙醚麻醉劑實施手術，翌年美國醫生將此麻醉劑寄予伯駕。在先後引入乙醚麻醉藥、氯仿麻醉藥的基礎上，伯駕開始從事各種疾病的外科手術。他每一項手術都開創了中國醫學史的先河。為了突出這些成就，伯駕請畫家把這些病理圖都畫下來，累計 100 多幅。而後伯駕把這些圖畫送到歐洲和美國展覽，取得不錯效果。至今，這些圖畫的大部分還保存在他的母校美國耶魯大學圖書館。另一部分保存在英國倫敦的一家醫院。

　　眼科醫局在廣州的名氣越來越大，不僅平民百姓造訪，就連達官貴人也請伯駕看病，這裏面就包括兩廣總督林則徐。林則徐來到廣州後，有關朝廷準備禁煙的風聲已在廣州流傳。由於伯駕和鴉片商關係密切，因此林則徐和伯駕都有意接觸對方以瞭解彼此的態度。恰好林則徐患有疝氣，他就以治療疝氣為名託人聯繫伯駕。伯駕很重視，請人給林則徐帶去兩條疝氣帶。沒有文獻提及這兩條疝氣帶治療效果如何。伯駕還給林則徐編了一份病歷卡，編號為 6565。伯駕在病歷裏面記錄了這樣一句話：我並不關注林則徐的疾病會被怎麼樣治

〔註4〕雖然唐朝時已有所謂金針撥障術在中國流行，但是這種傳自古代印度的醫術一直由印度來華人士掌握，傳統中醫並未掌握。隨著這些印度人的相繼離世，金針撥障術也逐漸淪為故紙堆中的秘術，雖代有記載，卻罕有人實操。一直到中華人民共和國成立後，著名眼科國醫大師唐由之先生才將這種故紙堆中的秘術重新搬上臨床。1975 年，他還曾為晚年因患白內障而雙目失明的毛澤東成功實施金針撥障術。

療，我更加關注他是因為這個人是一個非常特殊的大人物。伯駕後來還給林則徐寫過一封長信，願意在中英之間就鴉片問題居中調停，但是沒有得到林則徐回覆。〔註5〕

1840 年鴉片戰爭爆發，林則徐連同戰敗的中國開始一併淪入痛苦的深淵。林則徐被道光皇帝發配新疆，而中國則在兩年後簽訂喪權辱國的《南京條約》。又過了兩年（1844 年），在伯駕的居中調停下，美國未費一兵一卒，與中國簽訂《中美望廈條約》，獲得與英國同等的權利。在簽訂《中美望廈條約》的過程中，伯駕充分利用他在中國的人脈關係，為條約的簽訂保駕護航。伯駕還曾提議美、英、法三國聯合瓜分中國，但是三國官員沒有接受他的這個狂妄的提議。1850 年，彌留之際的林則徐喊出「星斗南」三字，旁人不解其意。數年後張之洞赴廣，始悟其說乃「新豆欄」:「新豆欄，廣東要地。公臨歿連呼之，人訛為『星斗南』。」〔註6〕林則徐至死不忘新豆欄街的眼科醫局，或許他預見到了伯駕帶給中國的可能不僅僅是西醫，更是一場亙古未有之變局。

應該說，伯駕的志向不僅僅在傳教行醫，他的政治野心更為廣大。第一次鴉片戰爭後，伯駕從政，眼科醫局停辦。為了再次恢復眼科醫局，1855 年，美國教會派遣另一名傳教士嘉約翰（John Glasgow Kerr）來到中國，以接替伯駕的工作。1859 年，嘉約翰將眼科醫局改名為博濟醫院。1866 年，他又創設南華醫學院（中山醫科大學以及後來中山大學醫學院前身）。南華醫學院也成為中國第一所西醫醫學院校。在嘉約翰的主持下，博濟醫院有了進一步的發展，其培養的 150 多名西醫學生，成為中國人的第一代西醫。1867 年，嘉約翰因病離開中國，中國首位留英醫學生黃寬接替嘉約翰成為博濟醫院首位華人院長。〔註7〕

第二節　中醫廢止呼聲的漸高

雖然在 1840 年以後以伯駕為代表的西醫、以博濟醫院為代表的西醫醫院在中國越來越多，但是客觀來講，19 世紀上半葉的西方臨床醫學還沒有全面

〔註5〕　參見海天、易肖煒著:《中醫劫──百年中醫存廢之爭》，北京:中國友誼出版公司，2008 年，第 81～88 頁。
〔註6〕　王德乾等纂:《南皮縣志》卷 14「故實志下」之 43、44，鉛印本，1932 年。
〔註7〕　以上有關伯駕及博濟醫院的早期歷史的記述，參考海天、易肖煒著:《中醫劫──百年中醫存廢之爭》，第 88～94 頁。

發展起來。尤其是在內科方面，中醫仍然優勢明顯。加之千百年的傳統，老百姓對西醫的人體解剖和手術仍抱有污化的偏見，因此中醫仍是老百姓的首選。但是隨著西方病菌學及麻醉術的發展，西醫的優勢開始日漸體現。西藥的攜帶和服用相比中藥的煎熬更為便捷。打針輸液給中國人帶來了全新的治療體驗。在手術方面，西醫始終保持領先地位。在傳染病的治癒方面，西醫的貢獻更為人矚目。隨著抗生素的引進，西醫解決眾多傳染性疾病。直到 1930 年的統計仍顯示，歐美和日本患傳染病的死亡率是 10%，而中國高達 72%。西醫的先進讓中醫逐漸相形見絀。

洋務運動時期，西醫越來越受到國人的重視。1878 年，李鴻章妻子突發惡疾，服用中藥無效。李鴻章找到英國在津傳教的醫生馬根濟。馬根濟成功治癒了李鴻章的妻子。妻子的痊癒促使李鴻章決定建立一所西醫醫院和院校。為了獲得天津士紳的支持，李鴻章安排了一場由馬根濟操刀的手術表演，並邀請天津重要官員蒞臨觀看。在這次手術表演中，馬根濟成功摘除了一個比拳頭還大的頸部腫瘤，藉此在津聲名鵲起。1880 年，在李鴻章的籌備下，在天津士紳的大力資助下，天津建立了近代中國第一所規模完整的西醫院校——北洋醫學堂（河北醫科大學前身）。馬根濟任醫學堂首任校長。北洋醫學堂是清朝洋務運動的一部分，屬於北洋海軍，專門培養軍醫人才。其開支從海軍軍費中支出。北洋醫學堂附設北洋醫院，為北洋海軍服務。

隨著西醫對晚清中國的日漸滲透以及西醫優勢的體現，一些有識之士開始逐漸意識到西醫之所長足以補中醫之所短。這其中，晚清官員兼中醫大家唐宗海成為首位提出中西匯通之人。1892 年，唐宗海寫下了著名的《中西匯通醫經精義》一書。在書中，他提出了中西醫原理一致的觀點，並指出二者之所長：中醫長於氣化，西醫長於解剖。

不過，在唐宗海之前，廢止中醫的思想已被人提出。此後一直到新中國成立，廢止中醫的呼聲始終不絕於耳。近代以來，持此呼聲者，不乏飽學之士、仁人志士。其中，尤以俞樾、章太炎、魯迅、余雲岫為其代表。

一、俞樾

俞樾（1821～1906），字蔭甫，號曲園居士，浙江湖州德清縣人。咸豐年間任河南學正，據說他經常出一些怪題而引起議論，如「獸蹄鳥跡之道」、「雞鳴狗吠相聞」、「國家將亡」、「必有妖」、「君夫人」，引起考生及同僚不滿。咸

豐七年，他也因此遭御史彈劾罷官。罷官後的俞樾在蘇杭一帶講學，歷 30 餘年，培養一大批人才，他也因此成為中國近代史上有名的經學大師。

1879 年，俞樾撰寫七千餘字的《廢醫論》，明確提出廢止中醫的觀點。他首先考證《周禮》、《春秋》、《左傳》、《史記》等古書，認為古代中國曾經醫卜並重。然東漢以後，卜日漸衰微，醫則盛行不廢。至俞樾生活的年代，卜已廢而醫尤存。然而古人原本醫卜並論，今卜既可廢醫焉能不可廢？此為俞樾廢醫首要根據。

俞樾進而指出古代中國之醫乃是巫。他根據《素問·移精變氣論》之記載，得出「古無醫也，巫而已矣」的結論。按，《素問·移精變氣論》記載了古代祝由治療疾病的相關內容，文中對此治療方案持肯定態度：

> 黃帝問曰：余聞古之治病，惟其移精變氣，可祝由而已。今世治病，毒藥治其內，針石治其外，或愈或不愈，何也？
>
> 岐伯對曰：往古人居禽獸之間，動作以避寒，陰居以避暑，內無眷慕之累，外無伸宦之形，此恬淡之世，邪不能深入也。故毒藥不能治其內，針石不能治其外，故可移精祝由而已。當今之世不然，憂患緣其內，苦形傷其外，又失四時之從，逆寒暑之宜，賊風數至，虛邪朝夕，內至五臟骨髓，外傷空竅肌膚；所以小病必甚，大病必死，故祝由不能已也。〔註8〕

他又依據《山海經》等古文獻記載進一步論證出古之醫巫本為一體，從而得出「巫可廢而醫亦可廢」的結論。此為俞樾廢醫次要根據。

俞樾廢醫的第三點依據是基於對中藥價值的否定。他認為《神農本草經》並非神農聖人所作，乃是扁鵲弟子子儀所為。子儀把藥物分為上中下三等，上藥養命，中藥養性，下藥治病。俞樾認為這種藥物分類法甚無道理。又，《神農本草經》經歷代增補，藥性雜亂，已經難以應用於臨床。既然中藥的奠基性著作價值尚如此，中醫焉有存在之價值？

綜上所述，俞樾的廢醫論大體從三個方面論證中醫廢除的必要性，即首先提出卜可廢而醫亦可廢，繼而求證出醫本同巫，巫可廢而醫亦可廢的結論。最後，指出《神農本草經》、《黃帝內經》非先賢所述，書中內容雜駁不堪，否認其醫學權威地位。

晚年時俞樾又寫有兩千字的短文《醫藥說》，提出「醫可廢，而藥不可盡

〔註8〕《黃帝內經素問》卷4《移精變氣論》，第 82、83 頁。

廢」的觀點。後世有學者指出，俞樾的廢醫論和廢醫存藥論，完全是他個人對於命運不公的激憤之辭，是一種借文字發洩私憤的產物。然而他可能想不到的是，他的這些觀點將對後世之人產生巨大影響。俞樾百年之後，中國廢中醫者幾乎皆以其論為廢醫之根由。

二、章太炎

在俞樾的弟子輩中，成就最為後人所矚目者，非章太炎（1869～1936）莫屬。章太炎，原名學乘，後改名炳麟，號太炎，浙江餘杭人。章太炎首先作為一代國學大師，其學問博大精深，對於經學、史學、文字學、音韻學、訓詁學、諸子、佛學等方面皆有深邃研究。他的弟子眾多，其中如黃侃、錢玄同、余雲岫、周樹人兄弟等後皆為民國一流人物。在革命方面，他又與孫、黃一起，並列為三傑。1895 年，章太炎參加康有為的上海強學會；1898 年因參與戊戌變法被清廷通緝而逃亡臺灣，後東渡日本結識孫中山；1903 年在《蘇報》發表排滿革命文章，並為鄒容《革命軍》作序而被捕入獄三年；1906 年出獄後再次東渡日本參加中國同盟會，主編《民報》，後重組光復會，任會長；在日本期間他最早提出「中華民國」的國號；辛亥革命後他回到上海，宋案後他隻身前往北京，參與反袁鬥爭，被袁世凱禁閉。他也因而被世人認為是反袁英雄……早年的章太炎革命性很強，具有很強的叛逆精神。1900 年，他毅然剪掉辮子，以示與清廷決裂，並因此與恩師俞樾絕交。在他剛到日本的時候，日本戶籍警察為他登記戶口，他在「出身」一欄填寫的是「私生子」，在「年齡」一欄填寫的是「萬壽無疆」，在「職業」一欄填寫的是「聖人」，讓日本警察險些將其驅逐出境，後幸得梁啟超說情才了事。晚年的章太炎逐漸脫離孫中山的革命主張。辛亥革命勝利後，他認為「革命軍興，革命黨消」。1924 年他更是脫離了孫中山改組的國民黨。

章家三世業醫，故而其中醫根基也頗為紮實，且其對中醫的感情也較為深厚。曾經有人問章太炎：「先生的學問是經學第一，還是史學第一？」他笑答：「我是醫學第一。」章太炎在流亡日本期間，曾經為黃興、孫中山開過藥方，回國後也曾為革命志士鄒容治病。章太炎的醫學著作也頗為豐厚。上世紀80 年代上海人民出版社曾出版了《章太炎全集》，共八冊。其中第八冊為醫學專論，共收載醫學文稿 134 篇。其文涉及中國醫學史、《傷寒論》研究、《金匱要略》研究、溫病學研究、方藥、中醫基礎理論、雜病以及中西醫學匯通等。

這些成就，使他在近代中國醫學史上亦佔有一席之地。正是因為他是一位中醫人士，在反中醫思潮泛濫的時期，章太炎往往能挺身而出，為中醫仗言。

但是，和當時眾多的有識之士一樣，章太炎受西方科學思潮及日本明治維新的影響，又表現出輕視中醫理論的傾向。如他否定陰陽五行理論，將其等同於巫術。在 1926 年《醫界春秋》上他發表文章公然主張廢除五行學說：「今即不言五行，亦何損於中醫之實邪？五行之論，亦於哲學何歉？此乃漢代緯候之論，可以為愚，不可以為哲也。」他又認為，醫聖張仲景倡辨證論治，也絕少提到五行學說，是以證明古代名醫本自脫離五行學說。章太炎還指出古代五行配五臟之說本有兩，所以五臟配五行本無定說：「五臟之配五行，《尚書》古今文二家，已有異議。鄭康成雖從今說，乃注《周官》『疾醫』云：肺氣熱，配火；心氣次之，配土；肝氣涼，配金；脾氣溫，配木；腎氣寒，配水。則尤從古書也。以此知五行分配，本非一成……」

章太炎廢除五行，乃是為中醫科學化著手。即便如章氏這樣的中醫大家、國學大師尚難免受西風東漸影響，何況社會一般人士？可見中醫彼時生存之境況已是何等艱辛。科學思潮是他那個時代最流行、最振奮人心的思潮。故晚清、民國以來的中醫式微，非一人一時之惑，而是中國邁向近代化、現代化不可避免的陣痛。熟知此點，我們接著再往下看魯迅、余雲岫、梁啟超、孫中山等先賢對中醫的歧視便不難理解其用意。

三、魯迅

說魯迅（1881～1936）反對中醫，至今中國文化界還有異議。如魯迅之子周海嬰說：「魯迅是從實際出發，有效就推薦，無效他就反對，所以那些奇奇怪怪的藥引子，他當然反對，所以反對的是庸醫，那些騙人的中醫，故作玄虛的中醫。但是並不真正反對中國的醫學，所以這點我希望大家能夠理解，也通過這些事實知道魯迅並不是反對中醫，他是科學地來判斷這些事情。」〔註 9〕不過，周氏之解釋，雷同於余雲岫之子余誕年與其孫余愻之說。〔註 10〕按此，則當年余雲岫也非反中醫之人士了。其實，如前文所述，晚清、民國以來的中醫式微，非一人一時之惑，而是中國邁向近代化、現代化不可避免的陣痛。魯迅

〔註 9〕 海天、易肖煒著：《中醫劫──百年中醫存廢之爭》，第 120 頁。

〔註 10〕 參見余誕年：《余雲岫觀點的真辨偽》、余愻：《近代傑出的醫學家余雲岫醫師》，呂嘉戈編著：《挽救中醫》，桂林：廣西師範大學出版社，2006 年，第 59～74 頁。

也好，余雲岫也好，他們反對中醫的出發點及認識都是類似的。在那個時代，反對中醫是西方科學思想進入中國之必然，是開啟彼時民智之必須。所以，我們沒有必要為尊者諱。當然，這於中醫而言，確實是一場空前的劫難。

魯迅對中醫的反感，除了大的時代背景之外，還來自於其家族的不幸。他對中醫的厭惡，首先起自祖父周福清的賄考案而導致的家族敗落。

根據郭宇的文章《魯迅祖父周福清賄考案始末》記載，魯迅祖父周福清本是前途無量之人。他20多歲中秀才，30歲中舉人，34歲中進士，旋被任命為翰林院庶吉士。周福清是周家第一個中進士點翰林的。然而這也是他仕途的頂峰，很快其人生便步入下行軌道而一發不可收。在翰林院工作三年之後周福清被外放到江西金溪縣任知縣。又過了三年，竟被革職。周福清此時只有四十多歲，他不甘心仕途終結，又花錢買官，直到九年之後50歲時才補了一個從七品的中書。幾年之後，周福清母親去世，他按例去職丁憂三年。按清朝制度，官員服丁憂之後要重新候補。而周福清屆時已是虛歲60的老人。他很清楚那時他的仕途其實已經基本結束了。如果這就是周福清一生的命運的話，大概他還是比上不足比下有餘。但是，一個偶然事件卻使周福清晚年鑄成大錯，並促使周家「從小康而墜入困頓」。這一事件，便是甲午年轟動全國的周福清賄考案。〔註11〕

此案當時在全國掀起軒然大波。浙江巡撫將此事上報吏部和光緒皇帝。光緒皇帝下令將周福清革職查辦，交由刑部嚴審。周福清被提審時，出於多方面考慮，將一切罪責攬到自己身上，謊稱自己是即興作案，聽說主考官是同年殷如璋，自己想藉此為同鄉子弟謀些利益，便在五大家族不知情的情況下提前遞給殷如璋一張空頭支票。如果事有眉目，再告知五大家族，讓五大家族湊足這一萬兩白銀。這樣相關涉案人員的罪責就被他一併掩蓋了。或者出於利益牽連，浙江巡撫松峻和刑部也極力為周福清開脫。但是光緒皇帝龍顏大怒，不肯放過周福清，毅然判周福清為斬監，候秋後處決。

不過，所謂的秋後問斬，並不表示周福清一定當年秋天被砍頭。按照清朝制度，每年秋後問斬的犯人是有比例的，並不是一刀切。或許是周家上下打點起了作用，周福清連續三年未被選中。又因為光緒皇帝在戊戌變法之後被慈禧太后軟禁，周福清在坐了幾年大牢之後終於在1901年獲釋。此時他已64歲，三年後於貧困中去世。而他的兒子、魯迅的父親周伯宜則早在1896年去

世了，終年 37 歲。

　　周伯宜在賄考案當年不僅被拘審，且被革去秀才功名。身心遭受沉重打擊的周伯宜鬱怒成疾，逐漸犯上臌脹之疾。臌脹本為絕症，周伯宜常感渾身似被濕布捆緊，喘氣、動彈不得。為了營救父親周福清，也為了給自己看病，周家幾乎變賣所有田產。地賣完了，就上當鋪變賣家財。魯迅後來在《吶喊》中回憶起這段不堪回首的歷程：「我有四年多，曾經常常——幾乎是每天，出入於質鋪和藥店裏，年紀可是忘卻了，總之是藥店的櫃檯正和我一樣高，質鋪的是比我高一倍，我從一倍高的櫃檯外送上衣服或首飾去，在侮蔑裏接了錢，再到一樣高的櫃檯上給我久病的父親去買藥。」病痛之餘，為了減輕疼痛，周伯宜又染上吸鴉片的惡習。據記載，有一次魯迅與母親去找周伯宜，在大煙館裏看到他吞雲吐霧，母子二人只好含淚離開。

　　在魯迅眼裏，家族本已不幸，而身邊的中醫則是趁火打劫，尤令魯迅憤慨。「有誰從小康人家而墜入困頓的麼，我以為在這路途中，大概可以看見世人的真面目。」周家先是請當地最有名的中醫「姚芝仙」，隔日一診，每次診費一元四角。這在當時是一筆鉅款。兩年之後，周伯宜的病情愈發嚴重，醫生也由「姚芝仙」變成「陳蓮荷」（此人真名何廉臣）。按照魯迅的記述，這個陳蓮荷故弄玄虛，開出的藥方里不乏奇怪的藥，比如一對蟋蟀注明是要原配的，蘆根要冬天的，甘蔗要經霜三年的。為了治好父親的病，魯迅的家庭變賣房產、地產，真正可以說是傾家蕩產，但是得到的結果卻是人財兩空。玄虛的中藥沒有治好魯迅父親的病，卻給幼年的魯迅留下灰色的記憶。家道中落的他，後來不得不進入南京水師學堂。在那裏，他第一次接觸到西方醫學知識。通過直觀的感受，他覺得「和現在所知道的比較起來，便漸漸悟得中醫不過是一種有意的或無意的騙子，同時又引起對於被騙的病人和他的家族的同情」。或許因為家庭的遭遇，以及對西醫的好感，數年後，魯迅前往日本仙臺學習西醫知識。對於學習的動機，他在《吶喊自序》裏面這樣說道：「因為這些幼稚的知識（指關於西醫的），後來便使我的學籍列在日本一個鄉間的醫學專門學校裏了。我的夢很美滿，預備卒業回來，救治像我父親似的被誤的病人的疾苦，戰爭時候便去當軍醫，一面又促進了國人對於維新的信仰。」

　　作為一代文學巨匠，魯迅對中醫的態度不可能不對當時之人及後人產生影響。其對中醫反感的原因，既與時代背景緊密相關，也由其家族不幸的際遇造成。其中後者對魯迅的影響甚至更為強烈。

四、余雲岫

余雲岫（1879～1954），字岩，號百之，譜名允綬，浙江鎮海人。年少時曾學習中醫，1905 年公費赴日本留學，並成為章太炎眾多弟子中的一人。民國 5 年（1916）從大阪醫科大學畢業後回國，任公立上海醫院醫務長。翌年，在滬開業行醫，兼任上海商務印書館編輯。曾任國民政府衛生部中央衛生委員會委員，內政部衛生專門委員會委員，教育部醫學教育委員會顧問，東南醫學院校董會副主席，中國醫藥研究所所長，上海市醫師公會第一任會長，《中華醫學雜誌》主編等職。晚清民國以來，雖廢止中醫的呼聲從未停息，廢止中醫的人士不乏名流高士，但是論及能夠對中醫造成實質迫害的人物，恐怕捨余雲岫而無他。無論從理論還是到實踐，余雲岫都堪稱廢止中醫的急先鋒和代表人物。其在民國十八年和中華人民共和國建國伊始兩次廢止（改造）中醫提案，幾乎造成中醫的兩次被廢。雖然由於種種原因，中醫最終頑強地存留下來，但是其兇險的命運，思之至今令人心悸。

1914 年，還在日本求學學習西醫的余雲岫開始著手寫日後使他名聲大噪的《靈素商兌》。1917 年，《靈素商兌》出版，全書約兩萬五千字，其中 70%內容批判中醫的荒謬，30%內容宣傳普及西醫知識。余雲岫用自己在日本多年來學到的解剖學、微生物學、免疫學、生物學、生物化學、藥理學等知識來對比中醫學理論的奠基之作《黃帝內經》，發現中醫的理論無一符合當下西醫的標準。該書甫一出版，在社會上引起較大轟動。

當時不少人仍認為中醫乃我國國粹，數千年來挽救國人性命不計其數。其實用價值不可否認。當今國力日微，更需保留中醫等國粹以自強。針對此種論調，余雲岫在《靈素商兌》中以問答形式予以批駁：

> 客曰：西學東漸，國事日蹙，有志之士日汲汲焉，以保存國粹為急務。吾國醫學發源往古，岐黃而後，世有哲人，技之精者，幾於起死，史傳所載，私承所記，不可謂盡誣也。即今鄉曲之中，目不識丁者，持草藥以治蛇蟲之蟄，亦往往驗焉。夫以四千餘年相承繼之學問，代有發明。高文典冊，裒然成帙，奏功驅疾往往而效，將必有至理存乎其間；好學深思，表而出之，以發揮祖國之光輝，豈非愛國志士所宜任哉！而子乃欲一筆抹殺之，無乃忍乎？

> 曰：客能知此，可與議論矣。茲吾所為急欲掊擊《靈素》也，夫所謂國粹者，何也？國所與立之精神也。吾國吾種，四千餘年，

治亂興廢，至今尚存者，其立國精神，乃在舊醫乎？粹者，美之之辭，無美足揚，徒以其歷史之久，蔓延之廣，震而驚之，謂之國粹，是何以異於蜣螂之實糞土，鴟鴞之嚇腐鼠耶？彼婦女纏足之風，輕盈蓮步，何乃不謂之國粹而保之耶？幾千年專制君主政體，亦有堯舜、禹湯、文武、漢文帝、唐太宗之治，何乃不謂之國粹而保之耶？彼舊醫之所陳述，骨度、脈度、筋度、內景、皆模糊影響，似是而非，質以實物，關口奪氣，無餘地可以置辯也。稱道陰陽，陳說五行，下與祝卜星相瞽巫為伍，故古多以巫醫並稱，則固世人所輕視，非有國粹之價值也。其所以治療有效者，則數千年以人命為嘗試，積之既久，幸中偶合者日益加多，猶多言之必有中也。黠者網羅成績，勒為成書，以詔來茲；後起者循而為之，往往合焉。然而，無堅固不拔之原理以為之基，無精確詳密之研究以作之證，故界限不明，分別不嚴，源流不悉，診斷不確，治療不定，結果不知。差以毫釐，失之千里。同一藥石活人殺人，不能預卜。幸而中病，或能起痼，不幸而藥不對症，雖良方亦是害人。至其何以活人？何以殺人？何以中病？何以不對症？舊醫不自知也！徒以陰陽五行生剋之說，補瀉佐使之論，敷衍了事，鑿七日而混沌依然。此其弊在無精確之理論實驗，不能悉疾病之真態，不知藥物入於體內，作如何化學物理學之影響也。故雖有良藥奇方，由之而不知其道，歷千餘年而尚在朦朧恍惚之中，⋯⋯為今之計，惟有撲滅一切不根之虛說，導來者以入於科學實驗之途。以今日生理、病理、醫化學、藥物學等研究法，發我寶藏，或有閃爍宇宙之望乎！已而已而，循舊醫之道，吾國醫學永無光明之日，雖欲保之，將奈之何哉？將奈之何哉！〔註12〕

在文中，余雲岫將中醫與婦女的小腳、君主專制等中國固有之事物等而論之，指出其並非所謂的國粹。其醫理朦朧恍惚，無精確的理論實驗，不能熟悉疾病的實質，不知藥物入於人體後的物理化學反應。如此種種，顯然不合西方醫理即所謂科學道理。至於中醫千百年來的眾多醫案，也多為偶合，只是後人積之愈多，使今人誤以為中醫總能立起沉痾。依余雲岫所推斷，中醫治病，只能

〔註12〕 余岩著：《靈素商兌・自敘第一》，選自周鴻飛編：《運斤斲惡：余雲岫、惲鐵樵學術論爭集》，北京：學苑出版社，2019年，第4~6頁。

依靠幸中偶合，其殺人甚至多於救人。這樣的醫學，確實沒有什麼好保存留戀的。「為今之計，惟有撲滅一切不根之虛說，導來者以入於科學實驗之途。以今日生理、病理、醫化學、藥物學等研究法」來研究中醫，才是中國醫學未來唯一正確的出路。

中醫基礎理論以陰陽、五行、經氣血津液神、藏象、經絡等知識為主。這些基礎理論知識，遭到余雲岫不遺餘力的攻擊。「彼舊醫之所陳述，骨度、脈度、筋度、內景、皆模糊影響，似是而非」。其中尤以陰陽五行理論為余雲岫所深惡痛絕。「至其何以活人？何以殺人？何以中病？何以不對症？舊醫不自知也！徒以陰陽五行生剋之說，補瀉佐使之論，敷衍了事，鑿七日而混沌依然。」在《靈素商兌》中，中醫的陰陽五行理論成為余雲岫首要攻擊的目標，蓋因此部分內容乃中醫建立之根本，又尤與西方科學精神不符。故陰陽五行一說破，中醫的廢除也就順理成章。故而他在書中講到：「通觀《靈素》全書，其為推論之根據，演繹之綱領者，皆以陰陽五行為主。故陰陽五行之說破，而《靈素》全書幾無尺寸完膚。豈惟《靈素》，豈惟醫學，凡吾國一切學術，皆蒙陰陽之毒；一切迷信拘牽，皆受陰陽五行之弊，邪說之擯也久矣。」

余雲岫否定陰陽五行，把陰陽五行等同於巫術迷信。他指出古代中西醫學都是從巫術發展而來，這本是人類醫學發展必由之徑。「在昔上古，文化未開，人民崇信鬼神。故治天下者，即以神道設教，印度有婆羅門，埃及有僧侶，中夏則有巫祝，即所謂陰陽家也，皆秉莫大之權力，為民司命。歐西醫術出於僧侶，中夏醫術出於陰陽家，環球一轍，為人類進化學術發達之公路，由之而莫能離者也。」緊接著，他又旁徵博引，將古文獻中巫醫相連的記載逐一轉引，以此證明中醫就是巫醫。「《素問》云：『古之治病，可祝由而已。』《周官》巫馬之職云：『掌養疾馬而乘治之，相醫而藥攻馬疾。』《管子‧權篇》曰：『好用巫醫。』《太玄元數篇》曰：『為醫、為巫、為祝。』《海內西經》曰：『開明東有巫彭、巫抵、巫陽、巫履、巫凡、巫相。夾窫窳之屍，皆操不死之藥以拒之。』郭璞注曰：『皆神醫也。』世本曰：『巫彭作醫。』《廣雅》曰：『醫，巫也。』《隋志‧醫方家》，有郯子說陰陽經一卷。而古醫字或從巫，此皆古代醫出於陰陽家之左證。其支者，流為神仙方術之士，金丹導引之術，故醫家所以解釋病源，品定藥性者，不出陰陽五行。由是觀之，靈素之淵源，實本巫祝，宜其篤守陰陽五行之說，而不敢叛也。」

余雲岫接下來分別對陰陽說和五行說予以批判。他認為中醫或者整個中

國古代文化中的陰陽，不過是萬物物性之相反者，並非有什麼神秘莫測玄機暗藏於中。只是古代陰陽家及中醫將其玄乎其玄，蠱惑世人。「夫所謂陰陽者，猶物之有表裏靜動，數之有盈虛，度量之有修短輕重，動植物之有男女雌雄。磁電之有反正，化學之有酸城，凡物之性之相反者，皆得而名之。其意不過如此，其用亦不過止此，非有神妙不測之玄機包於其中也。自陰陽家言之，以配天地，以統萬物，遂為不可思議之種子。」但是余雲岫在這裡並沒有深入理解中醫的陰陽學說。中醫的陰陽學說，是中國古人創制的一種樸素的唯物主義辨證法，是我們祖先認識世界的一把鑰匙。古人藉此解釋天地萬物運行規律。而余雲岫以簡單的機械唯物主義來考量陰陽，遂認為陰陽學說荒誕不經。

對於五行學說，余雲岫將其比照古印度的地水火風四元素說，認為五行說本質不過是五元素說。以五元素涵蓋世間萬物，是中國古人對世界簡單認識的結果，與今日俄國門捷列夫發現的元素週期表相距何止萬里？所以五行學說的廢止尤為迫切。「至於五行之說，尤屬不根。其在印度、歐西則分四行，曰地，曰水，曰風，曰火。中夏則別為五行，曰金，曰木，曰水，曰火，曰土，是東西已不相同，孰得其真？已不可辨，其為恍惚無憑之說，於此見端倪。徒以中外隔絕不通，無異說以資參者，故坐井觀天，墨守其五行之說，自以為得造化之精奧耳。原夫古人所以創為四行、五行之說者，不過分別萬匯，使以類相從，而挈其綱也。古人以為天地萬物皆五行相薄而成，是五行者，五原質也。而朱子以水、火、土、石，為地之四象。邵子亦云：『水、火、土、石交，而地體盡。』則又近乎四行之說矣。今則化學日明，知成物之原質，已有八十；然則已變而為八十行，非復可墨守五行之舊目矣。」〔註13〕

然而余氏不知的是，中醫的五行學說並不類同於古代印度的地水火風四元素論。五行學說是關於宇宙萬物之間廣泛聯繫的學說。五行學說分析了萬物間相互資生、相互制約、相乘相侮等微妙的聯繫。五行學說可以包含元素論，但是是比元素論更為複雜的一套先進的哲學思想。今天我們以系統科學、複雜性科學來解釋它。而在余雲岫那個時代，即便如余雲岫這樣的知識分子恐怕也很難真正瞭解這個學說。其實，今天我們回顧余雲岫的《靈素商兌》，發現他的思想大多數還是在販賣其師爺俞樾的《廢醫論》和《醫藥說》。

〔註13〕以上皆選自余岩著：《靈素商兌・陰陽五行第二》，選自周鴻飛編：《運斤斲惡：余雲岫、惲鐵樵學術論爭集》，第6～10頁。

第三節　近代以來對中醫的廢止政策及其內在原因

一、近代以來廢止中醫的政策

在清宮大內，多次詔令西醫為光緒皇帝的疾病會診治療已不是什麼秘密。太醫院甚至奏請增加西醫醫生的培養。1903 年，清政府制定大學堂章程。在章程中，醫科大學分為醫學、藥學兩大類。醫學設 29 科，中醫作為首位；藥學設 17 科，中藥作為首位。中醫表面上雖然仍獨享尊榮，但是在兩類大學中都只占一科，可以說實際上已經形同虛設。

1908 年，光緒皇帝和慈禧太后在兩天內先後死去。此後的太醫院已名存實亡。三年後清政府覆滅，不僅在中國維繫了兩千多年的封建帝制終結，中醫的官方地位也宣告結束。

民國伊始，北洋政府大力推行西洋醫學，中醫愈加舉步維艱。1912 年 7 月 10 日至 8 月 10 日，教育部召開第一屆臨時教育會議。會後在其新頒布的《中華民國教育新法令》中完全把中醫排除出醫學教育系統。這就是近代史上著名的「教育系統漏列中醫案」。國家學制完全不提中醫，有識之士意識到這不僅僅是學制問題，而是決定中醫未來存亡之大事。因為學制將重新規劃未來社會資源的布局，影響眾多行業的興衰。故此法令一出，立即引起中醫藥界的強烈反對。1913 年 10 月，19 個省市醫學團體推舉產生醫藥救亡請願團，並於 11 月赴京請願。請願書《懇請提倡中醫中藥准於另設中醫藥專門學校以重民命而順輿情事》要求將中醫重新列入醫學教育系統。這是近代史上中醫界首次抗爭救亡運動。但是時任教育部長的汪大燮堅拒這一請願，並說：「余決議今後廢去中醫，不用中藥。所請立案一節，難以照准。」〔註14〕教育部堅持原規程的頒布，拒絕將中醫納入醫學體系。中醫界的第一次請願活動以失敗告終。

1929 年 2 月 23～26 日，南京國民政府衛生部召開第一屆中央衛生委員會，劉瑞恒部長主持，與會委員 17 名皆西醫出身。會上討論通過了廢止中醫的四項提案，其中包括余雲岫的《廢止舊醫以掃除醫事衛生之障礙案》。在該提案中，余雲岫認為「舊醫一日不除，民眾思想一日不變，新醫事業一日不能向上，衛生行政一日不能進展」〔註15〕，因此，他提出對中醫採用斷然手段廢

〔註14〕《緊要新聞》，《神州醫藥學報》，1914 年第 2 期，第 1 頁。
〔註15〕《中央衛生委員會會議決議〈廢止舊醫案〉原文》，《醫界春秋》，1929 年第 34 期，第 9 頁。

止之。這就是歷史上著名的「廢止中醫案」。如果該提案得到徹底實施，中醫在神州大地將會被徹底消滅。

這一提案很快被媒體披露，海內外中醫藥界為之震動。1929 年 3 月 17 日，來自全國 15 個省的中醫團體數百位代表聚集到上海總商會大廳，召開全國醫藥團體代表大會。大會決議成立永久性全國醫藥團體總聯合會；組織請願團晉京請願，要求撤銷廢止舊醫案；要求中醫藥學校加入學校系統；通過將 1929 年 3 月 17 日定為中醫藥大團結紀念日（即後世國醫節）的決議。

面對聲勢浩大的抗爭，國民黨中一些重要人士紛紛表態支持中醫。行政院院長譚延闓說：「中醫決不能廢止！我做一天行政院院長，不但不廢止，而且還要加以提倡。」〔註16〕衛生部部長薛篤弼對請願代表表態說：「中衛會議案實有不妥……本部長對於行政方針，以中國國情內為左右，對於中西醫並無歧視，並深信中醫之限制，非政治勢力所能收效。」〔註17〕他還希望聘請代表團兩位成員擔任衛生部顧問，並表示要成立中醫的科研機構國醫館。蔣介石也接見了請願團代表，表示自己明確支持中醫。在得到諸位政要信誓旦旦的保證後，代表們隨即離開南京。

中醫界的第二次抗爭，以表面近乎勝利的方式結束了。但事實上，余雲岫的提案雖未執行，與之類似精神的政令則很快下達。這些政令包括限期施行中醫登記，領執照後方可行醫；對已登記的中醫進行新醫培訓，獲得證書後方可繼續行醫；中醫年滿 50 歲以上，營業 20 年以上者，可免去新醫培訓，發給特種營業執照，期限十五年；不准中醫診治法定傳染病和發死亡診斷書；禁止新聞雜誌對中醫宣傳；禁止成立中醫學校，已成立中醫學校一律改稱傳習所；禁止中醫醫院稱「醫院」，只能稱「醫室」。衛生部和教育部還是要通過這種軟刀子讓中醫在未來數十年間逐漸消亡，一如數十年前的日本廢除漢醫的舉措。

上述限制，迫使全國中醫界人士再次組織請願團，於一年之內二次晉京。蔣介石迫於壓力，於 1929 年年底飭令各部撤銷前令：「教育部將中醫學校改為傳習所，衛生部將中醫醫院改為醫室，又禁止中醫參用西械西藥，使中國醫藥無由進展，殊違總理保持固有智慧，發揚光大之遺訓，應交行政院分飭該各部將前項布告之命令撤銷，以茲維護。」〔註18〕但是，蔣介石的這條命

〔註16〕陳存仁著：《銀元時代生活史》，上海：上海人民出版社，2000 年，第 130 頁。
〔註17〕《全國醫藥團體請願團之報告》，《醫界春秋》，1929 年第 34 期，第 48 頁。
〔註18〕全國醫藥團體總聯合會編：《全國醫藥團體總聯合會會務彙編》，全國醫藥團體總聯合會，1931 年，第 56 頁。

令並沒有被各部有效執行。此後中醫界又掀起一次次大規模的請願，也都以失敗告終。

近代以來中西醫的兩次大規模對抗，都以中醫的失敗、西醫的勝利而告終。表面上來看，這是因為 20 世紀的前半葉，中國衛生事業的行政管理大權，基本上為留學歸國的西醫人士所掌控，而人數數十倍於西醫的廣大中醫人士完全出於在野無權的地位。這種長久以來西醫在朝，中醫在野的局面，必然造成西醫在上，中醫受到排斥甚至廢止的厄運。而且，由於有政策上的保證和支持，西醫的經費充足，人才湧現，學術發展不斷邁向新的高度。反觀中醫，醫療、教育、科研學術，全無政府支持。雖然也有私人興辦的數十所中醫學校，但是規模根本不能與西醫院校相比。在這種背景下，其發展舉步維艱。兩相對比，中西醫之優劣愈發彰顯。可以說，近現代中醫陷入了史無前例的黑暗時期。

二、廢止中醫的深層次原因

余雲岫等人究竟是何方神聖，為何能在新舊兩個社會呼風喚雨，給中醫帶來一次又一次劫難？他們又與中醫有何過節，為何數十年來執意廢止中醫？想要解開這個謎團，我們首先必須瞭解一下近代以來西方科學、思想、政經等對中國的衝擊以及中國社會歷經的變革。

中醫在 19 世紀後半葉、20 世紀前半葉屢遭廢止有其深層次的原因。近代西方工業革命的成功，資本主義在世界範圍內的廣泛深入，促使西方文明在全球的推廣。各國雖有其傳統醫學，但總體趨勢均是為西醫所取代。因此，中國中醫的廢止，從當時的歷史背景上分析，實在是大勢所趨。

當時的中國積貧積弱，列強環伺。數十年的國門洞開，西方文明的入侵，促使歐化思潮從清朝洋務運動時期便日漸盛行。而隨著中國的社會危機與日俱增，大批有識之士開始放眼海外尋求醫國良方。無論政治、軍事、科技、文藝，各行各業皆向西方學習，全盤西化思想日漸顯露。當此之時，凡是提倡西學者，乃為科學進步之人士；凡是固守傳統文化者，則被斥為落後冥頑之分子。中醫廢止之深層次原因，即在於此。

西化過程中，近鄰日本明治維新的成功最令中國震驚。甲午戰爭前，遠東地區一直是英、俄爭霸的局面。甲午年後，大批中國學生留學日本，以日為師，希望中國也能走向富強之路。而在研究日本的過程中，人們發現，日本的明治維新中一項內容，便是廢止中醫。1875 年，日本文部省醫務局官員赴歐

美考察，回國後即著手擬定條例廢除國內的漢醫（中醫），當時規定從醫者須通過物理、化學、解剖、生理、病理、內外科、藥劑等科目考試。考試合格者方有開業資格。由於這些科目皆為西醫科目，漢醫無法參與，因此遭到眾多漢醫界人士反對。日本政府稍後又增加一條，規定原已執業者免試，但不得開館授徒或辦校。這一條款使得日本廣大漢醫人士可以苟延殘喘，免去其聚眾抗議。幾年後，當他們再次抗爭時，發現為時已晚。日本漢醫此後逐漸消亡。日本廢除漢醫的方針思想影響了不少留日中國學子。日本廢止漢醫的成功也使眾多中國人產生傚仿的衝動。當時的有識之士普遍認為，日本醫學在近代的變遷猶如其他各方面的變遷一樣，是一種落後文化向先進文化、落後體制向現代化體制的轉變的反映。如章太炎、郭沫若、傅斯年、余雲岫等留日學生皆主張效法日本廢止中醫，以求革新體制，振興中國。這些留日學習西醫歸來的人士越來越多，他們之中一些人逐漸掌握衛生行政大權。而日本明治維新時期廢止漢醫的政策，也被他們改頭換面搬到中國實施。民國時期的「教育系統漏列中醫案」、「廢止中醫案」就是具體的體現。

從根本上來講，中日兩國堅持廢止中醫，是因為參照當時西方科學（主要是實驗科學）的標準，中醫難以稱之為科學。近現代西醫學的研究，是以具體細微的物質為對象，採用還原論的方法，在理想化的可控條件下進行實驗，將一切研究的對象進行分解、分析，然後找出其致病的原因、發病的機理、藥理的機制，最後找到相對應的策略。近現代的西醫學，依靠這種研究方法，取得了顯著的成果。而中醫則從宏觀著眼，把人看作自然環境和社會環境中的一份子，人處處受到周圍環境的制約。其得病的原因，都是自然生態、社會生態、自身心理綜合而導致的。由於理論體系不同，中醫難以納入西醫理論框架，因而被很多人斥為迷信、玄學、偽科學。

以西醫來證中醫之偽的絕非余雲岫一人。稍後東北的生理學教授嚴德潤，也用西醫的解剖學、生理學知識證明中醫腧穴的荒謬。嚴德潤請來一位著名的針灸大夫給一具屍體扎針，將人體腧穴全部扎上。扎完後針保留不動，他親自解剖，看看這些腧穴都在人體的什麼位置。結果他發現，中醫的針灸腧穴有些在神經上，有些在肌肉上，有些在韌帶上，並無規律可循。因而，嚴德潤教授也「證明」了中醫腧穴、針灸的荒謬。

中醫的被人唾棄，不僅因為其無法納入現代西醫的理論體系，也因為它與中國傳統文化千絲萬縷的聯繫。在新文化運動之後，在「德先生」、「賽先生」

盛行的中國，中西醫的對比問題已經不僅僅是醫學學術問題，它更被牽扯進迷信和科學、專制與民主、封建與現代的討論中。在那個時代，科學在中國受到最高的禮遇。科學等於進步、理性、現代。而中醫恰恰不能歸入當時科學涵蓋的範疇。因此在當時的中國社會，誰要想認同中醫，誰要想為中醫辯解，幾乎就是逆時代潮流而動。1917 年，剛從日本留學歸來的西醫余雲岫與著名中醫惲鐵樵在報刊上展開有關中西醫的辯論時，這場辯論很快引起眾人的關注，進而波及到整個中國知識分子階層。因為中西醫的優劣的論證，早已超出了其學術爭鳴的範疇，而演變為文化的優劣的論證。正是在這種醫學認知背景下，中國近現代眾多名人對中醫採取懷疑、躲避甚至敵視的態度也就在情理之中。

1925 年 1 月，因為肝癌晚期而住進北京協和醫院的孫中山，在接受了手術和放射治療後，療效並不理想。時任協和醫院院長的劉瑞恒主張停止西醫治療，宋慶齡等身邊人勸孫中山改服中藥，但是孫中山不願意接受中醫治療。他說：「一隻沒有裝羅盤的船也可能到達目的地，而一隻裝了羅盤的船有時反而不能到達。但是我寧願利用科學儀器來航行。」後來，雖經多方醫治，他還是於 3 月 12 日逝世。孫中山的這種決定，在今日看來可能是糊塗而固執的，但在當時卻體現其非同尋常的遠矚。是否服中藥，關乎一國領袖對科學和進步的認知水準。即便是為了給世人樹立榜樣，孫中山也要慎重做此決定，哪怕是在自己生命的最後時刻。魯迅曾對孫中山生命晚期的這個言行極為感動：「當西醫已經束手的時候，有人主張服中國藥了；但中山先生不贊成，以為中國的藥品固然也有有效的，診斷的知識卻缺如。不能診斷，如何用藥？毋須服。人當瀕危之際，大抵是什麼也肯嘗試的，而他對於自己的生命，也仍有這樣分明的理智和堅定的意志。」

1926 年，梁啟超因為尿血症狀住進協和醫院，並在醫生建議下做了腎切除手術。手術由協和醫院著名的外科專家劉瑞恒主刀。手術很成功，可是手術後梁啟超尿血症狀不但沒有消除，反而愈加嚴重。後來發現，梁啟超割下的右腎沒有什麼問題，而病變的左腎則保留下來。這顯然是一起嚴重的醫療事故。此時正是中西醫交惡的敏感時期，有關中醫廢存的話題已經爭論多年。梁啟超的醫療事件很快被媒體發覺、放大，西醫立刻陷入眾矢之的。就在此時，梁啟超本人則在《北京晨報》上發表短文《我的病與協和醫院無關》，聲明此次診療無效，並非證明西醫不如中醫，囑咐大家莫要以這樣一起醫療事故懷疑到科學的本質：

> 我們不能因為現代人科學智識還幼稚，便根本懷疑到科學這樣
> 東西。即如我這點小小的病，雖然診察的結果，不如醫生所預期，
> 也許不過偶然例外。至於診病應該用這種嚴密的檢查，不能像中國
> 舊醫那些「陰陽五行」的瞎猜，這是毫無比較的餘地的。我盼望社
> 會上，別要借我這回病為口實，生出一種反動的怪論，成為中國醫
> 學前途進步之障礙——這是我發表這篇短文章的微意。〔註19〕

梁啟超高尚的人格、崇尚科學的姿態為他也為西醫贏得了世人的廣泛尊重和
認可。他力圖使人們堅信，西醫的「科學」，不是它治不好病就能否認的；中
醫的「不科學」，也不是它治好病就能否認的。圍繞這一事件的爭論，折射出
當時特定的時代思潮。

其實，無論是孫中山這樣的政治精英，還是梁啟超、魯迅這樣的文化精
英，他們的遠見卓識當在常人之上。他們所以如此排斥中醫，主要是為了中國
能夠盡快廢除舊文明，建立新文明。為此他們不惜讓中國傳統文化做出一定的
犧牲。他們（包括余雲岫等持廢止中醫論者）對中醫偏激的態度，與今日廢除
中醫論者是有本質不同的。無論功過與否，這些人的初衷，都是為了中華之崛
起、中華文明涅槃重生。

第四節　中西醫匯通與中醫科學化

近代以來，面對西醫的來勢洶洶，中醫界人士開始了保衛中醫的漫長的歷
程。由於世人普遍認可西醫佔據著科學的制高點，因此，中醫除去無謂的排斥
外，就只能主動向西醫靠攏，從中西醫匯通和中醫科學化的角度來捍衛中醫存
在的合理性。

第一個提出中西醫匯通之人是晚清進士唐宗海。唐宗海本人具有較深厚
的中醫功底，是位傑出的中醫。後來他又接觸西醫，在對中西醫進行了一番比
較後，寫下《中西匯通醫經精義》。在書中他提出中西醫原理一致的觀點。無
論其觀點正確與否，唐宗海為後世的中西醫匯通之路做出開拓之功。

20 世紀 30 年代，伴隨著「中國科學化」運動，醫學界也開展了中醫科學
化運動。新成立的中央國醫館提出採用科學方法整理中國醫藥。為此，在陸淵

〔註19〕梁啟超著：《飲冰室合集·集外文》，北京：北京大學出版社，2005 年，第 1001
　　　　頁。

雷、施今墨、葉橘泉等知名中醫的倡導下，中央國醫館決定開展「統一病名」的運動，要求全國中醫醫師在三個月內一律按照西醫病名來代替中醫病名。這項運動的初衷，還是努力想讓中醫納入西醫理論框架。但是統一病名的提案剛一出臺，就遭到眾多中醫的反對，並最終未能得以施行。

　　統一病名的提案未能通過，有其必然性。西醫從解剖學、細菌學、生理學等方面給疾病命名，中醫以臟腑、氣候、經絡立病名。二者本不類同，如何捨中醫之病名改稱西醫病名。如果廢中醫病名，則中醫病名與中醫之病必名實不符；如果廢名之後再進而求名實相符，則中醫必亡。這樣一來，中醫的基本理論遭到篡改，改名的結果必然是使中醫精髓橫遭破壞。有趣的是，廢止中醫派的代表余雲岫也站在陸淵雷等人一邊，贊成「統一病名」提案及中醫科學化運動。這或許說明，這種所謂的中醫科學化或者中西醫匯通運動，其實質依然是在否定中醫甚至是毀滅中醫。故而陸淵雷的老師惲鐵樵堅決反對學生此舉，認為中醫不能以追求科學化為名而行毀滅中醫之實。

　　主張中西醫匯通或者中醫科學化的人主觀願望是好的，但是在任何時代，兩種不可通約的理論的支持者彼此間想要溝通都是近乎不現實的。彼時中醫以西醫理論解釋中醫的理法方藥，能契合者必然鳳毛麟角；若將中醫的診斷方法逐漸西化，治療方法也局限在有針對性的處方用藥，則中醫的精髓望聞問切和辨證論治將無用武之地。如此一來，中醫的發展又從何談起？中醫有自己獨立的理論體系。中醫的發展要按照自己的理論體系來進行。西醫並不是唯一的標準。今之學者對此已有相當清醒的認識：

> 　　無論是將中醫看作「迷信」、「偽科學」的對中醫的反對者，還是極力要在西方科學的意義上強調中醫是「科學」（這也與更大範圍的意識形態有關），或是在想要將中醫納入西醫理論框架中而努力的那些人，其實，都不過是採取了一種以西方主流科學為藍本的科學主義的立場。而在這樣的立場下，中醫就不會被適當地對待，也不會有理想的前景。因而，迫切需要改變的，實際上首先是一個立場問題。〔註20〕

今日的中醫當然已經有了一個比較明確的自我立場——反對以西醫的標準為己之標準，對中醫做出褒貶。只是，這樣的認識，在積貧積弱的舊中國是無法

〔註20〕劉兵著：《面對可能的世界：科學的多元文化》，北京：科學出版社，2007年，第24頁。

佔據輿論的制高點的。而站在彼時中醫革新者的視角來看，由於他們缺乏當今中醫界人士通過教育而獲得的思維定式組合（constellation of mental sets），因此當他們發現即使自己完全為西醫的觀點所折服，卻苦於無法使之融化於中醫固有思想中，並在他們所塑造的改良中醫世界中感到自在。

最後，我們還是正面回答一下中醫是否科學這個問題。一個半世紀以來，對中醫科學性的質疑從未消失過。雖然建國以來，這種質疑聲在減弱，但是可以想見，在未來相當長的時間內，中醫是偽科學、中醫應該科學化的聲音還會時而響起。如果要回答中醫是否科學這個問題，首先我們要弄清科學的定義。

馬伯英教授轉譯了 1990 年版的《牛津辭典》有關科學的五種解釋。這五種解釋基本回答出什麼是科學：

1. 科學是一類以客觀原理為指導的知識分支，這些知識涉及對現象的系統觀察和實驗。特別是一類關於自然界萬物的物質和功能的觀察和實驗（自然科學即是應用於自然界研究的科學，例如物理學、化學、幾何學、地質學、生物學、植物學）。

2. a. 系統化的和形成固有形式的知識，特別是經過詳盡說明的形態的學科的知識（例如政治科學）；b. 此種知識的實行和原理。

3. 某一主題的條理化的知識體系（例如語言學）。

4. 熟練的技術，而不是力量本身或自然能力。

5. 任何一種與古代相關的知識。〔註21〕

按照《牛津辭典》對科學的界定，中醫符合除第一種以外的其餘四種解釋。中醫是屬於科學範疇的。那些斥中醫不科學的人，是因為他們持有的是一種狹隘的科學觀。他們眼中的科學，僅指自然科學、實驗科學。中醫當然不能等同於自然科學。它和實驗科學的交叉點也少之又少。所以，近代以來，中醫被人扣上玄學、偽科學的帽子。而一些中醫的崇拜者，又尊中醫為超現代科學。這也是變相證明中醫非科學的觀點。托馬斯·庫恩（Thomas S. Kuhn）認為，「接受新範式，常常需要重新定義相應的科學。有些老問題會移交給別一門科學去研究，或被宣布為完全『不科學』的問題」〔註22〕。西醫和中醫的對抗，不是科學與玄學（或偽科學、超現代科學）的對抗，而是研究對象、研究方法的分歧。可以說，概念界定的不明，是導致百餘年來我們對中醫產生深深

〔註21〕以上內容轉引自馬伯英著：《中國醫學文化史》，第 790 頁。
〔註22〕（美）托馬斯·庫恩著，金吾倫、胡新和譯：《科學革命的結構》，第 88 頁。

誤解的重要原因。如果說哲學、歷史學、政治學、經濟學等社會科學是科學，那麼，中醫當然也是科學。中醫作為一個系統的、能反映客觀規律的知識體系，雖然也存在不少的缺陷，但是它是在不斷完善和發展中前進的。隨著時間的推進，它的系統將越來越完善，它的理論將越來越縝密，它的實用價值將得到更為廣泛的認可和接納。

參考文獻

一、古籍類

1. 《山海經》，長沙：嶽麓書社，2006 年。
2. 黃壽祺、張善文譯注：《周易譯注》，上海：上海古籍出版社，2007 年。
3. 王秀梅譯注：《詩經》，北京：中華書局，2006 年。
4. 李民、王健譯注：《尚書譯注》，上海：上海古籍出版社，2016 年。
5. （戰國）莊周撰：《莊子》，汕頭：汕頭大學出版社，2018 年。
6. （戰國）左丘明撰、（西晉）杜預集解：《左傳》，上海：上海古籍出版社，2015 年。
7. （戰國）左丘明著、（三國吳）韋昭注：《國語》，上海：上海古籍出版社，2015 年。
8. （戰國）列禦寇撰：《列子》，北京：中國書店，2019 年。
9. 《呂氏春秋》，上海：上海古籍出版社，1989 年。
10. 潛苗金譯注：《禮記譯注》，杭州：浙江古籍出版社，2007 年。
11. 陳奇猷校注：《韓非子集釋》，上海：上海人民出版社，1974 年。
12. 金良年譯注：《孟子譯注》，上海：上海古籍出版社，2016 年。
13. 劉文典撰：《淮南鴻烈集解》，北京：中華書局，1989 年。
14. （漢）董仲舒撰：《春秋繁露》，北京：中華書局，1975 年。
15. （漢）司馬遷撰：《史記》，北京：中華書局，1982 年。
16. （漢）陸賈著：《新語》，瀋陽：遼寧教育出版社，1998 年。
17. （漢）鄭玄注、（唐）孔穎達等正義：《禮記正義》，上海：上海古籍出版社，1990 年。

18.《黃帝內經素問》，北京：人民衛生出版社，1963 年。

19.《靈樞經》，北京：人民衛生出版社，2005 年。

20.（明）王九思等輯：《難經集注》，北京：中國醫藥科技出版社，2011 年。

21. 王子壽、薛紅主編：《神農本草經》，成都：四川科學技術出版社，2008年。

22.（漢）班固撰、（唐）顏師古注：《漢書》，北京：中華書局，1962 年。

23.（漢）魏伯陽著、（宋）朱熹等注：《周易參同契集釋》，北京：中央編譯出版社，2015 年。

24.（漢）張仲景述、（晉）王叔和撰次、錢超塵、郝萬山整理：《傷寒論》，北京：人民衛生出版社，2005 年。

25.（漢）張機著：《金匱玉函經》，北京：人民衛生出版社，2022 年。

26.（晉）陳壽撰：《三國志》，北京：線裝書局，2006 年。

27.（晉）皇甫謐撰、（清）宋翔鳳、錢寶塘輯：《帝王世紀》，瀋陽：遼寧教育出版社，1997 年。

28.（晉）皇甫謐編集：《針灸甲乙經》，北京：人民衛生出版社，2006 年。

29.（晉）干寶著、盧丹注釋：《搜神記》，瀋陽：萬卷出版公司，2011 年。

30.（晉）張華撰：《博物志》，北京：中國書店，2019 年。

31.（晉）葛洪撰、王明校釋：《抱朴子內篇校釋》，北京：中華書局，2021 年。

32.（南朝宋）范曄撰：《後漢書》，北京：中華書局，1965 年。

33.（南朝宋）劉義慶著、（南朝梁）劉孝標注：《世說新語》，上海：上海古籍出版社，2013 年。

34.（南朝梁）陶弘景集、王家葵校注：《養性延命錄校注》，北京：中華書局，2014 年。

35.（南朝梁）陶弘景編、尚志鈞、尚元勝輯校：《本草經集注》，北京：人民衛生出版社，1994 年。

36.（南朝梁）陶弘景撰、張大昌、錢超塵主編：《〈輔行訣五臟用藥法要〉傳承集》，北京：學苑出版社，2008 年。

37.（北齊）魏收撰：《魏書》，北京：中華書局，1974 年。

38. 丁光迪主編：《諸病源候論校注》，北京：人民衛生出版社，1991 年。

39. 長孫無忌撰：《唐律疏議》，北京：中華書局，1983 年。

40.（唐）李延壽撰：《南史》，北京：中華書局，1975 年。

41.（唐）李延壽撰：《北史》，北京：中華書局，1974 年。

42.（唐）魏徵等撰：《隋書》，北京：中華書局，1973 年。

43.（唐）王冰著：《王冰醫學全書》，太原：山西科學技術出版社，2012 年。

44.（唐）孫思邈著、焦振廉等校注：《千金翼方》，北京：中國醫藥科技出版社，2011 年。

45.（唐）孫思邈著、焦振廉等校注：《備急千金要方》，北京：中國醫藥科技出版社，2011 年。

46.（唐）王燾撰：《外臺秘要》，北京：人民衛生出版社，1955 年。

47.（唐）歐陽詢撰：《藝文類聚》，上海：上海古籍出版社，1982 年。

48.（唐）韓愈著：《韓愈文集》，北京：北京聯合出版公司，2018 年。

49.（後晉）劉煦等撰：《舊唐書》，北京：中華書局，1975 年。

50.（宋）歐陽修、宋祁撰：《新唐書》，北京：中華書局，1975 年。

51.（宋）蘇軾著：《東坡志林》，瀋陽：萬卷出版公司，2016 年。

52.（宋）程顥、程頤撰：《二程遺書》，上海：上海古籍出版社，2000 年。

53.（宋）李昉等撰：《太平御覽》，上海：上海古籍出版社，2008 年。

54.（宋）唐慎微撰、尚志鈞校點：《證類本草》，北京：華夏出版社，1993 年。

55.（宋）鄭樵撰：《通志略》，上海：上海古籍出版社，1990 年。

56.（宋）袁采撰：《袁氏世範》，文津閣《四庫全書》第 232 冊。

57.（宋）吳曾撰：《能改齋漫錄》，上海：上海古籍出版社，1960 年。

58.（宋）周守忠撰：《歷代名醫蒙求》，《續四庫全書》第 1030 冊。

59.（宋）成無己撰：《傷寒明理論》，上海：上海科技出版社，1990 年。

60.（宋）楊士瀛撰：《楊士瀛醫學全書》，北京：中國中醫藥出版社，2006 年。

61.（金）劉完素著、孫桐校注：《素問玄機原病式》，南京：江蘇科技出版社，1985 年。

62.（金）王好古著、左言富點校：《陰證略例·韓祗和溫中例》，南京：江蘇科技出版社，1985 年。

63.（金）張從正著：《儒門事親》，北京：中國醫藥科技出版社，2011 年。

64.（元）脫脫等撰：《宋史》，北京：中華書局，1977 年。

65.（元）脫脫等撰：《金史》，北京：中華書局，1975 年。

66.（明）徐春圃編集，項長生點校：《醫學入門》，天津：天津科技出版社，1999 年。

67. （明）李時珍著：《本草綱目》，北京：人民衛生出版社，1982 年。

68. （明）張介賓著：《類經圖翼》，北京：人民衛生出版社，1965 年。

69. （明）張介賓著：《類經附翼》，北京：人民衛生出版社，1965 年。

70. （明）張介賓著、李玉清等校注：《景岳全書》，北京：中國醫藥科技出版社，2011 年。

71. （明）陳邦瞻撰：《宋史紀事本末》，北京：中華書局，1977 年。

72. （清）褚人獲撰：《堅瓠集》，杭州：浙江人民出版社，1986 年。

73. （清）段玉裁撰：《說文解字段注》，成都：成都古籍出版社，1987 年。

74. （清）徐松輯：《宋會要輯稿》，北京：中華書局，1957 年。

75. （清）紀昀：《四庫全書總目提要》，石家莊：河北人民出版社，2000 年。

76. （清）徐彬著、葉進點評：《金匱要略論注》，北京：中國醫藥科技出版社，2020 年。

77. （清）徐靈胎著：《醫學源流論》，北京：中國中醫藥出版社，2008 年。

78. （清）黃宗羲、全祖望：《宋元學案》，北京：中華書局，1986 年。

79. （清）吳瑭著：《溫病條辨》，北京：人民衛生出版社，2005 年。

80. （清）王士雄著：《王孟英醫案》，北京：中國中醫藥出版社，1997 年。

81. （清）王孟英著：《隨息居重訂霍亂論》，北京：中國中醫藥出版社，2008 年。

82. （清）王清任著：《醫林改錯》，北京：中國中醫藥出版社，1995 年。

83. 張志斌、劉悦校點：《溫熱濕熱集論》，福州：福建科學技術出版社，2010 年。

84. （清）吳謙等撰：《醫宗金鑒》，北京：人民衛生出版社，1973 年。

85. 趙爾巽等撰：《清史稿》，北京：中華書局，1977 年。

二、專著類

1. 北京中醫學院主編：《中國醫學史》，上海：上海科學技術出版社，1978 年。

2. 顧頡剛：《古史辨》（第二冊），上海：上海古籍出版社，1981 年。

3. 顧頡剛：《古史辨》（第五冊），上海：上海古籍出版社，1982 年。

4. 何介鈞、張維明編寫：《馬王堆漢墓》，北京：文物出版社，1982 年。

5. 范行准著：《中國醫學史略》，北京：中醫古籍出版社，1986 年。

6. 范行准著：《中國病史新義》，北京：中醫古籍出版社，1989 年。

7. 李伯聰著：《扁鵲和扁鵲學派研究》，西安：陝西科技出版社，1990 年。

8. 魏啟鵬、胡翔驊撰：《馬王堆漢墓醫書校釋》（壹），成都：成都出版社，1992 年。

9. 何裕民、張曄著：《走出巫術叢林的中醫》，上海：文匯出版社，1994 年。

10. 鄧廣銘著：《鄧廣銘學術論著自選集》，北京：首都師範大學出版社，1994 年。

11. 錢穆著：《國史大綱》，北京：商務印書館，1996 年。

12. 胡孚琛主編：《中華道教大辭典》，北京：中國社會科學出版社，1996 年。

13. 黃仁宇著：《中國大歷史》，北京：生活‧讀書‧新知三聯書店，1997 年。

14. 馮友蘭著：《中國哲學史新編》，北京：人民出版社，1998 年。

15. 閆建民著：《中國醫學起源新論》，北京：北京科學技術出版社，1999 年。

16. 馬世力主編：《世界史綱》（上冊），上海：上海人民出版社，1999 年。

17. 鄧啟耀著：《中國巫蠱考察》，上海：上海文藝出版社，1999 年。

18. 蓋建民：《道教醫學導論》，臺北：中華道統出版社，1999 年。

19. 陳存仁著：《銀元時代生活史》，上海：上海人民出版社，2000 年。

20. 李順保著：《傷寒論版本大全》，北京：學苑出版社，2000 年。

21. 余瀛鰲、李經緯主編：《中醫文獻辭典》，北京：北京科學技術出版社，2000 年。

22. 陳寅恪著、陳美延編：《金明館叢稿二編》，北京：生活‧讀書‧新知三聯書店，2001 年。

23. 王振瑞著：《中國中西醫結合史論》，石家莊：河北教育出版社，2002 年。

24. 謝觀著：《中國醫學源流論》，福州：福建科學技術出版社，2004 年。

25. 劉黎明著：《宋代民間巫術研究》，成都：巴蜀書社，2004 年。

26. 韓石山編：《徐志摩全集》（第 3 卷），天津：天津人民出版社，2005 年。

27. 魯迅著：《魯迅全集》（第 3 卷），北京：人民文學出版社，2005 年。

28. 梁啟超著：《飲冰室合集》（集外文），北京：北京大學出版社，2005 年。

29. 嚴健民著：《遠古中國醫學史》，北京：中醫古籍出版社，2006 年。

30. 呂嘉戈編著：《挽救中醫》，桂林：廣西師範大學出版社，2006 年。

31. 張全明著：《中國歷史地理學導論》，武漢：華中師範大學出版社，2006 年。

32. 劉兵著:《面對可能的世界:科學的多元文化》,北京:科學出版社,2007年。

33. 高懷民著:《先秦易學史》,桂林:廣西師範大學出版社,2007年。

34. 廖育群著:《岐黃醫道》,海口:海南出版社,2008年。

35. 海天、易肖煒著:《中醫劫——百年中醫存廢之爭》,北京:中國友誼出版公司,2008年。

36. 祝守明主編:《道醫講義》,北京:中醫古籍出版社,2009年。

37. 馮達文著:《中國古典哲學略述》,廣州:廣東人民出版社,2009年。

38. 馬伯英著:《中國醫學文化史》,上海:上海人民出版社,2010年。

39. 鄭洪、陸金國著:《「國醫」之殤:百年中醫沉浮錄》,廣州:廣東科技出版社,2010年。

40. 張濤編:《周易文化研究》(第三輯),北京:社會科學文獻出版社,2011年。

41. 于賡哲著:《唐代疾病、醫療史初探》,北京:中國社會科學出版社,2011年。

42. 張效霞著:《醫海探驪——中國醫學史研究新視野》,北京:中醫古籍出版社,2012年。

43. 常存庫主編:《中國醫學史》,北京:中國中醫藥出版社,2012年。

44. 盛增秀主編:《溫病學派四大家——學術精華、診治經驗》,北京:中國中醫藥出版社,2012年。

45. 孫廣仁、鄭洪新主編:《中醫基礎理論》,北京:中國中醫藥出版社,2012年。

46. 上海中醫藥博物館編:《上海中醫藥博物館館藏珍品》,上海:上海科學技術出版社,2013年。

47. 余新忠著:《清代江南的瘟疫與社會:一項醫療社會史的研究》(修訂版),北京:北京師範大學出版社,2014年。

48. 裘錫圭主編、湖南省博物館、復旦大學出土文獻與古文字研究中心編纂:《長沙馬王堆漢墓簡帛集成》,北京:中華書局,2014年。

49. 李燦東主編:《中醫醫政史略》,北京:中國中醫藥出版社,2015年。

50. 葛兆光著:《中國思想史》(第二卷),上海:復旦大學出版社,2018年。

51. 崔瑞蘭主編:《中國古代哲學》,北京:人民衛生出版社,2018年。

52. 周鴻飛編：《運斤斲惡：余雲岫、惲鐵樵學術論爭集》，北京：學苑出版社，2019 年。

53. 郭宏偉、徐江雁主編：《中國醫學史》，北京：中國中醫藥出版社，2021 年。

54.（英）丹皮爾‧W‧C 著：《科學史》，北京：商務印書館，1975 年。

55.（英）李約瑟著：《中國科學技術史》（第二卷），北京：科學出版社，上海：上海古籍出版社聯合出版，1990 年。

56.（英）瑪麗‧道步森著，蘇靜靜譯：《醫學圖文史》，北京：金城出版社，2016 年。

57.（英）弗雷德里克‧F‧卡特萊特、（英）邁克爾‧比迪斯著，陳仲丹譯：《疾病改變歷史》，北京：華夏出版社，2020 年。

58.（日）丹波元胤著：《中國醫籍考》，北京：人民衛生出版社，1983 年。

59.（日）山田慶兒著：《古代東亞哲學與科技文化——山田慶兒論文集》，瀋陽：遼寧教育出版社，1996 年。

60.（日）溝口雄三著：《日本人視野中的中國學》，北京：中國人民大學出版社，1996 年。

61.（日）內藤湖南著：《東洋文化史研究》，上海：復旦大學出版社，2016 年。

62.（美）柯文著：《在中國發現歷史——中國中心觀在美國的興起》，北京：中華書局，1989 年。

63.（美）劉子健著：《中國轉向內在——兩宋之際的文化轉向》，南京：江蘇人民出版社，2012 年。

64.（美）托馬斯‧庫恩著，金吾倫、胡新和譯：《科學革命的結構》，北京：北京大學出版社，2012 年。

三、論文類

1.《緊要新聞》，《神州醫藥學報》，2914 年第 2 期。

2.《中央衛生委員會會議決議〈廢止舊醫案〉原文》，《醫界春秋》，1929 年第 34 期。

3.《全國醫藥團體請願團之報告》，《醫界春秋》，1929 年第 34 期。

4. 吳考槃：《〈黃帝內經〉‧〈素問〉‧〈靈樞〉考》，《中華醫史雜誌》，1983 年第 2 期。

5. 龐樸：《陰陽五行探源》，《中國社會科學》，1984 年第 3 期。

6. 趙德田：《金元醫學的革新思想》，《醫學與哲學》，1986 年第 4 期。

7. 李宗桂、格日樂：《秦漢醫學與董仲舒的「天人感應」論》，《哲學研究》，1987 年第 9 期。

8. 鄭金生：《宋金元時期南北分裂對醫學發展的影響》，《醫學與哲學》，1989 年第 2 期。

9. 丁光迪：《金元醫學之崛起》，《中醫函授通訊》，1991 年第 5 期。

10. 謝文光：《日本對〈傷寒論〉最早版本的發掘與研究》，《江西中醫學院學報》，1993 年第 3 期。

11. 徐儀明：《理學太極論與金元明醫學》，《中州學刊》，1996 年第 2 期。

12. 蓋建民：《道教醫學概念辨析》，《宗教學研究》，1997 年第 1 期。

13. 廖育群：《中國傳統醫學中的「傳統」與「革命」》，《傳統文化與現代化》，1999 年第 1 期。

14. 顧植山：《〈素問・氣厥論〉中臟腑寒熱相移次序解讀》，《中醫文獻雜誌》，2002 年第 4 期。

15. 薛益明、周曉虹：《論金元時期醫學學風的轉變》，《醫古文知識》，2004 年第 4 期。

16. 趙鴻君：《論宋明理學對金元時期醫學流派形成與創新的影響》，《中國中醫基礎醫學雜誌》，2005 年第 2 期。

17. 朱維錚：《歷史觀念史：國病與身病——司馬遷與扁鵲傳奇》，《復旦學報》（社會科學版），2005 年第 2 期。

18. 于賡哲：《蓄蠱之地：一項文化歧視符號的遷轉流移》，《中國社會科學》，2006 年第 2 期。

19. 錢超塵：《宋本〈傷寒論〉版本簡考》，《河南中醫》，2010 年第 1 期。

20. 錢超塵：《〈傷寒論〉臺灣故宮本、日本內閣本、安政本比較研究（二）——內閣本是趙開美本翻刻本》，《中醫藥文化》，2011 年第 2 期。

21. 錢超塵：《〈傷寒論〉版本表解》，《中醫文獻雜誌》，2011 年第 5 期。

22. 余新忠：《「良醫良相」說源流考論——兼論宋至清醫生的社會地位》，《天津社會科學》，2011 年第 4 期。

23. 陸敏珍：《刑場畫圖：十一、十二世紀中國的人體解剖事件》，《歷史研究》，2013 年第 4 期。

24. 傅海燕、李君：《今本〈黃帝內經〉成編於東漢的一條佐證》，《中華中醫藥學刊》，2014 年第 1 期。

25. 李震：《先秦陰陽五行觀念的政治展開》，《管子學刊》，2017 年第 3 期。

26. 王先勝：《八卦起源占卜論分析》，《國學》，2017 年第 2 期。

27. 程佩：《從祭祀走向中醫：兩漢時期五臟、五行配屬模式轉換原因探尋》，《醫學與哲學》，2019 年第 4 期。

28. 程佩：《再論理學與金代醫學崛起之關聯》，《醫學爭鳴》，2020 年第 4 期。

29. 吳昊天：《張元素生平之補正及其學術思想的探討》，北京中醫藥大學，2014 年碩士學位論文。

30. 朱軍：《元代理學與社會》，西北大學，2015 年博士學位論文。

後　記

　　自 1919 年陳邦賢（1889～1976）自費出版中國第一部醫學編年體史專著《中國醫學史》以來，中國醫學史專著及教材數量幾乎已不可勝數。筆者在中醫院校從事中國醫學史教學業已九年，九年間所頻繁接觸使用到的不同出版社的同類教材就有十餘種，即便是自己參編的《中國醫學史》教材亦不下三種。但是遺憾的是，站在教師的角度來看，至「十四五」期間，中國中醫院校所使用的各版《中國醫學史》教材，多不切於時用，編寫思想已落後於時代。幾乎所有教材，都變成了醫事或年表的堆棧。編寫內容（甚至錯誤）大多雷同，多年來難見創新。將之應用於教學，給教師授課和學生學習都帶來不小的困擾。雖然，教材的目的不可避免的是說服和教育，但是，學生從這些書中所獲得的中醫觀並不符合當前中醫教育對學生的期望。迫於此，我不得不將教材中的部分內容進行擴展延伸，以使教學效果與教學目標能切實對應。這也是本書編寫的初衷。

　　《中國醫學史導論》這部書稿最初是我備課時的講稿。2014 年秋天，我來到江西中醫藥大學醫史各家學說教研室任教，第一個學期主要給本科生講「中國醫學史」這門課。在前輩學者和孫有智院長的指引下，經過一個學期的備課，終於大體上拿下這門課。2015 年春季學期，我又開始給研究生上課，當時的課程名稱也是「中國醫學史」（後經輾轉反覆，這門課程名稱改為如今的「中醫學術與文化發展史」）。為了上好這門課，我又大幅提升中國醫學史的課程深度和廣度。從那年春天開始，期間斷斷續續，這部書的初稿便以平均每年幾萬字的速度在撰寫著。但由於撰寫內容不成章節，自己始終未曾想過終有一天會完成這樣一部書稿。

　　事情的轉機出現在 2021 年，由於當時承擔我校中國醫學史線上一流課程的錄製工作，需要準備大量講稿以備視頻錄製。於是自己又不得不重新翻出這些講稿，用了小半年時間擴展成體系，以備錄製之用。2022 年 5 月底，中國醫學史線上一流課程錄製工作結束。同年 7 月，書稿初稿整理完成。之後由於工作和生活中瑣事纏身，直到一年後方才完成該書的定稿。雖有欣慰喜悅，但是自己知道，這本書和前幾本學術專著一樣，不管寫的難不難懂，出版了反正少有人問津。稍微不同的是，根據這本書錄製的線上課程得有人學。書寫的不好，還要強制別人學，這樣想想，對學生很殘忍，反而高興不起來。

　　動筆至今，書稿撰寫已近八年。八年抗戰，從青年到中年，身體圓潤了許多，頭髮掉了許多，心靈亦油膩了許多，唯獨學術上的成就不曾增多。這麼一部書稿，聊以為八年工作之總結吧。

　　　　　　　　　　　　　　2022 年 7 月 13 日初稿完成於贛南山區
　　　　　　　　　　　　　　2023 年 7 月 10 日定稿於南昌梅嶺